Wilhelm Karl Reischl

Arbeiterfrage und Sozialismus

Vorlesungen gehalten im Sommersemester 1871

Wilhelm Karl Reischl

Arbeiterfrage und Sozialismus
Vorlesungen gehalten im Sommersemester 1871

ISBN/EAN: 9783743469488

Hergestellt in Europa, USA, Kanada, Australien, Japan

Cover: Foto ©Suzi / pixelio.de

Weitere Bücher finden Sie auf **www.hansebooks.com**

Arbeiterfrage und Socialismus.

Vorlesungen,

gehalten

im Sommer-Semester 1871

von

Dr. Wilhelm Karl Reischl,

weiland o. ö. Professor der Moraltheologie an der Ludwig-Maximilians-Universität
zu München.

Aus seinem Nachlasse herausgegeben.

Mit dem Bildnisse des Verfassers.

München.
Druck und Verlag von Ernst Stahl.
1874.

Vorwort.

Im Nachlasse des am 4. Oktober 1873 verstorbenen Professors der Moraltheologie **Dr. Wilhelm Karl Reischl** fand sich das vom Verfasser selbst für den Druck bestimmte Manuscript der Vorlesungen vor, welche der Verewigte im Sommersemester 1871 über „Arbeiterfrage und Socialismus" für die Candidaten der Theologie an der Münchener Universität gehalten hatte.

Wäre es dem Verfasser vergönnt gewesen, diese Vorträge selbst zu veröffentlichen, so würde er vielleicht noch manche Aenderungen oder Verbesserungen vorgenommen haben.

Da aber der Herausgeber eines fremden Werkes, auch wenn er dem Verfasser noch so nahe steht, zu solchem Verfahren nicht berechtigt ist, so blieb nur übrig, Inhalt und Form dieser Vorlesungen — bis auf die Tilgung einiger stylistischer Härten — unverändert zu belassen.

Hoffentlich wird dieses Buch den früheren Zuhörern, sowie allen Freunden und Verehrern des Seligen willkommen sein.

München, im Juni 1874.

Uebersicht des Inhaltes.

Dritte Abtheilung.

Fürsorgen und Abwehren in der Arbeiterfrage.

Einleitung.

Erste Vorlesung.

Verhältniß von Socialismus und Arbeiterfrage. — Antheil der Theologen an letzterer. — Grund und Ziel.

Zu den ersten Pflichten eines Vortrages gehört es wohl, daß er den Titel, unter welchem er sich angekündigt, verständlich mache und genügend rechtfertige. Denn wenn irgendwo, so reicht es bei einem so unmittelbar und tief aus dem Leben der Gegenwart geschöpften und auf selbes zurückwirkenden Gegenstande nicht zu, nur an „Worte uns zu halten." Hier „muß ein Begriff bei dem Worte sein" — und zwar ein scharf umschriebener, aber auch voller Begriff.

„Socialismus" und „Arbeiterfrage" sind zwar nichts weniger als neue Worte, weil auch keine neuen Dinge. Jedermann ge=braucht seit mehr als einem Menschenalter diese Bezeichnungen im geselligen wie im wissenschaftlichen Verkehre, und die Zahl der über sie handelnden und durch sie veranlaßten Schriften ist bereits unübersehbar. Sehen wir noch ab von einer genaueren Erläuterung der Begriffe, so führt uns die Stellung der Worte in der Ueberschrift unserer Vorträge vorläufig zur Frage, wie sich denn die zwei Dinge zu einander verhalten, ob sohin „Socialismus und Arbeiterfrage" annähernd das Gleiche bedeuten und besagen, oder ob zwischen beiden nur ein Verhältniß obwalte, etwa wie zwischen Wirkung und Ursache, oder selbst umgekehrt?

Das Erstere stellen wir in Abrede. Was in der Wirklichkeit als „Socialismus" besteht und in der Wissenschaft unter diesem Namen ver=standen wird, ist nicht die „Arbeiterfrage" selbst oder gar nur diese allein. Jedoch, wie die Sachlage jetzt auf dem volkswirthschaftlichen Boden sich gestaltet hat, läßt sich die Zusammengehörigkeit der Begriffe „Socialismus" und „Arbeiterfrage", erklären und rechtfertigen ebenso sicher aus dem Verhältnisse der Wirkung zu ihrer Ursache, wie entgegengesetzt der Ursache zu ihrem Erfolge.

Denken Sie sich vornächst unter „Socialismus" die Gesammtheit der heutzutage vorhandenen theoretischen und practischen Versuche, dem aus volkswirthschaftlichen Mißverhältnissen hervorgebrachten Nothstande für gewisse Klassen der Gesellschaft (societas) abzuhelfen. Von diesem Begriffe aus wird nun klar, daß gerade die „Arbeiterfrage", das heißt der abnorme Zustand der um Lohn für Andere arbeitenden Masse, als dringendste Ursache immer neue Lehrsysteme und wirkliche sociale Versuche und Anstrengungen hervorruft, um durch solche zu einer jene mühebeladene und dabei kärglichst gelohnte Menge befriedigenden Lösung der „socialen Frage" — also zur Ueberwindung des Nothstandes in der gegenwärtigen Gesellschaft zu gelangen.

Nun ist es aber auch gestattet, die „Arbeiterfrage", diese mit Vorzug „brennende" Frage der Zeit — denn sie birgt in sich den Zündstoff zu einer Conflagration der Gesellschaft — zu veranschaulichen als Wirkung oder Erzeugniß des „Socialismus" unserer Gegenwart. Bei dieser Ansicht des wechselseitigen Verhältnisses fassen wir dann den „Socialismus" selbst mehr allgemein im Sinne einer Zuständlichkeit, einer Bewegung in, und als einer Macht in, ja gewißermaßen über unserer Zeit.

Die Gesellschaft von heute liegt krank am „Socialismus." Durch die Thatsache, daß in dem industriellen Gebahren der Neuzeit Zustände herrschen, welche mit gewisser Nothwendigkeit die Massen-Armuth — den Pauperismus — der arbeitenden Bevölkerung hervorbringen, durch diese unleugbare und bejammerungswürdigste Thatsache bildet sich eine Ungesundheit — ein „Siechthum" — in den öffentlichen Dingen, daraus ein Ringen und Drängen, es zu bewältigen und zu heilen, das, wie oben bemerkt worden, selbst wieder eine Macht inner und über die Zeit geworden, und unter dem Gemein-Namen „Socialismus" im weitesten Sinne zu begreifen ist.

So verstanden ist der „Socialismus" eine Schule, welche ihre Meister und Hunderttausende, ja Millionen, zu willigen Hörern hat; er ist ein Glaube oder eine Religion geworden, die viele und allzu stark interessirte Jünger zählt. Als solche wirft sie unermüdlich die „Arbeiter-Frage" auf den Markt der Wissenschaft und des Lebens. Man wirbt für sie in den Sälen der Arbeit, wie der Unterhaltung, in den Werkstätten, wie in den Kneipen. Ansprachen, Bücher, Zeitungen, selbst Illustrationen steigern aller Orten die Empfänglichkeit der Massen, wie für das Schmerzgefühl wahren oder vermeintlichen Unrechtes und Elends, so nicht minder für die Verheißungen und Anweisungen, wie jenem ein Ende zu bereiten, und sei es auch mit „Schrecken."

In dieser schlimmsten Bedeutung hat — wenn auch keineswegs mit Nothwendigkeit — der Socialismus in dem Gemüthe von Hundert- tausenden den Thron seiner ausschließlichen Herrschaft aufgerichtet. Indem er den Glauben an ein Schmerzen sühnendes, Leiden vergeltendes Jenseits als „Pfaffen-Erfindung" aufgeben und verhöhnen lehrt, setzt er sich an die Stelle jeder positiven Religion, die er, mit Robert Owen, neben der Ehe und dem Eigenthume als die „Dritte" im Bunde jener Gewalten haßt, welche dem Menschen das Dießseits zum Fluche ge- macht haben.

„Socialismus" heißt das neue Evangelium der Werkstätte. Soll aber je das alte Evangelium, welches ja auch den „Armen" gepredigt worden, noch Gehör finden, so muß es selber „socialistische Klangfarbe" annehmen, und wie es mit dem Feuer seines Genies bereits Lamennais versucht hat, sein Wort vom „Reiche Gottes" und vom „ewigen Leben" umwandeln in die Zusage eines „Umbaues der Menschheit hienieden auf den Grundfesten der Brüderlichkeit, der Einheit des Besitzes, der Gleich- heit der Rechte unter den heiligen Gesetzen der Freiheit."

Bei einem Gegenstande, über welchen in den Industrie- und Handels- Gebieten dießseits und jenseits des Oceans, in dem alter- und arbeits- müden Europa, in der (scheinbar wenigstens) noch im Aufblühen begriffenen neuen Welt des Westens so reiche Erfahrungen und eine unübersehbare Literatur sich angesammelt hat, ist für den Raum verhältnißmäßig weniger Vorträge eine wohlüberdachte Auswahl ihres Stoffes gebieterische Noth- wendigkeit. Und — Auswahl genügt auch. Denn wem einmal ein tieferer Einblick in die Haupterscheinungen, sagen wir besser, in die schwierigsten Fragen des industriellen Arbeitslebens und die ernstesten, wie nebenher auch in die bedenklichsten Versuche ihrer Lösung sich erschlossen hat, dem wird bei der im Ganzen nicht sehr ungleichartigen Fülle der Thatsachen eine selbstständige Beobachtung und ihr entsprechende Urtheil- schöpfung nicht sonderlich erschwert bleiben. Demnach dürfte der Gang unserer Erörterungen etwa in folgender Weise sich gestalten:

Nach dem oben angedeuteten Wechselverhältnisse zwischen Socia- lismus und der Arbeiterfrage, soferne der erstere seine Jünger eben in

1*

dem Arbeiter= oder vierten Stande zählt und heranbildet, ist das Nächste, was wir zu betrachten haben, „die Entwicklung der Arbeit selbst zu ihrem und der Arbeiter gegenwärtigen Zustande." Selbstver= ständlich kommen hiebei die Ursachen dieses letzteren, woferne sie ge= schichtliche oder sociale sind, zur kurzen Erklärung. Ein keineswegs er= freuliches Gemälde des theils schon vollbrachten Abbruches und des noch drohenden Einsturzes der alten gesellschaftlichen Ordnung wird sich uns auf diesem Wege entfalten.

Wo aber Ruinen sind, in denen gleichwohl eben nicht die wenigsten Menschen wohnen und leben sollen, da muß an Aufrichtung und Neubau sofort gedacht und baldmöglichst Hand angelegt werden. Die Planmacher drängen sich, und die Baumeister bieten sich an, unberufene und berufene, weise und thörichte. Während die Einen Paradiese zaubern möchten für Alle — die Meister im Worte der »Extinction du paupérisme« — und alle die Zerstreuten und Geplagten zu sammeln begehren in das gewaltige, weltbezwingende und himmelstürmende Babylon der „Universal=Arbeiter= Republik", der bei der Polizei recht übel angeschriebenen „Internationale"; geben sich Andere mit viel bescheideneren Forderungen und Schöpfungen zufrieden, eingedenk der Wahrheit „daß das Beste nur allzu oft der Feind des Guten ist." Zur Würdigung der ersteren Klasse der Tröster und Nothhelfer der Arbeiterbevölkerung — der »uneasy classes«, wie der Engländer sie gut bezeichnet — dient uns ein Ueberblick über die hervor= ragendsten Vertreter der Socialtheorien unseres Jahrhunderts.

Wir lassen diese „Propheten der Proletarier", wie Bensen sie nennt, an uns vorübergehen, von Saint=Simon bis zu Lassalle, um jedem seine Weisheit abzuhören und nach ihrer Licht= wie Schattenseite sie zu prüfen.

Nun ist aber unsere Aufgabe wesentlich eine praktische. Wo Nöthen sind, macht es sich traurig, sie nach Ursache und Maß zu kennen und so der Statistik des Hungers und des Elendes mächtig zu sein, ohne selber Rath zu wissen und Mittel der Linderung oder Hülfe zur Hand zu haben. In solchen Fällen wäre es freilich besser, mit einem leisen „Gott helfe Dir" an dem Armen vorüberzuschlüpfen, als ihn mit Fragen zu quälen über das Wie und Woher seines Jammers.

Wir müssen also nach Hülfe ausschauen und mit diesem guten und ernsten Willen selbst das sociale Gebiet durchforschen, um inne zu werden, was Erreichbares bereits vorhanden ist, und was noch zu erdenken und anzustreben wäre, sei es durch die gesetzlichen Factoren im Staats= und Gemeinschafts=Leben, sei es durch die freie, christliche Charitas, damit dem Fortschritte der Verarmung Einhalt gethan und das schon herrschende

Elend gemindert, wenn auch nicht — was nimmer zu erwarten — gänzlich ausgerottet werde.

Hier ist nun der Ort, die besonderen Ursachen der Massenarmuth bezüglich ihrer Ueberwindbarkeit zu prüfen, die großen und schwierigen Fragen über Arbeitsrecht, Fabrikgesetzgebung, Genossenschafts= und Theilhaber=Wesen kennen zu lernen, namentlich auch auf die Ernährungs= und Wohnungsfrage und auf Möglichkeit und Werth von Bildungs=, Credit= und Hülfsanstalten für den „kleinen Mann", den Handwerker, Gesellen, die Lohn=Arbeiter und Arbeiterinnen thunlichst einzugehen.

Es erübrigt nach dieser Skizze unserer künftigen Vorträge nur noch Ein Punkt, über welchen wir uns verständigen wollen — die Darlegung nämlich, weßhalb ich Sie, meine Herren, die Sie vorwiegend „Theologen" sind, zu solchen Erörterungen wieder eingeladen habe und — ich sage es ganz aufrichtig — gerne zahlreich und ausdauernd hier um mich versammelt sehen möchte.

Eigentlich haben die Thatsachen schon geantwortet. Seit mehreren Jahren sind Theologen, Geistliche, sogar Bischöfe in Deutschland, Belgien, Frankreich und selbst in Italien und England an den Versuchen zur Lösung der socialen Frage emsig und vielfach betheiligt. Abgesehen von den Gesellenvereinen, welche, durchweg von den Geistlichen geleitet, ein sehr segensreiches Gebiet socialer Hülfe bearbeiten, ist eine Art Führerschaft in der Arbeiterbewegung auch von Mitgliedern des katholischen Klerus übernommen, und durch Thätigkeit in der publicistischen Literatur, wie praktisch innerhalb des Vereinslebens für die Zwecke, die Lage der arbeitenden Bevölkerungen zu verbessern, mit Erfolg gewirkt worden. Im Deutschen Reiche gehen die Rheinlande und Westphalen dem übrigen Klerus mit ruhmwürdigem Beispiele voraus. Um aber und zumal auf solchem nicht ungefährlichen Boden mitthaten oder in leitender Weise mitrathen zu können, in der Presse namentlich, bedarf es, neben leichter verfügbarem guten Willen, verläßiger und umfangreicher Kenntnisse. Ist es immer traurig und nirgends ohne Gefahr, in's Blinde hinein zu reden oder zu greifen, wie ungleich mehr ist dieß der Fall im Bereiche der socialen Bewegungen von heute. Hier stehen vor Allem sehr reizbare Stimmungen auf beiden Seiten, dort sowohl, wo die Hülfe benöthigt, wie auch dort, von wo sie zu suchen und zu leisten ist. Der verständige Mann darf sich nicht begnügen, die oft unwahren und oft rohen Schlagworte der Parteien nachzusprechen, denjenigen, für welche ein Zufall oder blinde Vorliebe ihn gewonnen, durch Dick und Dünn nachzugehen. Es wird mit solchen Schlagwörtern gegenwärtig auch viel Unfug verübt, leider selbst mitunter von geistlichen Herren. Die Meinung mag gut sein, aber manches Mittel ist gefährlich. Wer für die besitzenden Classen das Wort „Mastbürgerthum" — als Uebersetzung für die französische bourgeoisie — erfunden hat, war recht witzig. Aber, meine Herren, die wildesten Proletarier=Blätter haben sich dieser Erfindung bemächtigt und sie vergiften, wie der Indianer seine Pfeilspitze, das „geflügelte Wort" zu einer Todes=drohung für die Reichen und die Arbeitgeber. Die Stimme des Priesters darf keine „Drachensaat" zwischen die verschiedenen Stände und Loose der Menschen streuen, und angesichts einer und der andern Erfahrung ist es nicht ohne Grund, wenn nicht blos die geistlichen, sondern auch die weltlichen Obrigkeiten mit besonderer Aufmerksamkeit die Vertretung der socialen und zumal der Arbeiter=Interessen auf Seite des Klerus beob=achten und überwachen.

Niemand allerdings darf dem Geistlichen wehren, den Reichthum an die Pflicht des Wohlthuns zu ermahnen und im Geiste der Psalmen und noch vollkommener in dem des heiligen Evangeliums die Hartherzig=keit, welche die Noth des Taglöhners ausbeutet und nach dem Ausdrucke der Schrift „das Herzensblut des Armen trinkt", ihrer Sünden zu überweisen. Aber Anlaß, Zeit, Art und Ort müssen für solche Straf=Sermone wohl berechnet sein. Was an heiligem Orte in geweihter Stunde gesprochen werden darf, um wie ein Donnerschlag die Herzen heilsam zu erschüttern, dieß selbe Wort möchte, in eine ohnehin aufgereizte, heiß=blütige oder schon halbtrunkene Arbeiterversammlung geschleudert, ein Zünd=funken werden, der, wenn nicht im Augenblicke den Brand weckend, dennoch in vielen Gemüthern fortglimmt und sie erst recht zu den revolutionären Leidenschaften und deren Führern hintreibt.

Also, meine Herren, zu wissen, was man will, und noch mehr, klar zu wissen, was man kann — dieß ist, wenn irgendwo, das erste und dringendste Gebot in der socialen Frage. Und auch dieß Wissen gewinnen wir, wie jedes andere, nur durch redlichen Fleiß. Nimmer möge hier der Spruch des Dichters zutreffen:

„Verständige Leute kannst Du irren seh'n
In Sachen nämlich, die sie nicht versteh'n."

Nun denn, mögen Sie etwa denken, wenn dem so ist, dann mischen wir uns lieber gar nicht hinein!

Die Geistlichkeit hat mit der Fürsorge für die eigentlich „Armen" in der öffentlichen, wie in der freien, charitativen Armen=Pflege ein so übergenügendes Maaß von Mühen und, wo er etwa vorhanden, für prie=sterlichen Liebes=Eifer, daß ihr die Beschäftigung mit der Arbeiter= und socialen Frage mit Fug erspart werden kann. Videant Consules! Der Staat, die Kammern, die Volkswirthschafts=Lehrer, die Zeitungsschreiber und die daraus oder aus den Reihen der Proletarier selbst sich emporhebenden Arbeiter-Führer mögen und werden sie betreiben und lösen. Ueberdieß — die Masse der industriellen Arbeiter ist ohnehin so roh, so gar nicht mehr christlich und kirchlich gesinnt, daß sie dem Klerus kein Vertrauen entgegenbringt und am seltensten und unliebsten Gehör schenken wird.

Diese letztere Einrede erschiene wahr und gewichtig, wenn die Behauptungen zahlreicher Proletarier-Schriften und Zeitungen zu Rechte bestünden. Denn ihnen zufolge haben die „arbeitenden" oder „leidenden Classen" keine älteren und keine bitterlicheren Feinde, als neben dem Adel und dem Geldprotzen- oder Mastbürgerthum eben die Priester, den katholischen Klerus. Ein unnachsagbarer Ingrimm gegen die Religion, welche das „Evangelium den Armen" vor Allen verkündigt hat, durchglüht gleich einer infernalen Lohe die Mehrzahl der an die Proletarier gerichteten Reden ihrer Tribunen, und die publicistischen Organe der fortgeschrittensten Arbeiter-Parteien. Es ist hier nicht der Ort, im Einzelnen die Ursachen dieser beklagenswerthen Verirrung anzugeben. Deren sind zu viele und zu mannigfaltige: Irrthümer des Verstandes und Täuschungen des Herzens durch Leidenschaften von innen und durch Verführung von außen. Doch kann uns schon hier Eine Erfahrung ermuthigen und beruhigen. An den verhältnißmäßig noch wenigen Orten und in der ebenfalls noch kurzen Zeit, wo und seitdem wahrhaft christliche Männer beider Confessionen und darunter namentlich auch muth- und kenntnißreiche Priester sich der socialen Frage lehrend und wirksam angenommen haben, ist der bessere Theil der Arbeiter-Bevölkerung nicht taub gegen den Ruf der evangelischen Liebe geblieben und sie hat die helfenden Hände nicht länger deßhalb zurückgestoßen, weil sie Gott geweihte und von Gott gesalbte gewesen. Die Schuld der Entfremdung und des Mißtrauens der niederen Classen gegen den anscheinend wenigstens im Vergleiche zu ihnen sorglos und mühelos lebenden Geistlichen ist nicht blos auf Einer Seite zu suchen; sie liegt — ich gebe es gerne zu — in ungleich geringerem Theile auch auf unserer Seite.

Das Christenthum hat in der Armen-Pflege von Anbeginn bis nun unermeßlich Vieles und für Erd' und Himmel Bewundernswürdiges geschaffen und geleistet. Die Formen in der Ausübung der christlichen Charitas sind ebenso vielfach, wie die Mittel unerschöpflich, welche sie durch die Macht der Gottes-Liebe zu ihrer Verfügung weiß und hat. Aber die Massen-Armuth, das Loos von Hunderttausenden, ja von Millionen, welche lange, harte Stunden des Tages und der Nacht arbeiten und immer arbeiten, Männer und Frauen und selbst die noch zarten Kinder, und bei all dem kaum sich sättigen können und mit dem ersten

Tage einer Krankheit gemeinhin schon hungern, frieren und geradezu Bettler werden, diese „Heerschaaren des Elendes" sind selbst für das bald zweitausendjährige Christenthum eine neue Erscheinung. Sie sind für die Kirche selbst ein Problem, zu dessen Bewältigung sie sich erst sammeln und rüsten muß, wie mit Einsicht, so mit Kraft und Mitteln der Linder= ung und Hülfe.

Man hat in jüngster Zeit fleißig die Ansichten zusammengestellt, welche die Kirchenväter über Wesen und Werth der Arbeit gelegentlich ausgesprochen haben. Auch die mittelalterlichen Theologen, die Scholastiker —, der hl. Thomas von Aquin gebührend voran — sind darüber abge= hört und zu Rathe gezogen worden. Sie geben gute Lehren über Arbeits= pflicht und Arbeitssegen dem Feldbebauer und dem Handwerker, Trost selbst dem Hörigen und dem Sklaven; aber von diesen einfachen Ver= hältnissen bis zu den verwickelten Wirthschaftszuständen der Gegenwart ist ein nicht minder weiter Abstand, wie von der Spindel der einsamen Handspinnerin bis zu der von gewaltiger Dampf=Kraft mit rasender Schnelle umgetriebenen mill-jenny — dem Ungeheuer eine Spinnmaschine, mit welcher ein einziger Arbeiter in selbem Augenblicke die Arbeit von 400 Spinnerinnen vollbringt.

Also darüber wollen wir uns nicht täuschen, daß wir es mit einer Aufgabe zu thun haben, von welcher selbst der riesige Geist des Verfassers der »Civitas Dei« keine Ahnung hatte und die Phantasie Dante's sich kein Bild zu schaffen vermochte. Und doch sollte auch in diese colossalen lärmerfüllten, rauch= und dunstdurchzogenen Arbeitsräume der Segen der »Civitas Dei«, der Stadt Gottes, Eingang finden — und in die Herzen der an die Maschinen=Arbeit gefesselten, arbeitsmüden Menschen der Rein= heits= und Friedensgeist des Evangeliums und die Geduld des Christen! Die Sendung des Seelen=Freundes und Seelenführers geht hier in ein Gebiet, welches der alten kirchlichen Moral und Pastoral so ferne lag und so unbekannt war, wie die Insel Atlantis, von welcher gleichwohl Platon geträumt und die antike Dichtung gesungen hatte.

Auch die früheren Vorschriften der Moral über die Almosen=Pflicht der Begüterten sind hiefür ebenso unzureichend, wie unpassend. In der socialen Frage sind ja unsere Pflege=Befohlenen keine Unglücklichen, welche über ein unabwendbares Unglück getröstet, sie sind keine Bettler, welche mit Almosen abgefertigt werden können. Wir haben hier Tausende und Tausende von Männern mit der Kraft und mit dem Willen der Arbeit; und weil sie arbeiten, wollen und sollen sie auch essen, sie und ihre Fa= milien; nicht Almosen verlangen sie, sondern Lohn, nicht Erbarmen und Mitleid, sondern Recht und Gerechtigkeit! Und weil dieß, wie wir genauer sehen werden, auch der Bestes wollenden Weisheit ein überaus schwieriges Problem darbietet, und weil die Theologie im Besonderen darüber in den langen Reihen ihrer Folianten aus früherer Zeit so viel wie gar keinen Anhalt findet, darum ist es zu entschuldigen, wenn der Klerus hier nicht die Möglichkeit und nicht den Muth hatte, mit Rath und That voraus-zugehen, und wenn die arbeitenden Klassen, inzwischen anderen Führern zufallend, sich die traurige Anschauung einflößen ließen, „das alte Chri-stenthum habe für sie, d. h. für ihre Bedrängniß, weder Sinn, noch Hülfe, und die Geistlichkeit habe ihnen nichts zu bieten, möge sie immerhin, bei Pfründen und Pfarreien behaglich vergnügt, Dinge lehren, welche den Reichen verständlich oder auch nicht, jedenfalls für das Leben im Schweiße der Arbeit schlechthin unnütz, wenn nicht gar entwürdigend und verletzend seien." Aber der Klerus muß auch zu der Arbeiterfrage kommen. „Er kam und kömmt, wenn auch spät" — hoffen wir, „nicht zu spät."

Der nächste und erste Weg hiezu aber ist das Verständniß der Frage und Lage. Schon das Bewußtsein, daß der Pfarrherr oder Kaplan In-teresse zeigt an dem Arbeits-Manne und seinem Loose, ist für den letzteren ein Trost, ein Anziehungsband. Wir haben es ja doch mit getauften Menschen zu thun, und auch hier gilt: „Die alte (und erste) Liebe rostet nicht." Wer den ersten Schritt thut, dem kömmt man gerne auf halbem Wege entgegen. Aber freilich, man muß, um diesen ersten Schritt zu wagen, einiger Maßen wissen, wie und wohin? und man muß auch wollen. Der Schlendrian und die Bequemlichkeit haben an der Arbeiter-Frage wenig Freude zu erwarten. Ich habe irgendwo eine Spinnfabrik gesehen mit 1500 Arbeitern und Arbeiterinnen. Sie war Tag und Nacht im Gange. Nicht hundert Schritte von der Fabrik stand ein Männer-kloster, ziemlich zahlreich besetzt und für die Seelsorge bestimmt. Ich fragte in demselben nach dem Zustande der Fabrik, den Lohn-Verhältnissen, der Gesundheit, der Sittlichkeit und der Religiösität der Arbeiter und Arbei-terinnen. Niemand wußte Bescheid; Niemand hatte auch nur Ein Mal das Innere dieser sonst leicht zugänglichen Fabrik betreten. Die Arbeits-leute waren nicht zu den guten Mönchen gekommen, folglich auch sie nicht zu ihnen. Sie hatten in ihrer Regel wohl nicht den Satz: Wenn der Berg nicht zu Salomon kömmt, dann geht eben Salomon zum Berge. Auf diese Weise freilich wird die sociale Frage nicht gelöst, wenigstens nicht durch den Klerus. Wenn wir erobern wollen, müssen wir angreifen; und begehren wir von diesem Felde zu ernten, darf uns die Aussaat nicht verdrießen. Soll die Arbeiter-Frage nicht den Laien ausschließlich über-lassen bleiben, dann muß der Klerus seine Studien darnach einrichten; er muß vorbereitet sein, sie zu verstehen, und demgemäß seinen Rath ihr

anzubieten und seine Mitwirkung. Im Folgenden hoffen wir uns auch zu
überzeugen, daß diese Mitwirkung eine mannigfache, unter Umständen,
wenn die Kraft und Herrlichkeit der Kirche zu charitativer Thätigkeit aus
den doctrinellen Kämpfen heraus wieder gesammelt zu werden, auch eine
wunderbar großartige sein könnte.

Die Nächsten-Liebe, im genossenschaftlichen Sinne gelehrt und geleitet, die bestehenden und die zu bildenden Schutz- und Hülfs-Vereine,
von dem Geiste beeinflußt, welcher, freilich in anderen Formen und zu
anderen Zwecken die mächtigen Corporationen des Mittelalters geschaffen,
die Gesetzgebung mitberathen durch die Weisheit der Theologie und die
Erfahrungen einer socialthätigen Geistlichkeit, der Kampf gegen den
Wucher und die Herzlosigkeit des Capitals, gekämpft mit Unterstützung
des Wortes und der Zucht der katholischen Kirche, die Regelung des
Familien-Lebens der Arbeiter an der mütterlichen Hand der pfarrlichen
und Diöcesan-Seelsorge, die Betheiligung von Synoden an der Lösung
der gesellschaftlichen Schwierigkeiten, dieß und Anderes zusammen wären
Hülfen und Gewalten in der Arbeiterfrage, welche widerchristlichen Einflüssen auf sie den Raum verengen und sie in eine friedsamere und
christliche Bahn hinüberlenken könnten.

Meine Herren, leicht ist es Jedem und für Viele nur allzu sehr
begründet, daß sie über kirchenfeindliche Bestrebungen in ihren Gemeinden
laute und bittere Klage erheben. Doch — bei allem gerechten Jammer
— sollten wir uns denn ganz die Frage ersparen, ob hier, wo so geklagt
wird über die Feindschaft gegen die Kirche, die Kirche ihrer Seits schon
all' die Freundschaft angeboten, deren sie in Christi Geist und Sendung
fähig ist, ob sie vielfach so ganz und ächt die Mütterlichkeit entfaltet hat,
welche nicht blos die treuen und wohlbehäbigen Kinder festhält, sondern
auch die armen, die verirrten, die bekümmerten wieder sucht, tröstet und
heilt? Wer die Aufgabe der Kirche jetzt besonders darin sähe, „Ratten
aus den Löchern zu treiben" — der muß auch nicht zürnen, wenn sie
zischen und grimmig um sich beißen. Aber anderer Seits bleibt es ewig
wahr: „Wer Dankes-Thränen ernten will, muß Liebe säen!"

———————

Und des Eingreifens einer solchen Liebe bedarf in hohem Maaße
und bedarf rechtzeitig die Welt der Gegenwart. Die Massen-Armuth ist
keine Idylle, die sich dichterisch behandeln läßt, indem man ihr von der
Nothwendigkeit eines Unterschiedes der Stände, oder dem Reichthum des

Armen und dem Elende des Reichen in der Weise von Philemon und Baucis oder nach der Anekdote von Alexander dem Großen und Diogenes vorsingt oder predigt. Die erhabene Lehre von dem „armen Leben Christi" und von dem Werthe der sanftmüthigen und geduldigen Nachfolge seines Kreuzes darf und wird auf Erden nie verstummen und niemals kann sie ihre Segens- und Trosteskraft an den Unglücklichen völlig verlieren. Auch mag die Gnade noch in allen künftigen Tagen Seelen berufen, welche mit dem heiligen Franciscus von Assisi in heiliger Begeisterung die „Armuth" als „Tochter des Himmels" grüßen und freiwillig um sie werben, „wie um eine Braut."*) Aber, was auf den Höhen des christlichen Geistes verständlich ist und Macht hat über die Gemüther gläubiger und begnadeter Menschen, dieß wäre nicht Balsam auf Wunden, sondern Oel, gegossen in grimmige Flammen, gegenüber einer Menge, in deren Eingeweiden, wenn nicht schon stets der materielle Hunger, doch sicher die Gluthen des Zornes über ihr Schicksal brennen und der Neid über alle um etwas glücklicheren Zeitgenossen; und was soll bei solcher Erbitterung und Entfremdung der Massen von allem Heiligen der religiöse Trost — was soll das Wort allein ohne die Werke des Christenthums vermögen, wenn es Thatsache ist, daß es auch hier in München schon Werkstätten gibt, in denen bei Conventionsstrafe verboten ist, den Namen Gottes und des Heilandes anders zu nennen, außer zum — Fluche?

Täuschen wir uns nicht über das Trauer- und Gefahrvolle dieser Lage der Dinge! Der Zufall oder die Fügung will es, daß wir diese Betrachtungen in einem Augenblicke beginnen, in welchem eben auf dem Boden des so unglücklichen Frankreichs die „sociale Frage" ihr rothes Banner aufgezogen hat, um auf ihre Art sich in die Welt einzubürgern — mit Zerstörung und Raub. Lange ist die Katastrophe vorbereitet worden. Der wilde Strom stand schon seit Jahren und Jahrzehnten aufgestaut, bis der Krieg die mühsam bis dahin vertheidigten Dämme einstweilen nur erst in Paris durchbrach, und der Communismus dort die alte Gesellschaft zu überfluthen begann. Möglich, daß Armee und Regierung — Blut gegen Blut — den Ausbruch des Verderbens der Gesellschaft nochmals zurückdämmen. Aber die Quellen sind nicht geschlossen, und werden deßhalb die wilden Gewalten nicht aufhören, an die Oberfläche der Geschichte zu drängen. Es ist nicht unnütz, meine Herren, wenn

---

*) In privilegio paupertatis, quam modo matrem, modo sponsam, modo dominam nominare volebat.‹ S. Bonav. S. Franc. c. 13; vgl. Fioretti di San Franc. c. 13.

Sie klarer einsehen lernen, wie dieß so gekommen, und wer und welcher Art die Führer sind und die Gefährten in diesem entsetzlichen Kampfe zwischen den besitzenden Ständen und ihrer glänzenden Civilisation und zwischen den Proletariern der Werkstätten und der Gassen — in diesem Kampfe der zur Kriegsfurie gewordenen Armuth gegen die bisherigen Allein=Inhaber des Goldes und des Bodens, der Lebensgüter und ihres Genusses.

Noch besser freilich, als in die ganze Tiefe der Abgründe des Jammers und der Gefahr blicken zu lehren, wäre es, die Mittel zu erkennen, welche, statt in neuen Streitigkeiten neue Abgründe aufzureißen, uns hälfen, jene, wenn nicht zu schließen, doch einstweilen zu überbrücken — für den friedlichen Uebergang von der Besserung höchst bedürftigen Zuständen zu besseren — auch der niederen und der „arbeitenden Classen."

Erste Abtheilung.

Das Wesen und die Wirklichkeit der Arbeiterfrage.

Zweite Vorlesung.

Die Arbeit. — Entwicklungsgang der socialen Verhältnisse der Arbeiter. — Uebergang aus dem „dritten" zum „vierten Stande."

Es ist ein hochtragischer Zug, welcher durch die Mythen der Völker geht und wieder aus den Tiefen der Sprachforschung zu Tage tritt, daß die Nothwendigkeit der Arbeit mit dem Verluste eines ursprünglich glücklicheren Zustandes in ursächlichen Zusammenhang gebracht, und ebenso in den Worten, welche in den verschiedenen alten Sprachen „Arbeit" bedeuten, zugleich der Begriff der „Mühsal", des „Leidens" einbeschlossen ist. Die urältesten Sagen von dem „goldenen Zeitalter" der Menschheit ermangeln nirgends, bei dem Gemälde seiner Seligkeiten auch ausdrücklich hinzu zu fügen, wie in jenem Weltalter das Leben der Menschen mühelos gewesen, und die Erde ihren feiernden Bewohnern den durch keine Arbeit erzwungenen Unterhalt freigebig und in reichster Fülle geboten habe.

. . . . . . Ipsaque tellus
Omnia liberius, nullo poscente, ferebat.*)

Und ist es nicht, nur in umgekehrter Ordnung, dieselbe Idee oder Ahnung, wenn wir den Todten über den Rand des Grabes, nach dem mehr oder minder langen und harten Tagewerke, das sie hienieden zu vollbringen hatten, den Wunsch nachrufen und die Hoffnung: Requiescant in pace — „Ruhe nach der Arbeit und Frieden nach dem Streite"?

---

*) Virg. Georg. 1, 127. 128

Wie ferner in unserem Sprachschatze „Arbeit" und „Armuth" sich
verwandt zeigen, beide aus der Wurzel »Ar« (Ar-bami) „sich regen", im
Gegensatze zu „ruhen und rasten", wonach im Mittelhochdeutschen „Arbeit"
auch in die Bedeutung „Kampf" und „Mühsal" übergeht; so verschmelzen
sich im Lateinischen „labor (labos)", die Begriffe von „Arbeit" und
„Leid", was nicht minder im Griechischen πόνος der Fall ist, und selbst
im Hebräischen, wo עָמָל die „Arbeitsmühe" bezeichnet und zugleich
das Ungemach, den Schmerz.

Wenn wir auf diese Weise mit einer Art theologischen Vorbemerkung
die Erörterung über die heutige sociale und Arbeiter=Frage begonnen
haben, so fühlen wir uns dazu nur allzusehr berechtigt. Denn nicht wie
ferne „Arbeit" ihrer Lichtseite nach eine das Menschendasein würdig, heil=
sam und selbst genußreich ausfüllende Pflicht ist, in freier Bethätigung der
von Gott Jedem verliehenen Kräfte und Berufsart, nicht so tritt uns bei
Betrachtung der volkswirthschaftlichen Zustände von heute „die Arbeit"
und die „arbeitende Menge" vor Augen. Es ist vielmehr die „sociale
Frage" gerade dadurch hervorgebracht worden, daß die moderne Gesellschaft
das sonst beziehungsweise gemeinsame Loos der „Arbeit" unzählbaren
Tausenden in einem Grade und unter Bedingnissen auferlegt hat, in
welchen sie selbst durch den traurigen Namen „weiße Sklaven" nicht in
der rechten Weise bezeichnet, in den Berechnungen des industriellen Marktes
nicht mehr als „Menschen", sondern als „Waare" oder „Sache" in An=
satz gebracht sind. Man braucht keineswegs Socialdemokrat zu sein, um
diese Thatsache anzuerkennen. Auch der Umstand, daß in vielen Gegenden,
wie — Gott Lob! — in unserem vorwiegend ackerbauenden Vaterlande,
die Lage der verhältnißmäßig noch sparsamen Fabrikbevölkerung keine so
entwürdigende und jammervolle ist, wie in den großen Industrieländern,
straft die aufgestellte Behauptung nicht Lügen. In den gesellschaftlichen
Fragen entscheiden ebenfalls nicht die Ausnahmen, sondern die Regel über
die Wahrheit der Dinge, und dort, wo die Anfänge noch eine günstigere
Beurtheilung zulassen, ist es nicht auch schon geboten, sich der Sorge
über die weitere Entwicklung mit dem bekannten: Après nous le déluge,
getroste Muthes zu entschlagen. Genug. Die „Arbeiterfrage" besteht in der
alten, wie in der neuen Welt. Ueberall sind die Ursachen, durch welche
sie sich gebildet hat, dem Wesen nach die gleichen, mögen die wirklichen
Nothstände der industriellen Arbeiter verschiedenen Grades sein, in den
einen Ländern, wie in England, Belgien und Frankreich, bereits zur
äußersten socialen Gefahr gesteigert, in den andern, wie etwa bei uns, in
beschränktem Maaße, noch gleichsam embryonisch und darum minder
bedrohlich.

In welchem Entwicklungsgange und unter welchen Gesetzen und Mächten der Umgestaltung hat sich nun der gegenwärtige Zustand der arbeitenden Classe gebildet? welches sind die eigenartigen Bedingnisse, unter welchen diese als „vierter Stand" in der heutigen Societät vorhanden ist und ihre Klagen gegen und ihre Ansprüche an dieselbe erhebt und begründet? Diese Fragen sind nun der Reihe nach zu beantworten.

Die Arbeit, um welche es sich hier zunächst handelt, wird von der Volkswirthschaft als unmittelbar erzeugende (productive) bezeichnet. Jede Arbeit nämlich, welche den Zweck und den Erfolg hat, der Erde oder irdischen Stoffen (Rohstoffen) irgend etwas für den Menschen Benutzbares abzugewinnen, bringt etwas hervor, was in diesem Maaße oder in dieser Gestalt zuvor nicht vorhanden war; sie schafft oder erzeugt, aber so, daß sie unmittelbar hiefür mit der Erde und deren Materiale „hantirt." Es geschieht dies in der Landwirthschaft, soferne durch entsprechende Bearbeitung dem Boden mehr oder andere Erzeugnisse abgewonnen werden, als dieser Boden von selbst hervorbringen würde. Die Bestimmung und der Erfolg ferner jedes Handwerkes oder Gewerbes ist es, aus ihm hiefür dargebotenen, geeigneten Stoffen zu gestalten, was für die verschiedenen Bedürfnisse des menschlichen Unterhaltes und Haushaltes theils geradezu unentbehrlich, theils nützlich und angenehm ist. Das Gewerbe im Großen — productive Arbeit — heißt mit Vorzug Manufactur, Industrie eines bestimmten Zweiges, und Fabrik (mill), zumal wenn neben der menschlichen Hand, oder richtiger für sie, mechanische Kräfte — Maschinen — dabei thätig sind.

Jene Arbeit dagegen, durch welche die productive Arbeit entweder nur mittelbar gefördert wird, wie durch Handel und Wissenschaft, oder durch welche sie Schutz empfängt, wie durch die amtlichen Thätigkeiten für Sicherheit, für Verkehr und Pflege des Rechtes und der öffentlichen Wohlfahrt, nennt die National-Oekonomie die mittelbar productive Arbeit, soferne hiedurch den unmittelbar Arbeitenden ihre Beschäftigung und deren Ertrag möglich gemacht und erleichtert wird. Jene Arbeiter, welche bei dem Wiederaufbau Jerusalems unter Serubabel in der einen Hand Mörtel und Stein zu tragen hatten und in der andern das Schwert zur Abwehr der Feinde, geben ein sprechendes Bild von dem Versuche einer Vereinigung unmittelbar productiver mit mittelbar productiver Arbeit, d. h. von den Mühsalen und der Abnormität einer solchen Verbindung.

Die mittelbar productive Arbeit, die Thätigkeit des Gelehrten, des Beamten, des Priesters, des Arztes, des Anwaltes und des Soldaten, und auch die des Handelsmannes kömmt für uns nicht in Betracht.

Diese, gewöhnlich als bevorzugt angesehenen Stände leben von den mit ihrem Amte verknüpften Einkünften, Besoldungen, Honoraren, Taxen, Löhnungen; nur der Gewinn des Handelsmannes — als wechselndes Erträgniß — entsteht ihm aus der Verbindung seiner persönlichen Anstrengungen mit von dieser unabhängigen Bedingnissen oder Conjuncturen.

Dagegen muß den Landmann, den Handwerker und den Arbeiter überhaupt seine Arbeit unmittelbar selbst ernähren; er „lebt von der Arbeit." Kann der Arbeiter unmittelbar das Erzeugniß seiner Arbeit verwerthen, neben dem Selbstverbrauche, durch Verkauf um den entsprechenden Preis, so hat er den Ertrag seiner Arbeit, gleichviel hier noch, ob den vollen oder nicht, jedenfalls unmittelbar wie durch sich, so für sich. Arbeitet er dagegen in dem Auftrage und mit dem Stoffe eines Andern, so darf er das Erzeugniß seiner Arbeit nicht selbst behalten und verwerthen. Denn dies gehört dem Herrn der Werkstätte als dem „Arbeitgeber", welcher für die Arbeit seiner Gesellen oder Werkleute (workmen) überhaupt einen vereinbarten Lohn gibt, den Tag-, Wochen- oder Stücklohn, welchen der Lohnarbeiter verdient und von welchem er seinen Unterhalt zu bestreiten hat.

Nun sind es in der jetzigen gesellschaftlichen Gliederung gerade die letzteren, die Lohnarbeiter, welche den eigentlichen „Arbeiter-" oder „vierten Stand" ausmachen. Er auch ist es, aus welchem das Proletariat hervorgeht, jene düstere, gefährliche Menge, die sogenannte „Ueberschußbevölkerung" der großen Städte und Industriebezirke.

Es darf nicht als überflüssig erscheinen, wenn wir der Erörterung des gegenwärtigen Geschickes, wie der Zukunft des „vierten Standes", eben damit diese Bezeichnung sich erkläre und rechtfertige, eine Uebersicht vorausstellen, wie das Verhältniß der arbeitenden Classen zu ihrem Erwerbe und Unterhalte überhaupt möglich, beziehungsweise geschichtlich nachweisbar ist.

Bei den Völkern des Alterthums war die gewerbsmäßige (banausische) Arbeit das Loos und die Aufgabe des Unfreien, des Sklaven. Bekannt ist, wie verächtlich Aristoteles und Platon und selbst noch Cicero über die gewerbliche Thätigkeit sich ausgesprochen haben.*) Demungeachtet war die Lage des Unfreien, soferne er als Haussklave arbeitete, in Einer Hinsicht sorglos. Sein Herr verfügte allerdings über die Arbeitskraft des Sklaven, aber er verpflegte und ernährte ihn auch dafür, und soferne der Sklave in dem Ankaufspreise, welchen er gekostet, eine Art rentirenden Capitales darstellte, verbot sich dem Eigner desselben die frühzeitige Aus-

---

*) Vgl. Plat. de republ. II., 372. Cic. de off. 1, 42.

nützung und unkluge Erschöpfung dieser Arbeitskraft von selbst. In späterer Zeit gestattete die Gesetzgebung Roms, indem sie dem Sklaven Gewinnantheile an der Arbeit zusicherte, sogar die Bildung eines Sklavenvermögens (peculium), welches zur Freikaufung verwendet werden konnte. Trauriger allerdings gestaltete sich das Schicksal des kranken oder gealterten Sklaven, wenn er von dem hartherzigen Gebieter aus dem Hause verstoßen und seinem Schicksale hülflos überlassen wurde.*)

In der christlich=germanischen Weltordnung verflossen, obgleich die Arbeit von der kirchlichen Lehre als eine heilige Pflicht dargestellt und durch erlauchte Beispiele zumal aus dem arbeitsamen Mönchstande gleich= sam geadelt wurde, immerhin noch mehrere Jahrhunderte, bis aus dem Stande der Hörigen (glebae adscripti) der freie Handwerker und der zünftige Bürger des Mittelalters sich herausbilden konnte. Die Ackerbau= Arbeit und die Anfertigung der für die gesammte Volks= und Hauswirth= schaft im Frieden und im Kriege nothwendigen Dinge, von jenen der Waffenkammer angefangen bis zum bescheidensten Hausgeräthe, verblieb gemeinhin den Unfreien, während die Herren (Seigneurs), die Edelfreien auf dem Lande und die Altbürger in den Städten jede gewerbliche, die nachmals eigentlich bürgerliche Beschäftigung als ihres Standes un= würdig von sich ferne hielten. Indessen gewährten die germanischen Volksrechte und Sitten auch dem leibeigenen Arbeiter und der Arbeiterin — denn auch leibeigene Frauen spannen und woben für ihre Herr= schaft —**) Schutz und Verpflegung im Hause oder auf dem Pachthofe des Leibherren. Der hörige Landmann erarbeitete sich auf seiner Scholle seine Nahrung selbständig in dem, was nach Leistung der Frondienste und Naturalabgaben (Grundrente) an den Grundherrn von dem Zeit= oder Erbpachtgute ihm übrig blieb. So war besonders durch das von der Kirche ernstlichst begünstigte Institut der Erbpacht auch dem niederen Manne seine materielle Lage und zumal das Familienleben in dem Hause, das er von seinem Herrn zu Lehen trug, gesichert, abgesehen noch von anderen Hülfen, welche das Emporkommen der niederen Classen zu den höheren, wenn auch nur sehr allmälig, anbahnten und förderten.

Das Mittelalter hat in dem freien Bürgerthume die Kraft und den Glanz der Städte geschaffen. Nicht ohne schwere Kämpfe war neben den ritterlichen Altbürgern („Geschlechtern") der Stand der Handwerker

---

*) Vgl. Sueton. Claud. c. 25.

**) Vgl. die »Genitia (gynaecea)« — die Frauen= Web= und Spinnsäle auf dem Herrenhofe in dem Karoling Cap. de villis, c. 43 und 49, Cap. Aqu. (813) c. 19. (Roscher Ansichten der Volkswirthschaft S. 119.)

zur vollen Freiheit und bürgerlichen Gerechtsame gelangt, gliederte sich
aber dann sofort so innig in das städtische Leben ein, daß er als
eigentliches „Bürgerthum" den kräftigsten Theil der Bevölkerung jeder
einzelnen Stadt ausmachte und darstellte. Das freie Handwerk als solches
ist vom Boden abgelöste, also auch ohne „Anwesen" oder Grundeigenthum
den Wohnungsstand sichernde, persönliche Arbeit und daher im Mittelalter auch geradezu „bürgerliche Nahrung" genannt. Der Nebenumstand,
daß in kleineren Städten von jeher und bis heute der Gewerbsmann auch
noch Grundstücke besitzt und bebaut, wie man sagt, „Oekonomie" neben
seinem Handwerk treibt, ändert an der obigen Begriffsbestimmung nichts,
verleiht aber thatsächlich dem bürgerlichen Familienleben viele Erleichterungen und Gewährschaften.

Es lag in dem erhaltenden Geiste des deutschen Volksthumes zumal, daß es in derselben Weise, wie es die unbedingte Theilbarkeit des
Grundeigenthums ausschloß, sofort auch den in der persönlichen Arbeit
des Handwerkes gegebenen „goldenen Boden" mit einem Rechtsschutze um-
gab, welcher ihn vor schwächender Zersplitterung schirmen und in seinem
Inhaber wehr- und nährfähig erhalten sollte. Dies ist die an sich gesunde Idee, welche die Innungen und die zünftige Ordnung des Handwerkes in's Leben rief und durch deren Gerechtsamen „die Uebersetzung
eines Nahrungszweiges" abzuwehren versuchte und Jahrhunderte hindurch
auch vermochte. Unsere Aufgabe fordert nicht, auf die Vortheile wie auf
die Nachtheile dieser Einrichtungen, welche seit etlichen Jahren auch bei
uns zu den vollkommen überwundenen Standpunkten zählen, [weitläufiger
einzugehen. Dagegen muß, damit uns die Stellung, welche der jetzige
A r b e i t e r - oder der v i e r t e S t a n d zu dem dritten, dem alten
Handwerks-Bürgerthume einnimmt, deutlich werde, in den Hauptzügen die
Art des Gewerbebetriebes und sein Ergebniß für die bei dem Handwerke
beschäftigten Personen in vergleichende Betrachtung gezogen werden.

Im Hause und in der Werkstätte des Handwerkers steht der M e i s t e r
mit seiner persönlichen Arbeitsgeschicklichkeit (Meisterschaft) und persönlichen
Arbeit als der Mittelpunkt, weil als der Herr des Ganzen, voran.

Wer das Handwerk nicht selbst erlernt und sich durch das „Meisterstück" hierüber ausgewiesen hatte, konnte keine Werkstätte eröffnen, keine
Gesellen beschäftigen, keine Lehrlinge aufnehmen. Schon hiedurch wurde
die Zahl der zunftberechtigten Handwerker zweckmäßig beschränkt und, was
von mächtiger socialer Bedeutung ist, die jetzt so schmerzlich empfundene
Kluft zwischen dem Arbeitgeber und dem Arbeitnehmer wurde nicht nur
nicht empfunden, sie war im rechten Sinne auch gar nicht vorhanden.
Denn der Meister arbeitete selbst mit seinen Gesellen. Sie waren sohin

mehr neben ihm, als unter ihm, seine „Gehülfen", obgleich sie bei einzel=
nen Handwerken den der Neuzeit nicht mehr erträglich scheinenden Namen
„Knecht" führten.

Gesellen und Lehrlinge bildeten aber nicht nur die Arbeits=, sondern
auch die Haus= und Tischgenossen des Meisters. Er wurde von ihnen
als „Hausvater" geehrt, und seine „Haus=Ehre", wie die altfränkische
Redeweise die „Frau des Hauses" nannte, nahm auch von dem Gesellen
und Lehrlinge die Anrede „Mutter" entgegen. Während heutzutage der
Arbeitgeber, besonders der Fabricant, einer ganz anderen Rang=, wenn
nicht Menschen=Classe angehört, als seine Arbeiter, hat der Geselle, ganz
abgesehen von dem Bande, durch welches in altfrommer Zeit Glaube und
Kirche auch dieses Element der christlichen Lebensgemeinschaft zur Brüder=
schaftlichkeit erhob und weihte, in dem Meister und Hausvater seinen
Führer, wie das Vorbild für die gleiche ehrenhafte und gesicherte Stelle,
in welche er über kurz oder lang selbst eintreten sollte. Es gab keinen
Meister, der nicht zuvor einmal mit seinen Gesellen und Lehrburschen
ihres Gleichen gewesen und nicht selbst alle die Leiden und Freuden, die
Demüthigungen und die Hoffnungen des singenden, aber auch fechtenden
„Wanderburschen" an sich erfahren und ausgekostet hätte! Allerdings war
und ist das Leben des Gesellen und Lehrlings unter dem Dache des
Meisterhauses ein unselbständiges, bevormundetes und beschränktes und
je nach Charakter und Laune der Meisterleute nicht selten verdrießliches
und hartes. Jedenfalls, so lange der Arbeiter in dieser Art Geselle ist,
bleiben ihm die Freuden des eigenen Heerdes und Familienlebens versagt,
oder drücken wir uns sachgemäßer aus, die unsäglichen Nöthen eines Pro=
letarierhaushaltes erspart. Dafür aber war er versorgt mit Wohnung,
Brod und Lohn; die Innung gewährte zumal den „Altgesellen" erhebliche
Vor= und Ehrenrechte, und ihre, wie zahlreiche andere Stiftungen boten
auch dem, welcher selbst im späteren Alter eigenen Heerd nicht gewinnen
konnte oder wollte, ausreichende Zuflucht für die Tage der Schwäche und
des Greisenthums.

Die Thatsache, daß die Nachkommenschaft des Bürger= und Gewerbe=
standes fast ausnahmlos dem Meisterhause als „Bürgerskinder" angehörte,
weil es keine Gesellen=Ehen gab, hielt durch Jahrhunderte den dritten
Stand, das „Bürgerthum", aufrecht und bewahrte dasselbe vor der Um=
wandlung in den so ärmlich bestellten, leider! jetzt so rasch sich mehrenden
„vierten Stand" der „Arbeiter" und ihrer proletarischen Familien.*)

---

*) Zur Richtigstellung der „Arbeiterfrage" ist die Berufsstatistik beizuziehen.
Die Arten der Beschäftigung übersteigen in den europäischen Ländern die Zahl 1000.

Wir müſſen nun noch zwei Punkte hervorheben, um den Maßſtaab
der Vergleichung des altbürgerlichen Handwerkſtandes mit dem „vierten
Stande" unſerer Gegenwart zu vervollſtändigen.

Die Arbeit des bürgerlichen Handwerkes war, wie F. Laſſalle ſich
ausdrückt, „werbend". Weitaus zu größtem Theile arbeiteten die bürgerlichen Werkſtätten nur auf Beſtellung, ſeltener auf Vorrath für noch
unbeſtimmte Nachfrage von Käufern. Nur in jenen Gewerken, deren Erzeugniſſe für den Fall des unvorberechenbaren Bedürfniſſes immer vorhanden ſein müſſen, wie Eßwaaren, Seile, Nägel, Riemenwerk, Bürſten ꝛc.,
verband ſich der Verkaufsladen mit der Werkſtätte. Da nun die Zahl
der zünftigen Meiſter immer annähernd nach der erfahrungsmäßigen Zahl
der Beſtellungen und Nachfrage zunächſt des Localmarktes ſich beſchränkt
zu halten ſuchte, ſo konnte weder eine ſo erhebliche Stockung des Ab-
ſatzes, noch auch eine derartige Ueberfluthung des Marktes mit Handwerks-
Erzeugniſſen eintreten, daß, wie heutzutage, bei der ſchrankenloſen Concurrenz, gleichſam zwiſchen Nacht und Morgen der eben noch blühende
Nahrungsſtand eines Meiſters, ſeiner Geſellen und ſeiner Familie auf das
Niveau des Hungers — der „Brodloſigkeit" — und damit das geſammte
Perſonal wie über Nacht zum Proletariat herabſank. Verringerte ſich
gleichwohl durch Ausfall von Kunden der Abſatz der Erzeugniſſe einer
Werkſtätte, alſo der Nahrungsſtand eines Meiſters, oder mußte aus
anderen Urſachen ein Arbeitsplatz verlaſſen werden, ſo ſtand dem unverheiratheten Geſellen, wie der Volksmund ſagt, die „weite Welt" offen,
und ein anderes Oertchen und ein anderer Meiſter war meiſt unſchwer
gefunden. Dieſe beziehungsweiſe Sorgloſigkeit des Wanderlebens des
Handwerksburſchen der alten Zeit, ein draſtiſcher Gegenſatz zu der Angſt
und Noth des verheiratheten Geſellen und des dienſtlos werdenden Fabrik-
rbeiters, iſt namentlich durch das deutſche Handwerksburſchenlied ver-

<hr>

Noch hat in den Hauptländern Europa's die Landwirthſchaft den höheren Procentſatz
in der ihr gehörigen Bevölkerung. Nur England macht die beträchtlichſte Ausnahme.
21½% kommen hier auf den Ackerbau und 51% auf Induſtrie; dann folgt Sachſen
mit 25% Landwirthſchaft und 56% Fabrikgewerbe. Für Bayern ſcheint ſich der Durch-
ſchnittsſtand der Handwerksgeſellen zu den Fabrikarbeitern einſchlüßig der Taglöhner
und Dienſtboten ſo zu ſtellen, daß auf 30 Einwohner 1 Geſell-Lehrling, auf 20 ein
Fabrikarbeiter, auf 22 ein Taglöhner, auf 8 ein Dienſtbote trifft. Wie die Zahl
der Handwerker ſich mindert und in gleichem Maße die der „Arbeiter" zunimmt, lehrt
die ſtatiſtiſche Angabe aus Berlin Ihr zufolge hatte Berlin 1846 ein Arbeiter-
Perſonal von 8,700 Männern und 5,500 Frauenperſonen; dagegen 1858 ſchon
12,500 Männer und 14,500 Frauenperſonen. Aber immer noch bilden die „unſelb-
ſtändigen Arbeiter" nicht die Mehrheit der Bevölkerung.

ewigt worden in bald ausgelassen lustigen, bald auch in träumerisch weh=
müthigen Weisen. *) Fehlte es nun allerdings auch in der Vorzeit nicht
an oft schweren, langen Kämpfen zwischen Meister= und Gesellenschaft um
Rechte, Freiheit und Lohn, die äußerste Noth trat an den Burschen selten
heran, welcher leicht anderswo Arbeit fand, so daß Auswanderung der
Gesellen eines Handwerkes einer ganzen Gemeinde zu Unbill und Verlust
werden konnte.

Je mehr nun in unsern Tagen auch der Geselle nach Unabhängig=
keit, und die Meister nach ihrer Bequemlichkeit trachten, folglich der Ge=
selle nicht ferner der Haus= und Tischgenosse des Meisters sein will oder
kann, und je häufiger die Ehen der Handwerksgesellen werden, desto zahl=
reichere Genossen dieses bisher dritten Standes und desto rascher sinken
sie in den „vierten Stand" hinunter, in den der proletarischen „Arbeiter."
In alter Zeit kamen ausnahmsweise Gesellenheirathen vor bei Bauhand=
werkern (Zimmerleuten, Maurern, Steinmetzen), wo nur wenige Meister
werden konnten.

Endlich bleibt ernstlichst noch zu erwägen das Verhältniß der Hand=
werkserlernung zu der „Arbeitstheilung" in dem fabrikmäßigen Geschäfts=
betriebe. Die Arbeitstheilung bestand zwischen den „Handwerken" selbst,
schroff genug, aber nicht in der Werkstätte des einzelnen Handwerks.
Der Lehrling war mit der Verpflichtung aufgenommen, die seinem Hand=
werke eigenthümlichen Erzeugnisse, nicht etwa nur für eine Sorte oder
einen Bestandtheil derselben, sondern in allen ihren Theilen ganz und
bis zum Meisterstück vollständig zu erlernen. Der Meister verstand also
und verrichtete, wann und wie er wollte, alle und jede „Hantirung"
in seinem Gewerbe. In der Regel konnte aber auch jeder tüchtige Ge=
selle ihn ersetzen, im Falle Abwesenheit oder Erkrankung des Meisters
Hände aus der Werkstatt ferne hielt. Der „Broderwerb" blieb also auch
von dieser Seite gesichert. Hinwieder ergab sich, daß auch jeder „aus=
gelernte Geselle" in den Stand gesetzt war, sobald sich Gelegenheit
bot, selbst als Meister eine Werkstätte zu leiten oder zu gründen, im
Nothfalle aber auch ohne weiteren Gehülfen in seinem Handwerke ein
vollständiges Erzeugniß auf Bestellung oder auf Verkauf zu verfertigen.

----

*) Wie ganz verschieden hievon ist die „Proletarierpoesie" von heute, diese
grimmigen Lieder, (Karl Beck's) vom „armen Manne", oder das berühmte Lied
„vom Hemde" (Song of the shirt) — der Todtengesang der durch Arbeit ausge=
mergelten Näherin! Nur durch die wilden Sturm= und Dranglieder der Zeit des
„Bauernkrieges" weht ein verwandter Ton des Hasses, des Schmerzes und der
Rachedrohung.

Suchte er dagegen als Geselle Arbeit in einer Werkstätte, so konnte er, weil des ganzen Handwerks kundig, jeden Platz einnehmen, der eben für die Verfertigung irgend eines Bestandtheiles erledigt war. Diese Vortheile fallen für den Fabrikarbeiter, also „die Leute des vierten Standes" hinweg in Folge der im Großbetriebe herrschenden Arbeitstheilung. Der Arbeiter ist selbst nur gleichsam ein „Rädchen" in dem Getriebe der ihn beschäftigenden Maschinerie.

Ein Mann, welcher von Kindheit auf Jahrzehnte hindurch an einer Maschine nichts gelernt und nichts gethan hat, als etwa das Oehr in die Nadel drücken, oder Sammt schlitzen, Papier- und Goldleistchen schneiden, wird es darin zu einer ungeheuren Fertigkeit bringen, aber er ist außer Stande, irgend etwas Anderes zu arbeiten und mit dem Aufhören dieser Beschäftigung schlechthin ein Bettler. Wie weit diese bei vielen Großgewerken, wie bei Uhrmachern, Schlossern, Gewehrfabriken, in's winzigste Detail durchgeführte Arbeitstheilung bei der Großindustrie geht und welche bedenklichen Folgen sie sonst noch für das leibliche und geistige Leben der arbeitenden Classen äußert, werden wir später genauer zu betrachten haben.

Das Gesagte dürfte wohl zureichen, um die Linie anzudeuten, welche der Entwicklungsgang der Arbeit nach abwärts mit der Wirkung genommen hat, daß er die Mittel-Classe oder den dritten Stand an Zahl der Angehörigen wie an deren Einfluß auf die öffentlichen Zustände fortwährend verringert, während er in gleichem Maaße dem „vierten Stande" neue Schaaren zuführt und deßhalb deren Unbehaglichkeit und Unzufriedenheit in steigendem Maaße als „sociale Frage" in den Vordergrund drängt. Damit ist nun geboten, diesen „vierten Stand" selbst nach seiner Zusammensetzung und in seiner durchschnittlichen socialen Lage und Stimmung des Eingehenderen zu schildern.

Dritte Vorlesung.

Der vierte Stand. — Ursprung und Bestandtheile desselben. —
Wahrheit und Gründe seines Mißbehagens. —
Statistische Beispiele.

Die arbeitende, vorzüglich die in der Industrie beschäftigte Bevölker=
ung bildet gemeinhin und zwar nach der von ihr selbst anerkannten Be=
nennung den „vierten Stand" in der Gliederung der heutigen Gesellschaft.
Bis zu Ende des Mittelalters waren Adel und Klerus die zwei alten
und meist privilegirten Stände gewesen, die weitaus größten Grundbesitzer
die Inhaber der bevorzugtesten Aemter im Frieden und Kriege. Allmälig,
von dem Höhepunkte des Mittelalters angefangen, erhoben und befestigten
sich die Ansprüche eines neuen, dritten Standes. Sein gediegenster Kern
war außer den Patriciern und den Handelsherrn das zünftige Bürger=
thum der Städte. In seiner Nahrung, sagen wir richtiger, in seiner
meist stattlichen Wohlhabenheit gesichert durch dem Grundeigenthume an
festem Werthe gleichkommende Realrechte, war viel früher schon der
gewerbtreibende Bürgerstand den grundbesitzenden Voll= und Altbürgern in
Allem gleichgestellt und strebte nun gemeinsam mit diesen auch nach
einigem Antheile an den gesetzgebenden und leitenden Körperschaften und
Gewalten des Gesammtstandes. Gleiche Interessen und Bestrebungen
verbanden mit diesem „Bürgerthume" die kleinen, freien Grundbesitzer
und die immer zahlreicher und mächtiger anwachsende Beamtenschaft,
welche in der centralisirten Staatsverwaltung als besoldete Staatsdiener
an die Stelle des früheren Ministerialadels und des freien Schöffenthums
gesetzt wurde.

Dieser so aus bürgerlichen und bureaukratischen Elementen gebildete Stand war es, welcher, unterstützt durch die Männer der Advocatur und der Literatur, in der französischen Revolution vor 1789 gewaltsam und schonungslos die zwei alten Stände, den Geburtsadel und den Klerus, stürzte, deren Vorrechte abschaffte und selbst einen bedeutenden Theil der zu ihnen zählenden Familien und Personen auf der Guillotine abschlachtete oder in Mitrailladen und Noyaden auf noch schauderhaftere Weise ermordete.

Durch die Lehre von den „allgemeinen Menschen=Rechten" und den Lockruf von „Freiheit, Gleichheit und Brüderlichkeit" hatte der „dritte Stand" die Fäuste der übrigen Volksmenge zur Austilgung der zwei älteren Stände gewonnen und verwendet. Die Arbeiterclasse in Paris stürmte auf seine Anregung die Bastille und besiegte das Königthum; der Pöbel zerbrach die Schlößer des Adels, plünderte und zerstörte Klöster und Kirchen, lieferte die Schergen und die Henker und schließlich in seinen Kindern das „Kanonenfutter" für die Schlachtfelder der jungen Republik.

Der dritte Stand hatte errungen, was er angestrebt, den Allein= besitz der Gewalt, des Reichthumes, der Civil= und Militärämter; er war Inhaber der Wahlvorrechte und entschied mit seinen Stimmen in den gesetzgebenden Körperschaften gegen die schwachen Reste des älteren und jüngeren Adels, welcher nach späteren Verfassungen in den Reichs= oder Pairs=Kammern wieder einige Vertretung gewonnen. Aber dieser dritte Stand, im Vollbesitze seiner Errungenschaften, der Kern jetzt der so genannten „liberalen Partei", dachte nicht im Entferntesten daran, den „vierten Stand", welcher ihm als Werkzeug und gleichsam als Schemmel gedient hatte, im öffentlichen Leben zu sich hinaufzuheben.

Im Gegentheile. Denn — so lauten nun einstimmig gegen ihn die Anklagen der europäischen Socialdemokratie — vermöge der Gesetzgebung, über welche er verfügte, und des Capitales, mittels dessen er das Klein= gewerbe zu erdrücken vermochte, hat der dritte Stand die arbeitenden Classen unterjocht. Er beutet jetzt ihre Kräfte aus, während er durch das System der indirecten Steuern die öffentlichen Lasten zum größten Theile von sich ab und auf das arme Volk hinüberwälzt.

Die Zwingherrschaft, so heißt es weiter in den Organen der social= demokratischen Blätter, das neue Raubritterthum der Bourgeoisie ist schlimmer, als die Tyrannei des alten Feudalismus. Fremd jeder an= geborenen Noblesse, überläßt sich der Geldadel dem Genuß der Reich= thümer, welche ihm der Schweiß des Arbeiters gegen Hungerlohn ver= dient, und überläßt dann den kranken und greisen Mann herzlos dem Elende oder im besten Falle der Barmherzigkeit irgend eines Vereines oder Hospitales. Von 1789 bis 1848 haben diese Tyrannen des dritten Standes ungestört geherrscht.

Mit dem neuen Revolutions-Zeitalter (1848) aber — so lehrt namentlich in Deutschland Lassalle — sei die Epoche eingetreten, in welcher der vierte Stand das Werk seiner Befreiung begonnen habe und von jetzt ab fortfahren werde und müsse, die Alleinherrschaft des Capitales zu brechen und mit den letzten Resten des Ständeprincips aufzuräumen. Der vierte Stand wolle und werde sich die volle Gleichberechtigung mit dem bisher ausschließlich ihn beherrschenden dritten Stande durch die geeigneten Mittel erkämpfen.

Bei so hohen Ansprüchen an die Zukunft ist es nun allerdings wichtig, das Wesen und die Elemente jenes Standes, der sie durchzusetzen sucht, genauer zu betrachten.

Der Name „vierter Stand" findet, wie wir gezeigt, seine geschichtliche Erklärung durch die drei älteren Stände, welche nacheinander die Geschicke der europäischen Menschheit getragen: Adel, Geistlichkeit und Bürgerthum, d. h. der Mittelstand, Gewerbe, Beamtenschaft und Capital.

Auch der „vierte Stand" kann naturgemäß nur gebildet sein, sich ergänzen und als solcher erkennen durch gleichartige gesellschaftliche Verhältnisse und Interessen Vieler, welche eben hiedurch wieder geschieden sind von allen höher oder tiefer in der Rangordnung des irdischen Berufes und Schicksales gestellten Zeitgenossen.

Woraus also bilden und ergänzen sich die Hauptmassen der wesentlichen Bestandtheile dieses vierten Standes? Diese Frage ist zu gutem Theile schon in dem Früheren beantwortet.

Den Grundstock des zur Zeit noch untersten Standes der heutigen Gesellschaft bilden nämlich alle diejenigen Individuen, Männer und Frauen, welche ohne Besitz eines Grundstückes, eines Capitals oder einer selbstständigen Handwerkstätte einzig ihre persönlichen Arbeitskräfte — so recht „ihre Hände" — zu ihrem Fortkommen (Nahrungsquelle) haben. *)

---

*) Nicht zu verwechseln sind damit die „Berufslosen", welche entweder physisch unfähig sind zu einer Berufsthätigkeit oder durch Schuld oder mit Willen; zur ersten Classe zählen kleine Kinder, Greise, Irrsinnige, Krüppel; zu der zweiten: Gefangene, Vagabunden, lüderliches Volk; zu der dritten: Rentiers, Pensionisten ꝛc., letztere Classe in Frankreich »Professions liberales«; die anderen wären das Material zu einem fünften Stande, vgl. Oettingen Moralstatistik 1, 627. Böhmert (der Socialismus und die Arbeiterfrage S. 146 ff.) sucht durch die Berufsstatistik als „Volksirrthum" zu widerlegen, daß der Mittelstand ab und das Proletariat zunehme. Sehen wir, mit welchen Gründen gegenüber dem alten Mittelstande.

Diese ihre Arbeitskraft wollen und müssen sie, um zu leben, an einen Arbeitgeber verwerthen, d. h. vermiethen um Tag= oder Stücklohn. Entsprechend ihrer Lage heißen sie daher die „arbeitende Classe" — in besonderem Sinne —, und da die Mehrzahl derselben in der großen Industrie verwendet ist, „industrielle" oder „Fabrikarbeiter" (working men, classes ouvrières). Der traurige Name „Proletarier" umfaßt sie Alle und bezeichnet sie verständlich genug.*) Es frägt sich nun näher, aus welchen Bestandtheilen setzt sich der „vierte Stand" zusammen, beziehungsweise durch welche Elemente wächst er stetig an, während der alte dritte Stand in demselben Maaße sich verringert?

An erster Stelle wirkt hiefür das Einströmen der ländlichen Be=völkerung in die großen Städte und in die Centren der Industrie. Be=sonders auffällig und beklagt ist diese Erscheinung in Frankreich und England. In dem ersteren Lande hat von 1851 bis 1856 die ackerbau=treibende Bevölkerung von 57% auf 52% sich verringert, dagegen die industrielle von 27% auf 33% sich gesteigert. In gleichem Maaße ver=minderten sich die Ernte=Ergebnisse, welche von 1852—66 um eine Million Hektoliter fielen. Ebenso zählte man 1853 noch 40 Einwohner auf 100 Morgen (hectares) Landes, dagegen 1866 nur mehr 36!

In England sank von 1831—41 die Ackerbau=Bevölkerung um 20%, die industrielle stieg in dem gleichen Zeitraume um 40%. Auch in Deutschland wird das Zuströmen vom Lande in die Städte von Jahr zu Jahr bedeutender, und verlauten stärker die Klagen über Mangel an landwirthschaftlichen Dienstboten. Die Ursachen solcher Abnahme der Landbevölkerung sind theils volkswirthschaftliche, theils moralische oder richtiger unmoralische. Für den kleinen Grundbesitzer häufen sich die Schwierigkeiten einer vortheilhaften Bewirthschaftung seines Gütchens. Er verkauft es, wenn er nicht geradezu vergantet wird, an den großen Grund=besitzer oder an den Capitalisten und zieht mit oder ohne Rest eines Ver=mögens in die Stadt, im ersteren Falle als bescheidener „Privatier" und nebenher als Wucherer oder Zwischenhändler, im letzteren als „Taglöhner" oder „Fabrikarbeiter." Jüngere, noch ledige Leute aber lockt und führt die Aussicht auf, wie sie meinen, leichteren und regelmäßigen Erwerb und demgemäß auf Selbständigkeit und eigenen Heerd bei Frau und Kind, leichtfertige geradezu die Sucht nach Ungebundenheit und Vergnüglichkeit

---

*) Vgl. Bensen Gesch. des Proletariates. 1847. — Die „socialdemokratischen" Blätter beklagen, daß aus Scheu vor dem Namen „Proletarier" viele Arbeiter den gemeinsamen Interessen derselben fremd bleiben und lieber das Joch des Capitals ertragen!

des Stadtlebens aus der gesunden Atmosphäre des Feldes und Waldes in die dumpfen, lärmvollen Räume der industriellen Arbeit.

Einen weiteren, rasch anwachsenden Zuzug liefern derselben und damit dem „vierten Stande" die kleinen Handwerker, deren von Väterszeiten her selbständig betriebenes Geschäft durch die Großindustrie unabwendbar zerstört worden. Allerdings gibt es Kleingewerbe, die durch Fabrikindustrie unersetzbar, daher unzerstörbar bleiben. Auch Ortshandwerker concurriren noch mit dem Großgewerbe für den nächsten Bedarf und für Reparaturen. Vereinzelt kommen nur Gewerbe und Mittelstände, einige der Vorzeit ganz unbekannt, empor, wie Monteurs, Telegraphisten. Der kleine Gewerbsmann vermag weder in Waaren noch in Preisen die Concurrenz mit der Großindustrie auszuhalten. Das große Capital kauft den Rohstoff aus erster Hand und im Großen, daher um so billiger. Die neuesten und die kostbarsten Maschinen, jede Verbesserung in diesen oder in dem Geschäftsverfahren, die geschicktesten Werkführer und Arbeiter, die Möglichkeit, die gewinnversprechendsten Absatzwege aufsuchen zu lassen, dies und vieles Andere, was dem einzelnen Handwerksmann völlig unerreichbar bleibt, steht dem „arbeitenden" Gelde zur Verfügung. Zum Ueberflusse ruiniren die wachsenden Steuern, Zinsen, Gerichtskosten und die Hausmiethen den letzten Rest und Halt im bisherigen Wohlstande des kleinen Meisters. Er schließt seine Werkstätte, oder sie wird ihm vom Gerichtsvollzieher geschlossen, und so wandert auch der „Meister" und „Meisterssohn" von ehedem als „Arbeiter" in eine große, vom „Capitale" geschaffene Werkstätte; der „Bürgerstand" ist nun um eine Ziffer ärmer, das „Proletariat" um dieselbe reicher geworden.

Schon ganz innerhalb des „vierten Standes" von Anfang an begründen und mehren ihn rasch und ausgiebigst die Gesellen-Heirathen, während neben dem „Arbeitervolk" eine andere Sorte von Proletariat verschiedenen Ranges, von dem brodlosen Gelehrten bis zu dem vagirenden Schreiber, Jäger, Bedienten 2c. herab, den Uebergang vermittelt zu den bei der Polizei als „gefährliche Classen" (uneasy classes) übel angeschriebenen, tiefsten Schichten der Gesellschaft, den Brutstätten der berüchtigten „Bassermann'schen Gestalten". Wie groß nun das Gewicht sein dürfte, welches, unter allen Umständen für die höheren Stände verhängnißvoll, schon gegenwärtig der „vierte Stand" in die Wagschale der socialen Geschicke einzig durch seine Masse zu legen vermag, dafür ergeben etwelche statistische Notizen zureichenden Anhalspunkt.

Das am meisten industrielle England beschäftigt von seinen 23 Millionen Einwohnern 9 bei der Landwirthschaft und zwar, da der freie Grundbesitz nur mehr auf 36,000 Familien sich vertheilt, in der Masse als

Pächter, Knechte, Mägde und Taglöhner ꝛc. Dagegen gehören 14 Mil=
lionen der Industrie und dem Handel an. Je der sechste Einwohner ist
ein »Pauper.«

Kurz vor dem Kriege (1870) rechnete Frankreich seine länd=
liche Bevölkerung — der Mehrzahl nach freie, wenn auch kleine und
kleinste Grundeigenthümer — sammt den Dienstleuten auf fünfundzwanzig
Millionen. Bei Handel und Industrie waren betheiligt 6'500,000.
Die (conscribirten) Armen ergaben das Verhältniß von je Einem auf
20 Einwohner.

So ziemlich wie in Frankreich bewegt sich die Ziffer der Bevölker=
ung zwischen Ackerbau und Industrie in der österreichisch=ungarischen
Monarchie. Dagegen übersteigt in den Niederlanden die Zahl der Fabrik=
leute jene der ländlichen um mehr denn eine Million, und trifft auf
7 Personen Ein „Armer".

In Preußen und durchschnittlich innerhalb des (jungen) Deutschen
Reiches, freilich die neuen Reichsprovinzen Elsaß und Lothringen nicht
herbeigezogen, verhalten sich Ackerbau und Industrie, wie 5 : 1, nämlich
unter 40 Millionen Einwohnern befinden sich nahezu 7 Millionen Fabrik=
und Taglohn=Arbeiter. Doch ist die Vertheilung auf die einzelnen Reichs=
länder sehr ungleich. Während in Bayern kaum 4, in Nassau nur 2
von je hundert Einwohnern bei der Industrie beschäftigt sind, sehen sich in
Sachsen 12 von je Hundert mit ihrem Brode auf die Fabrik= oder Haus=
Industrie angewiesen.

Noch lehrreicher für unsern Zweck zeigt sich die Arbeiterstatistik
einzelner Groß= und Manufaktur=Städte.

Bei einer Bevölkerung von 1½ Millionen hatte London im Jahre
1851 in den Fabriken verwendetes Personal: 40,000 Männer und
73,000 Weiber und Mädchen. Zu dieser Zahl sind nur die schlechthin
sonst unbenannten und unbenennbaren Gewerbe gerechnet; denn die nach
Special=Beschäftigungen unterschiedenen Meistergehülfen betragen je viele
Tausende, wie z. B. 27,000 Schuhmacher, 20,000 Schneider, 9,800 Bäcker,
45,000 Wäscherinnen, 25,000 Bediente, 118,000 Mägde ꝛc. Nach den
Kirchspielen verzeichnete Arme gab es weit über 100,000.

Eine Zählung in Paris vom Jahre 1861 weist bei 1'800,000 Ein=
wohnern 462,000 sogenannte »Ouvriers«, also „Industriearbeiter" nach.
Da die größte Zahl derselben verheirathet ist, so gehören — die Familie
nur zu 3 Personen angenommen — kaum weniger als eine Million zu
ihrer Classe. Aus dieser Sachlage begreift sich auch, warum in Paris
ein Drittel aller Sterbefälle in Hospitälern vorkömmt.

Vermöchte die Arbeiterbewegung der Gegenwart die Heerschaaren ihrer Unzufriedenen nach Einem Plane zu leiten und in hienach geordneten und gerüsteten Massen zu versammeln und nun mit all' ihrem Grolle, Neide und künstlich genährter Rachgier beseelt sie gegen die besitzenden Classen in den „Kampf um das Dasein" zu führen, dann möchten diese auf das Schrecklichste die Wahrheit des Dichterwortes an sich erfahren:

> „Vor dem Sklaven, wenn er die Kette bricht,
> Vor dem freien Manne erzittere nicht!"

Wenn schon im Dezember 1831 eine prophetische Stimme der Presse sich in den Worten vernehmbar machte: „die Barbaren, welche die Gesellschaft bedrohen, sind nicht im Kaukasus und nicht in den Steppen der Tartarei, sie sind in den Vorstädten unserer Fabrik=Metropolen"*) — so haben die Ereignisse der jüngsten Zeit in Frankreich die düstere Weissagung nur allzu genau gerechtfertigt und erfüllt.

Unbefangene Würdigung der wirklichen Zustände in dieser gewaltigen Arbeiterwelt ist eine ebenso wichtige, als schwierige Aufgabe für Freunde namentlich und Vertreter ihrer Sache und Ansprüche. Doch je nach den Händen, welche dieses Gemälde entwerfen, fällt es sehr verschieden, ja ganz entgegengesetzt aus nach Inhalt und Färbung. Der Arbeitgeber und Capitalist legt gerne die dunklen Seiten im Arbeiterleben, die er nicht leugnen kann, der „arbeitenden Classe" selbst zur Last.

„Nicht der geringe Lohn, sondern die Genußsucht auch bei gutem Verdienste stürze den Arbeiter in Noth. Die Arbeiter wollen nicht sparen. Unbesonnen haben sie frühzeitig Hausstand und Familie begründet, treiben aber als verheirathete Männer dasselbe ungebundene und für die Zukunft sorglose Leben, wie zuvor als Junggesellen. Der Arbeiter, welchem in seiner gegenwärtigen Bedienstung der Lohn zu gering ist, kann weiter ziehen und besserem Erwerbe nachgehen. Denn er ist frei für seine Person, und steht der Arbeitsmarkt und die Industrie ebenso groß, als vielgestaltig ihm offen." So spricht das Capital als Großmacht in der Arbeiterwelt und über diese.

Aber auch die Gegenrede hat in zahlreichen „Arbeiter=Organen" mächtige und muthige Stimmen zur Verfügung und besitzt Gründe, mit welchen die Billigkeit rechnen muß. „Bei durchgehends fast nur Hunger= löhnen von Ersparnissen zu reden, sei nichts anderes, als ein grausamer Spott. Gewiß, der Arbeiter ist frei für seine Person, doch gerade diese

---

*) Vgl. Le Globe 9. Dec. 1831.

Freiheit werde ihm, wie sie jetzt bestehe, zum Fluche. Denn in Wirklichkeit besage sie nichts anderes, als daß der Arbeiter sich selbst und seinem
Geschicke anheimgegeben bleibe, rechtlos, wehrlos und schutzlos. So lange
er arbeitsfähig, beute das Capital gegen möglichst niedrigen Lohn
des armen Mannes Kraft aus, ohne irgend welche Verantwortlichkeit zu
haben, ja selbst ohne jegliches Interesse für Gesundheit und Leben. Der
Sklaveneigenthümer verliert an dem Sklaven, welchen er zu frühzeitig
oder unbesonnen zu Grunde richtet, den hohen Ankaufspreis. Was aber
büßt der Fabrikherr an dem verunglückten oder erschöpften Arbeiter ein?
Nichts als eine Arbeitskraft, welche er schon morgen und bei dem überhäuften Angebot am Ende noch um billigeren Lohn ersetzen kann. Niemand hat für den kranken und gealterten Arbeiter eine Pflicht, und er
selbst an Niemanden ein Anrecht. Das ist seine Freiheit, daß Alle sich
frei wissen von jeder Obliegenheit gegen ihn. Und wie soll der „freie"
Arbeiter im Falle des Nothstandes weiter ziehen und bessere Verhältnisse
aufsuchen? Kaum der einzelne Mann wird die Kosten zu einer Reise
und zu dem Aufwande während eines längeren Suchens nach neuer Arbeit von seinem kärglichen Lohne erübrigen; wie erst der Familienvater,
welcher mit Frau und Kind wandern soll, wer weiß, wohin? und auf
wie lange? Im Vergleiche zu solcher Gebundenheit war der Hörige der
Feudalzeit auf seiner Scholle, welche ihn nährte, wenn nicht ein freier, doch
ein glücklicher und sorgenloser Mann."

Wie ersichtlich, handelt es sich bei solcher Rede und Gegenrede nicht
um „Ja" oder „Nein", sondern einzig um das Mehr oder Minder der
Wahrheit auf der einen, wie auf der anderen Seite.

Die geschichtliche Darlegung hat uns bereits nachgewiesen, unter
welchen Bedingungen die gewerbliche Arbeit das gemeinhin bürgerliche
Handwerk geworden ist und Jahrhunderte hindurch auf „goldenem Boden"
geblüht habe. Dieses Kleingewerbe und Handwerk ist nun wieder schon
seit bald Einem Jahrhunderte zu einem Theile in allmäligem Nieder-
gange begriffen, ringt aber zumal seit etwa vierzig Jahren mit der immer
höher ansteigenden Macht des Großbetriebes gleichsam um den letzten Rest
seines alten Anrechtes und Bestandes.

Es ist daher angemessen, die Eigenthümlichkeiten dieses gewaltigen
Gegners der Kleinmeisterei und der bescheidenen Handwerkstätte in den
Hauptzügen zu betrachten.

Die Beispiele, wenn nicht schon die Ursprünge, für die heutige
Großindustrie kommen vereinzelt schon im hohen Alterthume vor und
bei verschiedenen Geschäftszweigen. Hat ja die Wissenschaft die Spuren
einer „Fabrikanlage", welche überdieß das Gesetz der „Arbeitstheilung"

befolgt habe, schon in den Ueberbleibseln der Steinzeit-Cultur zu ent-
decken geglaubt. *)

Während das Handwerk **bei den Aegyptiern** streng in die Schranken
erblicher Kasten eingeschlossen und sorgfältig nach Gewerbsbefugnissen ab-
gegrenzt war, ermöglichte bei Griechen und **Römern** die Sklaverei den
Betrieb einzelner Erwerbszweige im Großen. Die Fabrikarbeiter waren
eben die zahlreichen Sklaven des Einen Leib- und Arbeitsherrn. Von
Demosthenes weiß man, daß er eine Waffen- und Teppichfabrik besaß.
Die reichen Grund- und Sklaveneigenthümer Italiens beschäftigten das oft
so vielköpfige Personal ihrer Häuser und Villen mit ähnlichen Großge-
werben, die Sklavinnen namentlich mit Weberei. Im germanischen
Mittelalter bildeten sich jene stattlichen Körperschaften der Tuch- und
Wollenweber, welche gegebenen Falles unter eigenem Banner mit
Hunderten von Gewaffneten in's Feld zogen oder gegen Bischöfe und
Altbürger in den Städten sich Freiheiten und Privilegien zu erkämpfen
wußten.**) Gleichwohl überschritten die Arbeitsweise und die Beziehungen
zwischen Meister und Gesellen auch bei diesen, nur gemäß der Zahl der
Zugehörigen unseren Großgewerben ähnlichen Innungen in keiner Art
die Grenzen des rechten, bürgerlichen Handwerkes.

Die Geschichte der Großindustrie und ihres „Arbeiter-Proletariates"
nimmt ihren Anfang erst da, wo das Capital allein, ohne daß dessen
Inhaber irgend sonst eine Gemeinschaft mit dem Arbeiterstande oder auch
nur die geringste Kenntniß des Gewerbes selbst zu haben braucht, einfach
das Geschäft sammt den dazu gehörigen Maschinen und den zu deren
Bedienung schon gemietheten oder noch zu miethenden „Händen" kauft.

Die nächste und folgenschwerste Wirkung dieser Art von Kauf, Besitz und Betrieb einer „Fabrik" tritt in dem Verhältnisse hervor, in
welchem der volle Ertrag des Arbeitserzeugnisses zu dem für die Arbeitsleistung dem „Werkmanne" (workman) verabreichten Lohne steht.

Als „voller Reinertrag" eines Arbeitserzeugnisses darf derjenige
Rest des Verkaufspreises angesehen werden, welcher nach Abzug sämmtlicher

---

*) Vorgeschichtliche **Arbeitsplätze** für Anfertigung von Feuerstein-Waffen und
an anderen Orten für **Polirung** derselben will man aus den Resten des Steinzeit-
Alters in Pressigny, Diorieres u. s. w. erkannt haben; vgl. M o r t i l l e t, matériaux
pour l'hist. philos. de l'homme.

) Vgl. die „Augsburger-Weber**" schon in der Hunnenschlacht (955), und die
Fehden der „**Tuchweber**" und „**Gewandschneider**" gegen die geistlichen Herren in den
Rheinstädten (XIII. und XIV. Jahrhundert); die „tisserands" von Brabant in den
Kriegen gegen Frankreich rc. Dagegen waren die „**Leinweber**" viel unangesehener,
örtlich sogar „**unehrlich**".

Productionskosten — der Ausgaben für Rohstoff, Arbeitsaufwand über=
haupt — dem Inhaber der Werkstätte oder Fabrik selbst verbleibt. Er=
fahrungsgemäß ist nun dargethan, daß durchweg ausschließlich das Capital,
also der Arbeitsherr, den Vollertrag der erzeugten Waare für sich bezieht,
indeß er allein dem Arbeiter den Lohn normirt, soweit er nämlich nicht
unbedingt selbst abhängig ist von dem Grundverhältnisse zwischen Angebot
der Arbeiter=„Hände" und der Nachfrage nach solchen.

Der Lohn ist nun entweder normirt als Zeitlohn, d. h. als
Stunden=, Tag= oder Wochenlohn, oder als Stück= beziehungsweise Ac=
cordlohn, soferne die Vergütung für einen herzustellenden Arbeitstheil
im Vorhinein zwischen Arbeitsherrn und Arbeiter vereinbart ist.

Zur Berechnung des Reinertrages im Großbetriebe dient nun vor
Allem der volkswirthschaftlich unbestrittene Satz: Je großartiger in einem
Industriezweige das darin angelegte und thätige Capital ist, desto höher
steigt und zwar meistens in geometrischer Progression der Gewinn.

Ergibt z. B. ein Capital von 200,000 Gulden in einer Fabrik=
anlage sechs Procent Zinsen, so werden in demselben Geschäfte 400,000 fl.
mindestens neun Procent ertragen. Denn ein sehr großer Theil der Be=
triebskosten, als da sind der Aufwand für Maschinen, Feuerung, Räum=
lichkeiten, ja selbst für Löhne, verdoppelt sich durchaus nicht nothwendig
mit der Verdoppelung des Betriebes und des Erzeugnisses. Jene Aus=
gaben brauchen bei günstigen Umständen nur um vergleichsweise Unbe=
deutendes erhöht zu werden, während das vergrößerte Capital die Pro=
duction verdoppelt und verdreifacht.*)

Je günstiger nun das Capital nach Verhältniß seiner Größe für
seinen Gewinn arbeitet, desto weniger wird es genöthigt, gleichmäßig das
Interesse des Arbeiters zu fördern. Vertheilte, kleine Capitalien, in
vielen Werkstätten angelegt und thätig, bedürfen, wie leicht einzusehen,
im Verhältnisse mehr Arbeitspersonal, als das in einem großartigen
Etablissement arbeitende Eine, große Capital. Die Dampfmaschine z. B.
von 200 Pferdekraft erfordert gewiß nicht dieselbe Zahl von Maschinen
und Heizern, wie zehn kleine Maschinen je zu 20 Pferdekraft, die an
verschiedenen Orten im Gange sind. Je mehr aber „Hände" erspart,
also entbehrlich werden, desto wohlfeiler müssen sie sich „verkaufen" und

---

*) Daraus erklärt sich die Erscheinung, daß jede Großfabrik die kleineren des=
selben Zweiges gemeinhin binnen Kurzem zu Grunde richtet. Man denke z. B. nur
an die Großbrauereien. München, das „Bierparadies", hatte vor vierzig Jahren gegen
sechzig Braustätten, welche sich alle gut rentirten; jetzt bestehen bei bald verdreifachter
Bevölkerung und großer Ausfuhr kaum mehr 16.

sind demnach nicht in der Lage, von dem reichlicher rentirenden Groß=
Capital entsprechend höhere Lohnsätze angeboten zu erhalten oder zu er=
zwingen.

Schon das eben dargelegte, so vortheilhafte Verhältniß des Groß=
betriebes zum kleinen Handwerke und selbst zur kleinen Maschinen=Industrie
führt, wie angedeutet, die dem Arbeiterstande verhängnißvolle Thatsache
herbei, daß in zahlreichen, wenn nicht in den meisten Industriezweigen
das Angebot der Arbeitsuchenden viel größer ist, als die Nachfrage
nach ihnen. Der Markt der „Hände" ist überfüllt, die lebendige Waare
wird demnach wohlfeil oder mindestens nicht theurer. Erwägen wir
aber, daß wir von einer „lebendigen Waare" sprechen. Diese Arbeits=
kraft, welche sich so billig verkaufen muß, will und muß essen, wohnen,
sich kleiden, ja sogar Familie haben und versorgen. Die genannten Lebens=
bedürfnisse aber steigen, mit dem im Verhältnisse zum Anwachsen des
Nationalreichthumes sinkenden Geldwerthe, alle und zwar rasch und er=
heblich im Preise; der Arbeiter aber, welcher sie kaufen muß, hat vielfach
noch denselben Lohn, wie seine Vorgänger vor zwanzig und mehr Jahren,
vielleicht sogar geringeren. Was Wunder, wenn die Bezeichnungen „Ar=
beits=" und „armer Mann" einander so nahe rücken!

Es stimmt damit eine weitere Folgerung überein, welche von den
liberalen Oekonomismus gewöhnlich so formulirt wird: Die Scala des
Lohnes steigt im geraden Verhältnisse zum Capitale und in dem umge=
kehrten zur Bevölkerung. Was besagt diese starre und traurige Formel?
Denn daß sie traurig ist für den Arbeiter, fühlt sich heraus fast vor aller
Beweisführung. Verstehen wir, wie immer, hier unter Capital jedes für
industrielle Unternehmungen verfügbare Vermögen, und werden nun inner=
halb eines Bezirkes schnell nach einander viele solche Vermögen zu Fabrik=
anlagen verwendet, so ist klar, daß bei dem Beginne der bezüglichen Ge=
schäfte die Bevölkerung jenes Bezirkes, aus welchem die neuen Fabriken
ihre „Hände" zur Arbeit zu miethen haben, gewöhnlich nicht schon so
groß ist, um sich gegen den geringsten Lohn verdingen zu müssen. Die
Fabrikherren werden daher im Anfange vergleichungsweise bessere Lohn=
sätze anbieten. Ist aber der Bezirk schon zuvor übervölkert — und die
Industrie sucht und liebt, solche Gegenden, — oder nimmt die Bevölkerung
eben in Folge der neuen Fabriken rasch und bedeutend zu, dann sinkt
nothwendig der Lohn genau im Verhältnisse der vielen und zu viel arbeits=
bedürftigen Hände. Des Nachweises durch Beispiele können wir uns bei
der Klarheit der Sache entheben.

Dagegen befinden wir uns jetzt unmittelbar vor der bedeut=
samen Frage, „wie es denn komme, daß in den Fabrikstädten und

Fabrikdistricten der Arbeitsuchenden so leicht und oft so bald zu viele
werden?"

Hier trifft zunächst Ein Wort zu, welches schon vor bald zweihundert
Jahren (1690) ein scharfsinniger Beobachter, der Engländer John Bel-
lors ausgesprochen hat:

"Die Arbeit des Armen ist die Mine des Reichen."

Die Großindustrie geht am liebsten der Armuth nach. Etwa aus
Wohlthätigkeitssinn? Im Gegentheile, sie thut es einzig in ihrem Interesse.
Die Armuth soll und wird den Reichthum nähren und mehren. Bekanntlich haben die industriellen Anlagen für fruchtbaren Boden weder Bedürfniß noch Vorliebe. Wo der Ackerbau noch blühend ist, und ein gesunder,
wohlhäbiger Bauernstand auf eigenem Hofe wirthschaftet, gibt es für den
Fabrikanten in der Regel keinen billigen Baugrund und ebenmäßig keine
billigen "Hände." Die Fabriken bedürfen Wasserkräfte oder wohlfeiles
Heizmaterial, auch für die Gebäulichkeiten möglichst leicht erwerb- und
ausdehnbare Baugründe, besonders aber eine dichtgedrängte, meist grund-
besitzlose, also ärmliche Bevölkerung. Daher sind Länder und Gegenden,
welche von Natur wenig ertragfähigen Boden haben, Moorgegenden, Heide-
gründe, rauhe Wald- und Flußthäler der Mittelgebirge, mit einer oft seit
Jahrhunderten schon in Dürftigkeit lebenden Einwohnerschaft, die rechten
Paradiese des Industriecapitals und seiner Schöpfungen.

Jene weitläufigen, oft sogar schloß- oder klosterähnlichen Gebäude,
welche im Erz- und Riesengebirge, im Harze, in den Vogesen, und selbst
in den rauhen Bergen Schottlands und des alten Wales, das Auge des
Reisenden fesseln, zumal wenn die Entfernung das Getöse der Maschinen
dämpft, dagegen hohe Fensterreihen hellerleuchtet weit in die Nacht hin-
ausschimmern, diese Bauten, von rauchenden Riesenschloten wie von
Thürmen überragt, sind die Burgen des modernen Geldadels, in denen
der "goldene Hort" nicht zwar gehütet, wohl aber erobert wird, wie durch
das Eisen und den Stahl der Maschinen, so durch den Lohn-, wir können
fast auch sagen, durch den Frondienst von Hunderten "geworbener" und
in gewissem Sinne auch höriger Leute.

Ein anderes Lieblingsgebiet der Großindustrie sind ferner jene Länder, in welchen, wie in Frankreich, in den Rheinlanden, in Baden ꝛc., kein
gebundenes Grundeigenthum mehr besteht, und uneingeschränkte, endlose
Theilung des Bodens schließlich und unaufhörlich Schaaren von Besitzlosen
auf die Straße und in die Fabriken treibt.

Nicht minder günstig ist, wenn anders die Oertlichkeit nicht der
anderweitigen Bedingnisse des Großbetriebes gänzlich entbehrt, die Gründung von Fabriken innerhalb oder in nächster Nachbarschaft stark bevölkerter

Städte. Der Zuzug nach den Städten nimmt mehr und mehr zu, theils aus sittlichen (eigentlich und richtiger „unsittlichen"), theils aus socialen Ursachen. „Die großen Städte, sagte schon der alte Social-Ethiker Süßmilch, sind wohl Zierden des Staates, aber auch höchst gefährliche Ungeheuer."*)

Das Zusammenströmen Arbeitsuchender in den Städten macht die Löhne dort niedrig, erschwert wenigstens in denjenigen Fällen, in welchen nicht für erlerntes Gewerbe der Tag- oder Stücklohn fix und herkömmlich, die Erreichung besseren Lohnes.

Der Vorwurf, daß die Arbeiter selbst zu der Größe ihres Elendes viel, wenn nicht das Meiste beitragen, erscheint nun namentlich in Einer Beziehung keineswegs unbegründet. Freilich sind häufig diejenigen, welche ihn erheben, nur allzusehr selbst Beförderer dessen, was sie angeblich um der Arbeiter willen beklagen. Wir meinen den großen Mißstand der frühen Eheschließungen unter der arbeitenden Classe. Die Anstellung in der Fabrik verschafft den jungen Leuten beiderlei Geschlechtes durch den selbständig erworbenen Verdienst eine gewisse sehr frühzeitige Unab= hängigkeit gegenüber den Aeltern, Verwandten oder Vormündern. Knaben und Mädchen, noch kaum der Schulpflicht entwachsen, beziehen bei einiger Maßen günstigen Verhältnissen wenigstens so viel Lohn, daß sie ihre Nahrung, ihre Kleidung und eine Schlafstätte selbst bestreiten können. Nun sind sie „gemachte Leute" und Herren ihres Schicksales.

Bekanntschaften und bald noch schlimmere Vertraulichkeiten werden unterhalten und erleichtert durch das Zusammensein in den Räumen der Fabrik und das gemeinsame Hin= und Hergehen zu und von den Arbeits= orten, nicht selten sogar während der Stunden der Nacht. Die Heirath wird auf diese Weise sehr erwünscht, wenn nicht abgenöthigt werden; das Traumbild vom Glücke des „eigenen Heerdes" bleibt selbst der vielfach sonst trägen Einbildungskraft des Arbeiterpaares nicht ganz fremd, und was sollte nun an der baldigsten Gründung eines solchen Glückes noch hindern? Die Gesetze? Sie begünstigen in neuester Zeit aller Orten die Heirathsluft. Vor der Sorge einer jammervollen Zukunft verwahrt sich der Leichtsinn der Jugend. „Es kann ja besser gehen, als die Warner und die gemeine Erfahrung es voraussagen." Doch die Arbeitsherren? Nun gerade sie erheben gewöhnlich nicht die geringsten Schwierigkeiten gegen die Früh= heirathen ihrer Lohnarbeiter. Im Gegentheile. Der Vortheil des Fabrik=

---

*) Die meisten englischen Manufacturstädte haben im Laufe Eines Jahrhundertes ihre Bevölkerung verdreifacht. Ueberhaupt lebt die Hälfte der Bevölkerung Eng= lands in den Städten.

inhabers räth, geradezu sie zu begünstigen. Verpflichtungen für die neue Familie liegen dem Arbeitsherrn nicht ob. Der Hausvater erhält nicht mehr Lohn, als der Junggeselle. Sein und der Seinigen etwaigen Nothstand bei Arbeitsverlust oder Unglück hat nur er allein zu tragen, wie er ihn auch verschuldet oder vorausgesehen hat.

Dagegen bleibt der verheirathete Arbeiter viel fester an die Fabrik, welche ihn beschäftigt, gebunden und ist in Allem von seinem Brodherrn viel abhängiger, als der unverheirathete. Dieser kann, wenn Lohn oder Verhältnisse ihm nicht weiter behagen, künden und weiter ziehen, um Besseres sich zu suchen. Der Familienvater kann dies nicht mehr oder nur mit bedenklichen Opfern. Er wird sich also fügen und schmiegen und unter sehr harten Bedingnissen fortarbeiten, nur um sein Brod nicht ganz zu verlieren und um nicht „heimlos" zu werden.

Wächst dem Arbeiter eine zahlreiche Familie heran, dann vermag er sie einzig mit seinem Lohne nicht zu ernähren. Demnach muß auch die Frau Arbeit suchen, inner= oder außerhalb des Hauses, und warum nicht in der Fabrik? Die Kinder, sobald nur thunlich, sollen ebenfalls ihr Brod selbst verdienen. So häuft sich die „lebendige Waare" der Arbeitshände, und der Fabrikherr miethet sie im Verhältniß zu ihrer Ueberzahl immer wohlfeiler und jedenfalls hat er keine Forderung auf höhere Löhne bei solchem von den Arbeitern selbst herbeigeführten Vortheile seiner Stellung ernstlich zu befürchten. Denn die eigene Frau macht ihrem Gatten, die Kinder machen ihrem Vater „Concurrenz in der Arbeit"! Auf jedes Ansinnen um besseren Lohnsatz kann die Antwort mit Fug lauten: „Wenn ihr um diesen Lohn nicht weiter arbeiten wollt, so sind deren genug da, welche froh sind, um noch geringeren Lohn zu arbeiten." Es ist durch Ziffern dargethan, daß in Folge der Uebervölkerung binnen Kurzem Vater und Mutter in derselben Fabrik arbeitend, miteinander nicht mehr verdienen, als zuvor der Vater allein.*)

Die anderweitigen Folgen, welche durch die Heirathen von körperlich und geistig unreifen Personen für den physischen und psychischen

---

*) Die Bezirke der Großindustrie weisen die häufigsten Frühehen auf. Während in Bayern (1860) bei 10,000 Ehepaaren zur Zeit ihrer Trauung nur 29 Männer und 353 Frauen jünger waren als 20 Jahre, kam dies bei der gleichen Zahl von Trauungen in England bei 241 Männern und 1220 Frauen, in Frankreich bei 1896 Männern und 245 Frauen vor. Heirathen von 15jährigen Burschen und kaum 14jährigen Mädchen sind in den Manufactur=Districten Großbritanniens weder auffällig noch selten. Wie schnell eine Fabrikbevölkerung an Zahl zunimmt — und an Elend! — davon geben schon die ersten Jahre nach Gründung neuer Establissements der Großindustrie auch in sonst wohlhabenderen Gegenden genugsamen Beweis.

Der Nothstand der Lohnsätze.

Zustand der Kinder in den Arbeiterfamilien ganz unvermeidlich und in erschreckender Weise herbeigeführt werden, mögen für jetzt hier unerörtert bleiben. Ziehen wir dafür die Behauptung des liberalen Oekonomismus, „daß die Arbeiter von ihrem Lohne für Nothfälle und für die Zukunft sparen sollen und können", ernsthaft und aufrichtig in Betracht.

Die Arbeiter ihrer Seits haben, wie wir erwähnt, geantwortet: „Wir dienen, die Meisten, nur um Hungerlöhne." Da Ausnahmen nur zur Bestätigung der Regel anwendbar sind, so kann die richtige Antwort auf die Frage, „in welchem Verhältnisse der Lohnsatz der gewöhnlichen Fabrikarbeit zu den unentbehrlichen Erfordernissen der Lebens= führung stehe", nur aus gemeinhin vorfindlichem Thatbestande ermittelt werden.

Die Sachlage in Norddeutschland ist vor Allem hiefür lehrreich. Im Durchschnitte beläuft sich auf diesem weiten Gebiete von der russischen bis zur französischen Grenze der Taglohn nicht über 25 Sgr., steht aber sehr häufig tief unter 20 Sgr. Der landwirthschaftliche Lohnarbeiter verdient am Niederrheine gemeinhin 7—8 Sgr., der Fabrikarbeiter 10—15. Demgemäß beträgt, zu 300 Arbeitstagen berechnet, des Jahres Ge= sammterwerb zwischen 150—200 Thlrn, sohin für die Woche 3—4 Thlr. höchstens. Von diesem Einkommen muß der Arbeiter sich und seine Familie (nehmen wir sie nur zu vier Personen) nähren und kleiden; er muß die Wohnung, das Heizmaterial, die Steuern, das Schulgeld, auch wohl Arzt und Arznei bezahlen! Und dabei darf keine Unterbrechung der Arbeit den Erwerb verringert haben.

In Süddeutschland (und so auch in Bayern) bewegt sich für den gemeinen Lohnarbeiter der Tagverdienst innerhalb der Großindustrie in der Scala von 30 kr. bis zu 1 fl., selten darüber. Bei größter Spar= samkeit, und wenn die Familie von Krankheit verschont bleibt, genügt bei den Lebensmittelpreisen Süddeutschlands dieser Erwerb für das Nothdürf= tigste. Nur die fortwährende Steigerung der Miethzinse, (die ärmlichste Wohnung kostet mindestens 50—80 fl.), führt auch hier zum Schulden= machen und zu Pfändungen, und damit in's eigentliche Proletariat, sobald der Verdienst geringer oder durch Unfälle unterbrochen worden ist. Am kümmerlichsten scheint es, laut statistischer Nachweise, mit den Lohnsätzen in Schlesien und in den sächsischen Ländern bestellt. Genaue Erhebungen zeigen, daß im Königreiche Sachsen nahezu die Gesammtbevölkerung, die Familie zu je sechs Personen angesetzt, nicht über 200 Thaler jährliches Einkommen haben, und selbst bei fleißigen Kleinhandwerkern die Hausfrau selten mehr als 2 Thaler in der Woche für den ganzen Unterhalt der Familie verwenden darf! Der gewöhnliche Lohn des Tag= und Fabrik=

arbeiters bleibt in der Regel tief unter dem für die Lebensführung nothwendigen Ansatze von 15—20 Sgr. für den Tag; man arbeitet, nur
um nicht zu verhungern, selbst über die Stunden des Normalarbeitstages
hinaus (over-time) in der Feld und Fabrikarbeit und besonders in der
Hausindustrie um 6—8 Sgr.!

Für die französischen Industriebezirke steht der g e m e i n e Lohnsatz
durchschnittlich zwischen 1½ bis zu 2 Francs. Eine Familie, welche mit
drei Personen (Mann, Frau und Ein Kind) in der Fabrik je 300 Arbeitstage zubringt, kann etwa 750 Francs erwerben. Unter günstigen
Umständen erreicht ein solcher Verdienst nahezu die Summe, welche im
östlichen und nördlichen Frankreich der einfache Haushalt erfordert, nämlich 700—800 Francs. Allein die Familie muß dann alle Tage arbeiten
und arbeiten können, und auf jede nur entfernt unnöthige Ausgabe ver-
zichten.

Der Zahl der Betheiligten nach wird für England der Lohnsatz in
den Spinnereien und in den Minen- und Eisenwerken mit Recht als
des Norm durchschnittlichen Tagverdienstes angenommen. Nun berechnet
sich der Wochenlohn bei den ersteren für den gewöhnlichen Arbeiter auf
10—20 Schilling, bei den letzteren etwas höher auf 15 bis zu 40
Schilling. Der landwirthschaftliche Taglohn übersteigt fast nirgends 18
Schilling für die Woche. Was ist aber ein solcher Erwerb im Verhältnisse
zu dem geringen Werthe des Geldes, welcher in Großbritannien im Verhältnisse zu dem unserigen etwa wie 6 : 1 steht!

Welche Zustände die Niedrigkeit des Lohnsatzes herbeiführt und erhält, lehren besonders Belgien und England.

Bei einem durchschnittlichen Jahresverdienste von 250 Thlrn. ist die
Mehrzahl der belgischen Familien, wenigstens während des Winters, auf
die Unterstützung von Armencassen angewiesen!

Die englische Regierung hatte nach Ausbruch des amerikanischen
Bürgerkrieges (1867) eine ärztliche Commission in die Grafschaften Lancashire und Chesshire abgeordnet, um den Nothstand der dort gänzlich ar-
beitslos gewordenen Spinner und Weber zu untersuchen. Der Bericht
der Commission legte seiner Zeit ganz kunstgerecht, d. h. physiologisch-
chemisch begründet dar, daß Art und Maaß der Nahrung bei jenen Tausenden Arbeitsloser kaum mehr zur Vermeidung des Hungertodes hinreiche.
Doch wie noch entsetzlicher lautete eine gleichzeitige, von anderer Seite
erbrachte Nachweisung, welche darthat, daß eben auch die angestrengt beschäftigten und sohin n o c h bezahlten Arbeiter und Arbeiterinnen in
den Seiden- und Handschuhfabriken seit Jahren schon keine andere Nahrung hätten, als jene Arbeitslosen, bei welchen man das Eintreten des

Hungertyphus befürchtete. So elend stand und steht es mit dem Lohne, auch der Arbeitenden!*)

K. Marx, das Haupt der berüchtigten Internationale, dürfte daher schwer zu widerlegen sein, wenn er behauptet, vielmals arbeite der Arbeiter genau, wie die Maschine, an welcher er steht, recht eigentlich umsonst."**)

Wie diese nur eingeölt wird, damit sie im Gange bleibe und nicht zu früh sich abnütze, so erhält der Arbeiter gerade so viel Lohn, um sich die nothdürftigste Pflege zur Erhaltung seiner Arbeitsfähigkeit zu verschaffen, aber nichts drüber! Nützt aber die lebendige Maschine gleichwohl sich früher ab, wenn und weil sie zu schlecht gepflegt und zu viel angestrengt wird, so erleidet der Fabrikinhaber keineswegs, wie bei der Beschädigung seiner mechanischen Werkzeuge, einen materiellen Verlust in Folge von Ausgaben für Reparatur oder neue Anschaffungen. Der alte, der kranke, der verunglückte Arbeiter wird durch einen andern ersetzt, welcher um den gleichen Lohn Dienste sucht und nimmt oder gar um noch geringeren. Die Behauptung, mit welcher im vorigen Jahrhunderte J. J. Rousseau im „Emile" die Armen zu trösten wagte: „Die Arbeit ist gleich Geld, der wahre Arbeiter ist ebenso reich, wie der, welcher hundert Gulden im Kasten hat und nicht arbeitet", war von vornherein ein Sophisma, klingt aber unter gegenwärtigen Verhältnissen wie grausamer Hohn.

Wieferne nun bei dem sogenannten „Hungerlohne" der Arbeiter von dem eigentlichen Werthe seiner Arbeit gar nichts, als die einfache Möglichkeit, nothdürftig sich zu sättigen, empfängt, hingegen das Capital den ganzen Ertrag an sich zieht, kömmt es zu der höchst merkwürdigen Erscheinung, daß im eigentlichen Sinne das Almosen, also die Wohlthätigkeit mittelbar den Fabrikanten unterstützt, und dies zwar dadurch, daß die öffentliche oder die Privatwohlthätigkeit durch ihre Spenden den für menschenwürdige Lebenshaltung unzureichenden Lohn dem Arbeiter ergänzt, ihn somit auch bei dem armseligsten Lohnsatze arbeitsfähig erhält,

---

*) Vgl. nähere Nachweise bei Thornton on labour, its rights (Übers. von Schramm; Lpz. 1870). Dagegen nahm in Großbritannien die Zahl derjenigen, welche ein jährliches Einkommen von 600,000 fl. und aufwärts beziehen, zwischen 1862 bis 1863 um 13 Personen zu (67 auf 80!) und ist dargethan, daß 300 Millionen Einkünfte in den vereinigten Königreichen sich nur auf etwa 3000 Eigenthümer vertheilen! Aber im Jahre 1864 schrieb R. Arnold ein überaus trauriges Buch über die Wollspinnerhungersnoth (history of the Cotton famine. Lond.)

**) K. Marx, das Capital. (1870) S. 484.

den Fabrikanten aber den Verdruß erspart, das Arbeiterpersonal schneller wechseln zu müssen oder in Noth verkommen zu sehen. So hilft die „Wohlthätigkeit den Reingewinn des Industriecapitals vermehren, indem sie die eigentlich diesem zustehende Verpflichtung gegen den Arbeiter auf sich nimmt und gutherzig einlöst."*)

Man möchte vermuthen, besser denn mit dem Zeit- oder Taglohne stehe sich der Arbeiter bei dem Stücklohne.

Stücklohn oder Accordarbeitsvergütung erfolgt auf Grund eines Vertrages zwischen Arbeitgeber und Arbeitnehmer je nach Art, Maaß oder Zahl der anzufertigenden Gewerbserzeugnisse oder übernommenen Leistungen. Bei der Industrie arbeitet der Accordant entweder in den Werkräumen und mit den Maschinen des Arbeitsherrn, oder die Arbeit, näher das „Material", wird außer der Fabrik in die Wohnung des Arbeiters vergeben. Wie verhält es sich nun hiebei mit dem Vortheile des Arbeiters, beziehungsweise des Arbeitsherrn?

Auf den ersten Blick scheint die Lage des Stückarbeiters im Vergleiche zu dem Zeitlohnarbeiter eine günstigere. Denn vor Allem steht es in der Willkür des Stückarbeiters, seinen „Arbeitstag" zu verlängern und sonach mehr zu leisten und zu verdienen. Wenn er will, kann er selbst die Nacht hindurch arbeiten und somit seinen Verdienst verdoppeln. Immerhin; aber um welches Opfer und mit welchem Erfolge? Der Stücklohnarbeiter spannt gerne, zumal wenn er im Gedränge der Noth ist, alle seine Kraft an, um in kürzester Zeit möglichst viel zu verdienen. Abgesehen davon, wie sehr eine solche Art von Arbeit oder Ueberarbeitung der Gesundheit gefährlich werden kann und muß, sinkt der erwartete Mehrgewinn bald wieder in Nichts zusammen, einfach durch das Gesetz, „daß je reichlichere Waare binnen verhältnißmäßig kürzerer Frist erzeugt und verwerthbar wird, um desto wohlfeiler ihr Preis ausfallen muß," folglich die neue auszugebende Stücklohnarbeit um ebenso geringe Vergütung zu übernehmen sein wird. Nun lehrt ferner die Erfahrung, daß jeder Arbeitsherr leicht der Versuchung unterliegt, während einer geschäftsreichen Zeit mehr Arbeit auszugeben, als mit Sicherheit verkauft werden

---

*) Regelung dieses „Zuschußes" durch Gemeindealmosen ergab in England das s. g. „Allowancesystem", dessen Vortheile selbstverständlich nur den Fabrikanten zu Gute kamen. Der Fabrikant hielt den Lohn um so niedriger, je sicherer er darauf rechnen konnte, das Gemeindealmosen würde dann um so größeren Zuschuß geben, nur damit sie nicht verhungerten. Besser war das „Allotment", Zutheilung von Kirchspielgrundstücken an Arbeiterfamilien. Aber auch hier gewann noch das industrielle Capital, weil es die Lohnsätze nicht zu erhöhen brauchte.

kann. Während der „todten Saison" und bei irgendwelcher ungünstigen „Conjunctur" des Handels oder Verbrauches häufen sich die Waarenvorräthe. Der Stücklohnarbeiter, welcher zuvor möglichst Vieles möglichst rasch fertig gemacht hat, bekömmt nun in Folge der Hyperproduction wochen- oder monatelang gar keinen Arbeitsauftrag. Wie bald ist hiedurch sein früherer Mehrverdienst und jede Erübrigung verzehrt!

Dem Arbeitgeber bringt hinwieder die Stücklohnzahlung mancherlei Vortheile.

Vor Allem ist er der verdrießlichen Controle über die Verwendung der Arbeitszeit völlig überhoben. Sind die Aussichten auf Absatz günstig so kann der Arbeitgeber die Aufträge häufen und auf Beschleunigung der Arbeit dringen, ohne die Ueberstunden eigens bezahlen zu müssen oder gegen ein allenfalls dawiderstehendes Fabrikgesetz zu verstoßen. Bei jeder Stücklohnarbeit fallen ferner so manche kleine Ausgaben, welche sonst der Fabrikbesitzer zu leisten hat, dem Arbeiter selbst zur Last. Beheizung, Licht, Oel, kleine Reparaturen an den Werkzeugen dürfen entweder dem Arbeitgeber gar nicht aufgerechnet werden, oder der Arbeiter wendet selbst die Kosten auf, um sich die Arbeit zu erleichtern oder mittels besserer, als der etwa von der Fabrik gelieferten Utensilien ein seine Geschicklichkeit empfehlenderes Erzeugniß zu Stande zu bringen.

Der Fabrikherr verkauft selbstverständlich die bessere Waare theurer; der Stücklohn aber verbleibt bei dem vereinbarten Ansatze. Je zahlreichere Arbeiter im Stücklohn beschäftigt werden, desto bemerklichere Ersparnisse aus dem, was die Arbeiter still und wenn auch im Kleinen und Kleinsten zum Opfer bringen, kommen dem Auftraggeber zu Gute.

Daraus erklärt sich der beharrliche und neuerdings mit größter Energie geführte Kampf der Arbeiter fast aller bedeutenden Manufacturdistricte gegen die Stücklöhne.

Wie gering sie meist ausfallen, lehren schon etliche Beispiele. Pariser Schneider bezahlten 1870 für Verfertigung eines Rockes 14 Fr. Stücklohn. Die Auslagen, welche der Arbeiter zu bestreiten hat, berechnen sich dabei auf ein bis zwei Francs, bleiben ihm also 12 Fr. reiner Lohn. Zum Fertigmachen eines feinen Rockes aber werden fünf Arbeitstage zu je 12 Stunden fleißiger Arbeit erfordert, so daß der Tagverdienst nur auf 2 Fr. 50 Cent. sich ergibt.

Die Handschuhfabrikation ist in Frankreich einer der größten Industriezweige.*) Den Handschuhnäherinnen wird für das Dutzend Paar

---

*) In dem einzigen Departement de l' Isère sind 12000 Arbeiter und Arbeiterinnen mit ihr beschäftigt. Grenoble bildet den Hauptsitz dieser Industrie.

Handschuhe 3 Fr. 50 Cent. bezahlt. Eine gewandte Arbeiterin bringt
in 12 Stunden vier Paar feingenähte Handschuhe fertig, so daß ihr täg-
licher Erwerb etwa 1 Fr. 20 Cent. erreicht. Die Näherin hat dabei
außer für Kost und Wohnung auch noch für Licht und Beheizung zu
sorgen. Jedes irgendwie nicht vollkommen sauber gearbeitete Paar Handschuhe wird ihr zurückgeschlagen, und sie hat dem Fabrikherrn dafür den
Werth des Leders zu vergüten, d. h. derselbe wird ihr einfach vom Lohne
abgezogen.

Bei der Blumenfabrikation ist der Stücklohn hie und da kaum der
sechste Theil des Preises, um welchen der Fabrikbesitzer die Waare verkauft. Aehnliche Verhältnisse zwischen Lohn- und Vollertrag der Arbeit
bestehen bei sehr vielen andern Zweigen der Großindustrie.

Außer dem eben geschilderten, den Arbeiter drückenden Mißverhältnisse des Lohnes zu dem wirklichen Werthe der Arbeit gibt es noch
manche andere Nebendinge, welche das Bewußtsein seiner Abhängigkeit
vom Fabrikherrn allerdings in dem Arbeiter wach erhalten, leider! aber
auch oft genug durch Uebermaaß vergiften und verbittern.

Fast jede einiger Maßen bedeutende Fabrik hat ihr eigenes Straf-
recht, und ist der bezügliche „Codex criminalis“, die eigene Schöpfung
des Fabrikherrn oder seiner Directoren, an dem Eingange zu den Etablissements angeheftet, meist auch den Arbeitsbüchlein vorgedruckt. Die
Strafen sind Geldbußen für Verspätung im Beginne oder für Unterbrechung der Tagesarbeit, weiteres Büßen durch Lohnabzüge bei verschuldetem
Schaden an Material, Maschinen u. dgl. Den Arbeiter zu entlassen, liegt
ohnedies ganz in der Willkür des Fabrikherrn.

Die Geldbußen sind meist sehr hoch gegriffen. Gemeinhin gelten
5—10 Minuten Verspätung gleich Einer Stunde, hie und da sogar $\frac{1}{3}$
Tag, eine versäumte Stunde gleich einem halben Tage der Arbeitszeit.
Demgemäß werden die Lohnabzüge berechnet. Geben wir im Allgemeinen
die Nothwendigkeit solcher Strafgesetze zu. Allein gegen allen sonstigen
Rechtsbruch ist der Fabrikherr oder sein Gerant Kläger und Richter
in Einer Person. Ob er die gerechteste Entschuldigung bei dem Einen
von der Hand weist, während er gegen Andere die äußerste Nachsicht
übt, darüber hat er Niemandem Rechenschaft zu geben. Die Arbeiter-
zeitungen bringen nicht selten mit offener Angabe von Namen des Ortes
und der Personen Thatsachen in dieser Richtung von unchristlicher
Härte und Unbilligkeit. Die Wohnung des Arbeiters ist oftmals sehr
weit entfernt von der Fabrik. Dort beginnt die Arbeit mit dem frühesten
Morgen; aber die Wege sind, zumal im Winter, schlecht, im Dunkel
selbst gefährlich. Wie leicht, selbst wenn sie sich abhetzen, verspäten

sich Arbeiter oder gar Arbeiterinnen, Frauen und Kinder um einige Minuten. Sie werden schonungslos gestraft. Selbst der Umstand, daß derlei Strafgelder der Kranken- oder Hülfscasse der Fabrik überwiesen werden, mildert nicht immer die Härte, mit welcher ein ohnedies armer Mann durch ungerechtfertigte Abzüge an seinem kargen Lohne sich gestraft fühlt.

Von Interesse, mindestens für die Geschichte der Arbeiterfrage, ist das berüchtigte „Trucksystem," welches vorzugsweise in England, doch hier keineswegs ausschließlich, sich bildete, und als eine Hauptquelle der Erbitterung und Klagen der Arbeiter schon seit dem Jahre 1830 durch Parlamentsbeschlüsse bekämpft und im Wesentlichen auch zum Fall gebracht worden ist. Nach dem Wortsinne von „Truck", d. i. „Tausch", wird unter „Trucksystem" das Verfahren verstanden, gemäß welchem die Arbeiter eines Etablissements mit Geld entweder gar nicht oder nur zu einem geringen Theile abgelohnt wurden, sondern an Stelle dessen „Anweisungen" (Bons, tickets) entgegen nehmen mußten, um laut derselben benannte Waaren aus des Fabrikbesitzers eigenen Kaufläden im Werthe und an Stelle ihres baaren Lohnes zu beziehen. Glücklich noch, wenn die „Anweisung" auf eigentliche Lebens- und Haushaltungs-Bedürfnisse, wie Brod, Mehl, Caffee, Reis, Fleisch 2c., ausgestellt war. Allein, wie kann ein Fremder willkürlich berechnen und eigenmächtig bestimmen, was ein Mann oder eine Familie am nothwendigsten bedarf? Abgesehen von diesem rohen Eingriffe in die persönliche Freiheit, hatte der Arbeitsherr als Kaufmann gegenüber von Kunden, welche zwangsweise bei ihm ihre Waaren kaufen mußten, da sonst Niemand ihre „Bons" als Geldwerth anerkannte, seiner Seits die unbeschränkteste Freiheit, die Preise festzustellen, um welche er verkaufen wollte, und die Güte oder Schlechtigkeit der Waaren nach Belieben oder Interesse zu wählen!*) Aber nicht genug. Man verabreichte aus geradezu verbrecherischer Habsucht „Bons" auf Waaren, welche der Arbeiter gar nicht bedurfte, und die wie Hohn auf seine Verhältnisse sich ausnahmen, „Anweisungen" z. B. auf Kleiderstoffe, Putzwaaren, ja sogar auf Kirchenplätze (pews), welche bekanntlich in England vermiethet werden. Um Brod zu erhalten, mußte der Arbeiter solche „Bons" um jeden Preis an Andere weggeben.

Kaum minder ruchlose Ausbeutung des Nothstandes der Arbeiter gestattet, wenn mißbraucht, das „Vorschuß-" oder Borgsystem. Nur

---

*) Im Parlamente lagen Commissionsberichte vor, daß in den „Truckbuden" mehrfach um 20—40% theurer verkauft wurde, als bei den eigentlichen Kaufleuten desselben Ortes!

allzu leicht geräth ein unvorsichtiger oder unglücklicher Arbeitsmann in
die traurige Nothwendigkeit, für „vorgegessenes Brod" zu arbeiten. Die
Fabrikherren oder auch die Zahlmeister auf eigene Hand benutzten diese
Noth, um für den als Vorschuß gegebenen, also gewissermaßen geliehenen
Lohn hohe Procente — es wurden Angaben von Abrechnungen bis zu
25% gemacht — zu fordern, mithin gleich im Voraus abzuziehen.

Da Herren oder Zahl- und Werkmeister sich in diesen schauderhaften
Gewinnn theilten, so lag die Versuchung nur allzu nahe, Arbeiter absichtlich und listig zur Verschwendung zu veranlassen, um sie in das Netz
des unheilvollen Borgsystems zu verstricken und darin auszubeuten.

Sehr schlimmer Ruf folgte aus ähnlichem Mißbrauche dem im Anfange so wohlthätig erscheinenden „Cottagesysteme." Es ist in gar
vielem Bezuge vortheilhaft, wenn die Arbeiter eines großen Etablissements
diesem möglichst nahe wohnen, und wenn der Arbeiter überdies des Spa-
rens für den Miethzins durch anderweitige Fürsorge enthoben werden kann.
Die Erörterung der „Wohnungsfrage" wird später Anlaß geben, genauer davon zu reden. So erschien es dankenswerth, daß nicht wenige
Großindustrielle Englands um ihre Fabriken her eine Art Arbeiterdörfer
mit kleinen Häusern (cottages) anlegten, in welchen die Arbeiter insoweit
Unterkunft fanden, daß der Miethpreis ihrer Wohnungen ihnen von dem
Arbeitsherrn, der nun auch ihr Hausherr war, an dem Wochen- und Stück-
lohne abgezogen wurde. Bald aber zeigte sich die Kehrseite dieser vermeintlichen Wohlthat. Die Arbeitgeber, welche als Hausherrn es nun
völlig in der Gewalt hatten, nur in ihren Häusern sich einquartirende
Leute zur Arbeit anzunehmen, drängten aus Gewinnsucht eine möglichst
zahlreiche Einwohnerschaft in die einzelnen „Cottages" zusammen. Dem
Parlamente vorgelegte, vollständig beglaubigte Acten bewiesen, daß die
auf den Bau solcher Arbeiterhütten verwendeten Capitalien sich bis zu
90 ja bis 100% verzinsten. Das pestartige Verderbniß, welches über
leibliches und geistiges Wohl der unglücklichen Bewohner solcher „Schweine-
behälter" (wie Burke im Parlamente die „Cottages" nannte) sich verbreiten mußte, läßt sich mehr ahnen, als eigentlich ermessen. Zur Ehre
der deutschen Industrie darf gesagt werden, daß ihr die beiden letztge-
schilderten Frevel gegen den Nothstand der Arbeiter im Allgemeinen nicht
zum Vorwurfe gemacht werden können.

Auch in England, Belgien und Frankreich sind diese schrecklichen
Arten des Mißbrauches der dem Capital über den Arbeiter eigenthümlichen Gewalt von der öffentlichen Meinung verdammt, durch die Gesetzgebung leider spät, aber dann noch möglichst bekämpft und ausgerottet.
Manches wurde auch durch die edlen Anstrengungen, welche besser und

chriſtlich geſinnte Großbeſitzer und Arbeitsherrn für ſociale Erhebung der niederen Claſſen aufboten, geſühnt und in Vielem ausgeglichen.

Es iſt hier überhaupt die heilige Pflicht für jeden Wortführer und Rathgeber des Volkes, wieferne dieſes als Ankläger gegen das Capital der Großinduſtrie an die Oeffentlichkeit ſich wendet, es auch zu lehren, Allem, was zur Vertheidigung, beziehungsweiſe zur Entſchuldigung des wirklichen Thatbeſtandes vorgebracht wird, ruhiges und gerechtes Gehör zu ſchenken.

Eine Unbilligkeit der ſchlimmſten, weil gefährlichſten Art liegt vor Allem in der Meinung vieler Arbeiter, die gemeinen Bedrängniſſe und Nöthen ihres Standes ſeien weſentlich durch den böſen Willen ihres Arbeitsherrn, als eines Einzelnen, verſchuldet, und jedenfalls verweigere er nur aus Geiz oder Herzloſigkeit die von ihm geforderte oder erwartete Abhülfe.

Daß in manchen, vielleicht ſogar in vielen Fällen, der Uebermuth des Reichthums und der Beſitz der Macht dem Armen das Joch der Arbeit unnöthig und außergewöhnlich erſchweren, indeß Klugheit und Wohl-wollen daſſelbe in Einigem erleichtern können, geben wir gerne zu und haben wir bereits durch Thatſachen nachgewieſen. Im Ganzen jedoch überragen die Größe und der Umfang des ſocialen Uebels ſo weit den guten Willen des Einzelnen, wie weit die Urſachen, welche den Noth-ſtand der Gegenwart bedingen, mit dem Entwicklungsgange der geſammten modernen Geſellſchaft (der Communismus nennt ſie dafür la vieille so-ciété) ſelbſt gegeben ſind und aus dieſer durch keine vereinzelte Kraft, und wäre ſie auch die wohlwollendſte, ausgeſchieden werden können.

Es iſt, wie die Dinge ſich geſtaltet haben, nur allzu viel Wahres an der liberalen Rede von unerbittlichen, gleichſam natürlichen Geſetzen des induſtriellen Gebahrens. Jedes Geſchäft, welches nicht ausſchließlich für den Ortsbedarf arbeitet, iſt mit ſeinen Erzeugniſſen und ſohin mit ſeinem Betriebscapital abhängig von den Conjuncturen des Handels und von der Concurrenz des gleichartigen Gewerbes. Je großartiger ein Betrieb, deſto höher ſteigert ſich die Abhängigkeit von dem Weltmarkte, und deſto tiefer und nachhaltiger werden die Schwankungen deſſelben auf den Ertrag und ſelbſt auf den Beſtand des Anlagecapitals zurück-wirken. Eine Mehrausgabe für Lohn, Material oder für Transport der Waare kann bei einem Großgeſchäfte gegenüber günſtiger geſtellten Con-currenten binnen Kurzem deſſen Ruin veranlaſſen. Denn der Handel zieht bei ſonſt gleichen Bedingniſſen ſtets der wohlfeileren Waare nach. Dieſer Eine Grund reicht oft ſchon hin, um ſelbſt dem wohlwollendſten Fabrikinhaber es unmöglich zu machen, ſeinen Arbeitern, wenn ſie zahlreich sind, eine erhebliche Lohnerhöhung zu bewilligen. Denn solange sich Leute finden, welche anderswo in der gleichen Industrie um den alten Lohnsatz oder um noch geringeren fortarbeiten, wird eine nur mit höheren Löhnen betriebbare Fabrik in die Länge nicht mehr concurriren können oder mindestens nicht mehr wollen, da billiger Weise nicht gefordert werden kann, daß ein Capital sich selbst schädige oder gar erschöpfe einzig zum Vortheile Anderer. Die Verhältnisse drängen daher in der „socialen Frage" immer schließlich, entsprechend dem Weltverkehre der Industrie, auf internationale Vereinbarungen und Ausgleiche hin. Um so mehr Dank und Anerkennung aber gebührt jenen Arbeitgebern, welche, durch die Art ihres Geschäftes hierin begünstigt, bestrebt sind, ihren Arbeitern neben dem Arbeitslohne auch Antheile an dem Arbeitsertrage zukommen zu lassen. Wieweit und in welcher Form dieß möglich, ist seines Ortes näher darzulegen.

Vierte Vorlesung.

Die Maschinen in der Industrie. — Ihr Einfluß auf den vierten Stand und die Lebensführung der Arbeiter.

Ueber den Einfluß, welchen die Maschinen in der Industrie seit ihrer Erfindung auf Wohl und Wehe des arbeitenden Volkes geäußert, haben die Nationalökonomen und die Geschichtsschreiber der neueren Zeit und Cultur eine Reihe der wichtigsten Betrachtungen vorgelegt, ohne jedoch den Gegenstand zu erschöpfen.*)

Die von der Natur wunderbar gebildete, erste und wesentliche „Arbeiterin" ist die menschliche Hand. Sie hat sich, um ihre Kraft zu erhöhen und zu unterstützen, von jeher „Werkzeuge" gesucht und sich ihrer bedient.

Das Eigenthümliche des „Werkzeuges" besteht nun eben darin, daß es als solches von der menschlichen Hand unmittelbar regiert, also, wie wir richtig sagen, „gehandhabt" wird und deßhalb auch „Handwerkszeug" ist und heißt.

Aus welchem Material das Werkzeug gefertigt worden, ob wie in

---

*) Vgl. Roscher, Ansichten der Volkswirthschaft aus dem geschichtlichen Standpunkt, S. 174 ff.; Villermé, in den Mémoires de l'académie des sciences mor. et polit. II. 2.

der Urzeit aus Knochen und Feuerstein oder bei entwickelter Cultur aus
Metall, Holz 2c., bleibt für unsere Erörterung gleichgültig. Meisel, Messer,
Hammer, Hebel, Karste, Schaufel und Pflug sind wohl die ältesten Werk-
zeuge des arbeitenden Menschen.

Die Maschine ist nicht blos ein zusammengesetztes Werkzeug, sondern darin von jedem Handwerkzeug wesentlich verschieden, daß sie nicht
mehr unmittelbar von der menschlichen Hand bewegt, sondern an
deren Stelle durch thierische oder physikalische Kräfte getrieben wird.
Von den letzteren sind Wasser, Feuer (im Minenbaue) und Luft schon
den ältesten Völkern bekannt;*) Gespanne von Rindern, Pferden, Ka-
meelen 2c. erscheinen gleichzeitig in der Geschichte der mechanischen Erfindungen als früheste Hülfsarbeiter der menschlichen Thätigkeit und Kraft.

Königin jedoch im Reiche der „Mechanik" ist des menschlichen
Scharfsinnes jüngste Eroberung, die Dampfkraft.

Sie hat die Großindustrie geschaffen und im vollsten Sinne das
„Capital zum Herrn der Arbeit" gemacht. Unabhängig, wie keine andere
dem Menschenwerke dienstbare Naturkraft, nicht wie Wasserkräfte an die
Oertlichkeit geknüpft, verwendbar trotz allem Wechsel der Jahreszeiten,
einer sicheren Regelung und genau vorausbestimmbaren Steigerung fähig,
als Locomobile nicht einmal mehr an eine eigene Werkstätte gefesselt,
überbietet die Dampfmaschine in ihrer heutigen Ausbildung an Zahl
wie an Werth weitaus Alles, was anderweitige mechanische Kräfte neben
der menschlichen Hand in den verschiedensten Gewerben zu leisten vermochten und vermögen. Deßhalb ersetzt oder ergänzt selbst dort, wo die
billigere Wasserkraft dem Getriebe zur Verfügung steht, die Dampfkraft,
was jener an Stärke oder gesicherter Dauer mangelt.

Nachdem überhaupt seit Ende des XVI. Jahrhundertes das Handwerk Schritt für Schritt vor der allgemach in Aufnahme kommenden Maschine zurückzuweichen begonnen, verloren seit Watt's und Arkwright's
Erfindungen selbst die Manufactur und die Hausindustrie mit verhältnißmäßig geringen Ueberresten unter der allbeherrschenden Dampfmaschine
ihre Ausschlag gebende Bedeutung. Die Menschenhand vermag eben
nirgends, wo eine Maschine anwendbar ist, gegen dieselbe in gewerb-
lichen Erzeugnissen die Concurrenz auszuhalten. Die Dampfmaschine
zumal stellt der Industrie eine Kraft zu Diensten, welche in gleichem
Augenblicke die Handarbeit von hundert und aber hundert Menschen zu
vertreten vermag.

---

*) Vgl. E. Long Egyptian antiqq. II. 9.

Die hohe und fortwährend sich vervollkommnende Ausbildung der Technik hat es erreicht, daß eine und dieselbe Maschine zu der gewaltigsten, wie zu der feinsten Leistung gebraucht werden kann. Ein Dampfhammer, welcher mit einer Wucht von Millionen Pfunden schlägt, ist auch wieder so fein zu stellen, daß er eine Nuß zerbricht, ohne den Kern zu zerschmettern. Die Stahlscheere, welche durch Dampfdruck eine zolldicke Eisenplatte oder Schiene im Kalten wie weichen Thon durch= oder zuschneidet, geht ebenso genau und ruhig durch ein Stück Pappendeckel oder durch eine dünne Holztafel.

Anfangs freilich herrschte allgemein die Ansicht, daß die Erzeugnisse der Maschinenarbeit an Gediegenheit und Dauerhaftigkeit, sohin an reellem Werthe den Hervorbringungen der Menschenhand nachstehen müßten. Indeß diese Anschauung ist im Ganzen und Großen nicht bewahrheitet. Für viele Producte arbeiten die Maschinen durchgehends mit einer Verläßigkeit und Reinheit und besonders auch mit so gleichmäßigem Erfolge, daß damit die Leistungen der Menschenhand, deren stetiger Gebrauch von so manchen Zufällen und Unterbrechungen und namentlich von der Gesundheit, der jedesmaligen Stärke oder Gewandtheit der arbeitenden Person abhängig ist, in keinen für diese vortheilhaften Vergleich gebracht werden können.

Ueberdies lassen sich durch Maschinen Waaren verfertigen, welche in solchem Grade der Vollendung entweder gar nicht oder nur mit unverhältnißmäßigem Aufwande von Mühen und Kosten mittels bloßer Händearbeit herzustellen sind. So hat z. B. die Handspinnerei es in kunstreichster Frauenhand nicht höher gebracht als zu einer Feinheit von der jetzigen engl. Nummer 18; die Maschine spinnt mit 20fach gesteigerter Feinheit bis Nro. 350! Wahre Wunder von Feinheit, unbeschadet der Solidität der Waare, liefern die Eisenwalzwerke, die Maschinendrahtzieherei, die Fournirsägen, Producte, welche so zu Stande zu bringen der Menschenhand schlechthin unmöglich ist.

Zu so unleugbaren Vorzügen vieler, freilich nicht aller Maschinenerzeugnisse gesellt sich nun deren Wohlfeilheit, so daß eine Menge von nutzbaren und zumal auch von Luxusgegenständen, welche sonst nur von dem Reichen gekauft werden konnten, auch in den Gebrauch und Genuß der minder Bemittelten übergehen und nicht wenige geradezu Gemeingut sind. Die Maschine macht den oft erstaunlich niedrigen Preis ihrer Hervorbringungen möglich, weil sie erstens ungleich weniger Kosten für ihre Arbeit verursacht, als die an ihrer Statt sonst nothwendigen zahlreichen Menschenhände, und zweitens, weil sie mit einer ebenfalls von Menschenkraft niemals erreichbaren Schnelligkeit massenhaft

und in gewissem Sinne rastlos producirt.*) Unsere Jahrmärkte mit
ihren Bijouterie=, Knopf=, Posamentier= und Nadelwaaren, vornächst die
von dem Unkundigen wenig beachteten „Groschen=" oder „Neun Kreuzer=
buden" liefern dem aufmerksamen Beschauer einen überaus lehrreichen,
sei es auch nicht durchweg tröstlichen Einblick in das Getriebe der kleinen
wie der großen Industrie. Ein Emailknöpfchen z. B., welches nur etliche
Pfennige kostet, welche zusammengesetzte und zierliche Arbeit! Welchen
Preis müßte es haben, wenn nach Handwerksweise nur von Menschen=
hand gefertigt! aber auch, wie gering kann der Lohn des Arbeiters an
der Maschine gewesen sein, und wie viel muß diese solche Arbeit täglich
geleistet haben, wenn Material und Arbeit sich mit so wenigen Pfennigen
vergüten lassen!

Seidenes Gewand konnten noch im Spätmittelalter kaum Fürsten
sich kaufen. Wer trägt solches jetzt nicht? Wäre der Wechsel der Mode
in Stoffen wie in Schnitten, unter allen Ständen so rasch möglich, wenn
nicht das Handwerkserzeugniß längst durch die Maschinenproducte ersetzt
worden!

An diesen Wohlthaten des Maschinenwesens nehmen, wie ange=
deutet, nicht blos die begüterten, sondern auch die ärmeren Classen ent=
sprechenden Antheil. Daß dem also, bewährt sich aus der immer höher
steigenden Ziffer der Käufer und Verbraucher der Maschinenerzeugnisse.
Denn die Menge der Abnehmer ist nirgends in den oberen und obersten
Rangclassen vorhanden.

Doch die wichtigste Frage aus diesem Bereiche wird immer darauf
zielen, die Einwirkung zu ermessen, welche die Maschinen=Industrie auf
die socialen Zustände der Arbeiterwelt geäußert hat und fortwährend
äußert. Nun scheint allerdings hiefür schon die Geschichte des Aufkommens
der Maschinen bezeichnend und lehrreich. Die Handarbeiter begrüßten diese
nebenbuhlerische Gewalt der Mechanik nichts weniger als freundlich und
hoffnungsvoll. Instinctmäßig, um diesen Ausdruck zu wagen, ahnte
das Handwerk den Heranzug eines Feindes, mit welchem es um sein Da=
sein zu ringen hatte. Auch die Obrigkeiten geriethen in Angst und Wirr=
niß. Zum Dank für seine Erfindung wurde der Verfertiger der ersten
Bandmühle zu Danzig von Amtswegen ertränkt (1590). Um die gleiche
Zeit hatte William Lee die Strumpfwirker=Maschine ausgedacht. Ein
obrigkeitlicher Erlaß untersagte deren Anwendung. Aehnlich erging es in

---

*) Bekannt ist, welch ungeheure Arbeit stündlich die Maschinenschnellpressen in
den Druckereien zu Stande bringen; ähnlich die Kattundruckmaschinen, die Eisen=
walzwerke und selbst die jetzt überall eingebürgerte Nähmaschine.

Holland mit den Windsägmühlen. Verschwörungen des arbeitenden Volkes gegen die Maschinen und deren Besitzer bildeten sich an vielen Orten und verübten Gewalt und Unheil. In blutigen Aufständen zerstörten die Seidenweber in Lyon die ersten von Jacquard gebauten Webstühle. Alles besseren Unterrichtes ungeachtet und trotz vieler gegentheiliger Erfahrung, dauert der widersinnige Haß gegen die Maschinen, wenn nicht allgemein, doch vielfach noch in den niederen Kreisen des Volkes bis heute fort. Berüchtigt ist der Aufstand der sogenannten „Ludditen", welche 1831 die Fabrikdistricte Englands durchzogen und die Maschinen, ja selbst die Ackerwerkzeuge zerstörten. Allein die Maschine ist und bleibt siegreich, und muß es bleiben, nicht blos in Kraft der Thatsache, sondern dem Gesetze der sittlichen Weltordnung gemäß. Denn was nach den Rathschlüssen der Vorsehung aus den unbestreitbar edlen Anstrengungen menschlicher Wissenschaft und Scharfsinnigkeit, Einiges allgemach, Anderes rascher und wie durch einen Zauberschlag, an Erfindungen hervorgegangen ist, kann seiner Natur nach unmöglich der menschlichen Gesellschaft nur zum Fluche gereichen, sondern, recht gebraucht, muß und wird es ihr zum Segen dienen.

Die „liberale Staats-Oekonomie" liebt es, die Segnungen des Maschinenwesens zu übertreiben und nur von ihnen zu sprechen. Der christlichen Betrachtungsweise wird es, wieferne es sich hier um rein menschliche Dinge handelt, nicht entgehen, daß auch dies „Wesen" doppelt geartet ist und neben Lichtseiten seine Schatten hat und wirft.

Einfach angesehen als eine Hülfe, beziehungsweise als ein Ersatz für die menschliche Hand, für die physisch-organische Kraft überhaupt, ist jede Maschine eine Wohlthat, weil eine Erleichterung oder gänzliche Erlösung von der Mühsal der Handarbeit.

Die Thätigkeit der Maschine an sich nöthigt dem Zuschauer wohl oft Bewunderung ab, niemals aber jenes Mitleid, welches der Anblick hart arbeitender Menschen oder selbst der überangestrengten Zugthiere in uns erweckt. Es liegt daher in der Geschicklichkeit, mit welcher der Mensch die Kräfte der Natur zu seinem Dienste heranzieht und zwar um so mehr, je erfolgreicher ihm dies gelingt, eine Art „Erlösung" aus dem schweren Banne der irdischen Arbeit, die er „im Schweiße seines Angesichtes" zu verrichten hat. Die riesigen Schöpfungen der Baukunst in der alten Welt, die Pyramiden, die Obelisken und die Pylonen Alt-Aegyptens, die Paläste und Mauern von Babylon und Ninive — wer kann sie in ihrer Großartigkeit anstaunen, ohne zugleich mit Schaudern des Aufwandes von Menschen-Material zu gedenken, welchen die Fortbewegung und Hebung so gigantischer Steinmassen erfordert haben muß! Wie ruhig dagegen, wie gleichsam spielend

und lenksam durch Kinderhand trägt jetzt der Dampfkrahnen die mächtigsten Quadern zur Thurmhöhe hinan!

Die lange Reihe keuchender Ruderknechte auf den römisch-griechischen
und noch auf allen mittelalterlichen Kriegsfahrzeugen, ja noch in den Tagen Ludwig XIV. die Massen unglückseliger Galeerensträflinge, durch
welche die französischen Linienschiffe in den Seeschlachten, wie zu weitesten
Fahrten bewegt wurden, sind verschwunden vor dem schmucken, stolzen
Dampfboote, das sich durch die Sturmfluthen des Oceans Bahn
bricht und sanft wie ein Schwan auf unsern Flüssen dahingleitet, oft
noch eine Reihe schwerbeladener Kähne ohne merkliche Mühe nach sich
ziehend.

Und hinwieder, wie ungemein Wohlthätiges ergibt sich für alle
Stände und deren eigenthümliche Ansprüche aus der Schnelligkeit, mit
welcher die Maschine arbeitet, und gleichzeitig aus der Fülle ihrer Hervorbringungen! Man hat berechnet, daß die gegenwärtige Bevölkerung von
Paris, stünden, wie zu Mosis Zeiten, nur Handmühlen in Arbeit, allein
50,000 Mühlerinnen benöthigte, um das für die Weltstadt erforderliche
Brod zu bereiten.

Aehnlich müßten bei den Minen von Cornwallis nach dem gegen-
wärtigen Umfange ihres Betriebes mindestens 500,000 Leute Tag und
Nacht angestrengt arbeiten, um die Grubenwasser, welche jetzt durch
Dampfmaschinen bewältigt werden, auszupumpen.

Eine fernere Wirkung heilsamster Art verdanken ganze Provinzen
und Länder der Dampfmaschine bei dem Eintritte von Secularnöthen.
Die Wassermühle steht unbeweglich, wenn ein dürrer Sommer das Niveau ihres Baches oder Flusses erniedrigt hat. Das Mehl mangelt,
Brod wird theuer; da hilft die Dampfmühle aus der Noth. Hat das
Mutterland diesseits des Ocean's Mißernte gehabt, eine Dampfschiffflotte
bringt binnen wenigen Tagen Ueberfluß von Getreide aus Amerika oder
Afrika herbei; Aehnliches leisten die Eisenbahnen, unterstützt durch die
Wunder der Telegraphie. Auch der verblendetste Feind der Maschine würde
wohl bald bekehrt werden, wenn er mit Einem Male die Erleichterungen,
die Vortheile und Bequemlichkeiten entbehren müßte, welche er, und sei
er selbst noch so arm, unbewußt der Maschinenarbeit zu danken hat.

Indeß dem Lichte tritt auch eine ernste Schattenseite gegenüber.
Verlust der Arbeit für die „lebendigen Hände", also Einbuße des Brod-
erwerbes war es, was vor Allem aus der gewaltiger werdenden Thätigkeit des „eisernen Armes" der Maschine befürchtet wurde. Richtig ist,
daß fast jede neue Erfindung für den ersten Augenblick eine mehr oder
minder große Anzahl Menschen, welche bei dem zutreffenden Gewerbe ar-

beiten oder angestellt sind, außer Thätigkeit setzt und insoferne ihres
Brodes beraubt. Allein derartige Unterbrechung ist gewöhnlich nur von
kurzer Dauer. Der entzogene Erwerb kommt, wenn auch aus einer andern Quelle, wieder zurück, freilich in veränderter Gestalt. Die neue Maschine vervielfältigt durch die Billigkeit ihrer Erzeugnisse den Verbrauch
derselben. Es wird ungleich mehr bestellt und gearbeitet, und die früheren
Handarbeiter verwandeln sich in Arbeiter an der Maschine. Denn die
Maschinen-Industrie arbeitet für den Weltmarkt. Aber die Maschine erfordert nicht nur Bedienung, sie muß ja selbst gemacht, reparirt und oft
Vieles erst an Stoff ihr vorgearbeitet werden, ehe ihr Werk beginnt.

So bilden sich um die Maschinenarbeit her neue Werkstätten,
Hülfsgeschäfte, ungerechnet die oft viele Leute beschäftigende Zufuhr des
Stoffes, des Heizmateriales, und die Verfrachtung der Erzeugnisse. Die
Erfahrung hat es bewiesen, daß gemeinhin eine neue Maschinen-Industrie
die Zahl der Bediensteten und Arbeiter in einer Gegend erheblich ver-
mehre. Wer erinnert sich nicht der Angst, welche bei Beginn der
Eisenbahnanlagen die Kutscher, Fuhrleute und Gastwirthe überfiel? Sie
alle glaubten sich nahezu dem Hungertode geweiht. Einzelne Ortschaften
sendeten Deputationen an die Staatsregierung, um sich die Nähe einer
Eisenbahn feierlichst zu verbitten. Und jetzt? Die Fuhrleute und die
Pferde sind nirgends weniger geworden, und sie wurden kaum je zuvor
so viel geplagt.

Bedenklicher zeigt sich, recht gewürdigt, ein anderes Ergebniß der Ma-
schinen-Großindustrie. Es ist zwar unleugbar, daß durch sie der „National-
Reichthum", das heißt die in einem Lande vorfindliche Summe an Geld
und Geldeswerth vermehrt wird. Der englische Nationalökonom M. R.
Owen, legte schon zur Zeit des Aachener-Congresses (1818), also ehe
die Dampfmaschine herrschend geworden, in einer Denkschrift für diesen
Congreß ziffermäßig dar, daß der Reichthum Englands durch die Großindustrie um das Zwölffache zugenommen habe. Doch er fügte auch hinzu,
um ebensoviel habe das Elend der niedrigen Volksclasse sich vermehrt,
und habe die Armentaxe um das Gleiche vervielfacht werden müssen.

In dem verdienstlichen und in klerikalen Kreisen nicht unbe-
kannten Buche des Abbé Corbière, „Volkswirthschaftslehre",*) wird
gerade über diesen Punkt mit vieler Begeisterung, aber ohne tiefere Prüfung gesprochen.

Die Thatsache nämlich, daß mit der Groß-, zumal mit der Maschinen-

*) Deutsche Ausgabe von Ad. Plitke. Regensburg 1867. B. II. 94 f.

Industrie der Nationalreichthum so erheblich anwächst, beweist eben nur, daß die Maschinen die Capitalien — das Großcapital — an sich ziehen, in Bewegung setzen und einträglich machen. Durch die Maschine gelangt der Großbetrieb und mit diesem das Capital im Reiche der Arbeit zur Herrschaft.

Schon die Maschine selbst ist kostbar. Je mehr sie leistet, desto höher ist ihr Ankaufspreis. Daher vermag nicht der kleine, bescheidene Mann sie zu erwerben; sie gehört nur für den Reichthum und arbeitet und erwirbt zunächst nur für diesen. Der Handwerker und Kleinmeister kann, wo eine Maschine in seinem Gewerbe thätig geworden, mit solcher und neben ihr nicht mehr bestehen. Das Großgewerbe macht seinen selbständigen Werkraum öde, auch dann, wann der Kleinmeister bis dahin im wahren Sinne ein rechter „Meister" seines Gewerbes gewesen. Der „eiserne Arm" nimmt dem lebendigen die Arbeit und das Brod weg. Der Capitalist hingegen braucht nichts als Geld, um die Maschinen zu kaufen und die Fabrik zu bauen und einzurichten. Ihn kostet ein Saal für ein paar hundert Arbeiter an Baucapitalzins, an Beleuchtung und Beheizung durchaus nicht das im Verhältnisse, was der Kleinmeister für eine Werkstätte, die nur von 4—6 Gesellen und ihm bewohnt wurde, auszugeben hatte. Directoren, Werkmeister und Arbeiter gewinnt er wieder um Geld. Der eigentlichen Kenntniß des Geschäftes kann der Fabrikinhaber unter solchen Umständen gänzlich entbehren. Er ist dennoch durch sein Capital „Herr der Arbeit" und den Arbeitern gegenüber noch dazu ein unumschränkter Herr. Die großen Geldmittel verschaffen ihm den Vortheil des Einkaufes des Rohstoffes im Großen und aus erster Hand, und da die Maschine nicht so viele Rast und Unterbrechung nothwendig hat wie das Werkzeug in der Menschenhand, so arbeitet und verdient sie immerfort, verzinst ihren Ankaufspreis in jeder Minute. Die vorigen Meister des Kleinhandwerks bewerben sich jetzt um Bedienstung in der Fabrik. Weniger sicher gestellt als ihre früheren Gesellen, werden sie jetzt unselbständige „Lohnarbeiter". Unter Umständen können die so „depossedirten Meister", wenn die bezügliche Industrie noch von der früheren Handwerksarbeit theilweise Gebrauch machen muß, wie z. B. bei den Großgerbereien, Färbereien 2c., zu besseren Löhnen sich verdingen; schlimmer aber ist es, wenn sie sich mit rein mechanischer Bedienung des Getriebes abzugeben haben; denn hierin concurrirt ja jeder von der Straße hereingeholte Junge leicht mit dem ehemaligen Meister. In diesem Herabsinken der kleinen bürgerlichen Handwerker zu dem Niveau des „Taglöhners" und des Proletariers liegt ein sehr betrübendes Ergebniß der Maschinen-Industrie — eine Nachtseite socialen Jammers.

Der Verdienst, welcher sonst in Dutzenden von Werkstätten erworben wurde und auf ebenso viele hiedurch wohlhäbige Bürgerfamilien sich vertheilte, fließt jetzt und zwar von dem ganzen Weltmarkte her wie von unzähligen Bächen in Einen Strom zusammen und in die Casse des Großindustriellen, um dessen Capitalien zu verzinsen und zu verviel= fältigen.

Nun ist aber gerade die zunehmende Großartigkeit des Betriebes keineswegs ebenmäßig der Vortheil des Lohnarbeiters; eher das Gegen= theil. Die Maschine, beziehungsweise eine unermüdliche Arbeiterin, soll das auf ihr ruhende Anschaffungs= und Betriebscapital ununterbrochen und möglichst ergiebig verzinsen. Daraus ergibt sich als das Grund= gesetz der Maschinenarbeit, daß sie, wie weit nur irgendwie eine vernünf= tige Speculation es noch berechnen kann, massenhaft für den Markt und auf Vorrath Arbeit liefere. Allein, wie sorgfältig auch die Möglichkeiten des Absatzes in Betracht gezogen werden, die „Ueberproduction" und hie= durch Ueberführung des Marktes und Ueberfüllung der Magazine tritt nur allzuleicht und allzu gewöhnlich ein. Je überhäufter die Waare zum Markte gelangt, desto tiefer sinken die Preise. Da nun das Capital „Herr der Arbeit" ist und nicht zuerst und nicht das Meiste verlieren will, so wird es die Scala des Lohnes oder der Erwerbsmög= lichkeit für den Arbeiter genau im Verhältnisse zum Preise, d. h. zum vollen Werthe der Arbeit halten, folglich, was an letzterem mangelt, durch Verringerung der Arbeitslöhne für sich zu ersetzen bemüht sein. Der Ar= beiter muß sich begnügen, statt eines ganzen Tages Arbeit und Lohn, bis das Gleichgewicht zwischen Production und Absatz wieder annähernd hergestellt ist, nur noch einen halben Tag zu arbeiten und zu verdienen.*)

In Kriegszeiten, bei Handelskrisen oder in Folge neuer Erfindungen, vielleicht sogar des Wechsels der Mode (man erinnere sich an die Crino= linen und deren ungeheueren Bedarf an Stahlreifen!) werden viele Fa= briken gänzlich die Arbeit einstellen. Nicht blos die Arbeiter Eines etwa verganteten Etablissements, sondern ganze „Bevölkerungen" sind dann binnen wenig Tagen ohne Erwerb, mithin ohne Brod; so recht die „Massen= armuth", ein „Volk der Elenden" (les misérables).

Und daß die „arbeitenden Classen" mit Allem, was sie sind und haben, trotz des niedrigen Standes, welchem sie angehören, an die für sie unbestimmbaren Wege der hohen Politik und fast an jede noch so leise

---

*) „Die Maschinen", äußerten sich vor Kurzem englische Arbeiter, „welche unsere Sklaven sein sollten, sind uns die furchtbarsten Nebenbuhler (concurrents) geworden."

Schwankung des Weltmarktes sich gekettet sehen, ist wesentlich das Ergebniß der Maschineninduſtrie. Denn ſie hat den zuvor meiſt nur für den
Localbedarf arbeitenden Kleinhandwerker beſeitigt und über die ihr dienſt-
baren „Hände" nur nach den Intereſſen und der Herrſchaft des Capitales
verfügt.*)

---

*) Proudhon faßt dieſe verderblichen Einwirkungen der Maſchineninduſtrie in
ſeiner herben Weiſe in die Worte zuſammen: „Aufhören der (Hand-) Arbeit, Herab-
drückung des Lohnes, Ueberproduction und Anhäufung der Waaren, Verſchlechterung
und Fälſchung der Erzeugniſſe, Entartung und Verkümmerung des Arbeitervolkes und
endlich Krankheit und früher Tod."

Fünfte Vorlesung.

Nachtarbeit. — Das Arbeitssystem. — Die Maschine und die Gesundheit der Arbeiter. — Die Frauen in der Fabrik. — Die Kinderarbeit. — Der „Arbeitstag.“

––––––   .... ––

Der „Feierabend!“ Wie viel Poesie birgt sich in diesem Worte, aber noch mehr, welche ernsten psychologischen und culturhistorischen Erwägungen legt es uns nahe! Das richtige Verhältniß zwischen Arbeit und Ruhe gründet in Gesetzen, deren Nichtbeachtung die Natur selbst rächt und sicher und hart bestraft. So lange die Arbeit wesentlich „Handwerk“ war, wollte und konnte sie, vorübergehende, gebieterische Ausnahmen der Nothwendigkeit abgerechnet, den Anforderungen, wie das natürliche und das geoffenbarte Gesetz Gottes sie stellt, gerecht werden. Sie legte die „Arbeit nieder“, wenn die Feierstunde schlug am Werktage, und noch früher, wenn die Vesperglocke des Sonnabends zur Vorbereitung für den „Tag des Herrn“ mahnte.

Ganz anders als die menschliche Hand verhält sich der „eiserne Arm“ der Maschine zur Feierstunde. Er sollte, soferne das Interesse des Anlagecapitals von seinem Getriebe bedingt ist, eigentlich, so lange er Arbeit verwerthen kann, gar nie rasten, ausgenommen etwa die für Reparaturen u. dgl. unerläßlichen Pausen. Je großartiger die Maschinerie selbst ist und je gewaltigere Triebkräfte sie in Anspruch nimmt, um so angestrengter wird der Fabrikherr für möglichst selten unterbrochene Thätigkeit seines in ihr „arbeitenden Capitales“ besorgt sein.

Am leichtesten noch lassen Wasserkräfte, deren Spiel durch wenig

oder gar nichts kostende Vorkehrungen regulirt werden kann, Unterbrechungen der Maschinenarbeit zu. Dagegen ist die Triebkraft des Dampfes
eine erbarmungslose Tyrannin. Sobald die Oefen geschürt und die Kessel
erhitzt sind, muß gearbeitet werden, und zwar so lange das Feuer brennt.
Das Löschen der Feuer und die Nothwendigkeit, sie sofort neu zu schüren,
erfordert ja nicht bloß erheblichen Aufwand von Zeit, sondern auch Vermehrung der Ausgaben für Heizungsmaterial.

Die Dampfmaschine hat demgemäß das Eigenthümliche, daß sie
neben der Gewalt und Raschheit ihrer Bewegung die unerbittlichste Geg-
nerin der Ruhe und Unterbrechung der Arbeit geworden ist. Sie will
nicht feiern weder in der Nacht, noch auch am Tage des Herrn.
Gleich jenen unauslöschlichen Feuern auf Hestia's Heerde, brennt auch
im Maschinenraum der Großindustrie die Flamme bei Tag und Nacht;
leider ist es eine Flamme, welche keine heilige und noch weniger eine
heiligende genannt werden kann.

So ist es denn wesentlich die Dampfmaschine, durch welche für
eine überaus große Menge von Arbeitern und Arbeiterinnen das Joch der
Arbeit, wenn auch nicht mechanisch, doch moralisch viel beschwerender und
für ihr leibliches und geistiges Leben nachtheiliger geworden ist. Bei
der unleugbaren Härte dieser Behauptung ist es Pflicht, den Nachweis
ihrer Richtigkeit in aller Strenge anzutreten.

Für's Erste wird Niemand in Abrede stellen, daß die Vortheile,
welche die Dampfmaschine dem Betriebe jedes für sie geeigneten Industriezweiges gewährt; namentlich die Feinheit, die Fülle und die Wohlfeilheit der Erzeugnisse, wesentlich nur auf Seite des Fabrikbesitzers sind,
nimmer aber auf jener der Arbeiter. Es ist gerade die Dampfmaschine,
welche die Mitthätigkeit der menschlichen Kräfte auf ein Minimum herab-
setzt und dabei selbst mechanisirt, also am meisten geistlos und einförmig
macht. Abgesehen davon, daß der Dienst an den von Dampf getriebenen
Maschinen in vielen Fällen wegen der Heftigkeit und der nicht selten rasenden
Schnelligkeit des Getriebes ein äußerst anstrengender und selbst gefahrvoller
ist, wird durch die Dampfmaschinen=Industrie die Lohnarbeit genau in dem
Maaße entwerthet, in welchem die Art der Beschäftigung an der Maschine
meist nur sehr geringe Vorkenntniß erfordert, also die Concurrenz unter
den Arbeitsuchenden in's Unberechenbare erweitert. Was die Einzelnen vor
Anderen voraushaben, physische Kraft und Gewandtheit, Handwerks= und
Fachkenntniß, Geschick, Geschmack und Fassungsgabe, vor dem ungeheuer-
lichen Getriebe verschwinden alle diese Unterschiede. Sie braucht fast
keine Lehrlinge, kennt keine Gesellen. Es genügt Eine Hand von Fleisch
und Blut, welche etwa ergänzt, was die Metallschrauben, die Räder und

Stiften nicht selbst thun können. Die Arbeit der Frauen und der Kinder in den Großfabriken ist, wie die enorme Häufigkeit der Nacht= arbeit, wieder vornächst die Folge der Dampf=Triebkraft.

Wie ungleich nachtheilig die Nachtarbeit im Verhältnisse zur Tages= arbeit auf die Gesundheit der während einer gleichen Zahl von Nacht= stunden angestrengt Beschäftigten einwirke, ist durch ärztliche Be= obachtung statistisch dargethan und auch von den Laien in der Naturkunde unschwer nach den Ursachen zu ermessen. Die Sterblichkeit in der Classe der vorwiegend zu nächtlichen Dienstleistungen verpflichteten Gewerbs= oder Amtleute zeigt erheblich höhere Procentsätze im Vergleiche zu denen, welchen nach der Tagesarbeit regelmäßige Ruhe gegönnt ist. Namentlich treten bei den Ersteren die Anzeichen und Gebrechen des Alters gemeinhin viel früher ein, als bei den Letzteren. Nun kömmt aber so Manches hinzu, was die Beschäftigung in den Werkstätten der Dampfindustrie beschwer= lich und ungesund, ja für Leib und Seele erschöpfend macht. Die un= geheuere und so leicht zu steigernde Energie gerade dieser Triebkraft ermög= licht und veranlaßt die Ueberfüllung der Werkräume mit Maschinen und mit Arbeitspersonal. Eine Dampfmaschine z. B. mit etwa nur sechsfacher Pferdekraft kann 60 bis 70 mechanische (eiserne) Webstühle in Bewegung setzen und zwar mit einer Schnelligkeit, welche binnen einer Minute das Weberschiffchen 120 bis 140mal hin und her schießen läßt. Denken wir uns, was in Wirklichkeit bei den großen Manufacturen der Kattun= und Sammtweberei gewöhnlich der Fall ist, jene Anzahl von Webstühlen in Einem Raume zugleich in Thätigkeit, jeden Webstuhl von Einem Ar= beiter bedient (ein geschickter versieht auch wohl zwei), so erschreckt uns schon die Vorstellung des Getöses und der Hast, unter welchen dieses Ge= schäft verrichtet werden muß. Doch könnte es nur in der frischen Luft ge= schehen, welche der Feldarbeiter athmet, oder könnte mindestens nach Be= lieben und Bedürfniß eine Pause der Erholung zu freierem Aufathmen benützt werden! Nichts von all' dem während der 8 Stunden der Nachtarbeit. Die Webstühle mit der Wucht und Schnelligkeit ihres Getriebes lassen dem Arbeiter fast keinen Augenblick Ruhe. Er darf die Aufmerksamkeit nicht von ihnen wenden, denn jeder Faden muß beobachtet, jeder zerreiß= ende hurtigst wieder geknüpft werden. Die Luft aber, welche das Ar= beitspersonal athmet, ist geschwängert mit den Ausdünstungen des Oeles in den Maschinen und den Lampen, erfüllt mit Staub und Geruch des Arbeitsstoffes und verdorben durch das heftige Athmenholen so vieler an= gestrengt Beschäftigten. Was Wunder, wenn die bleiche Gesichtsfarbe und die abgehärmten und doch wie lauernd gespannten Züge des Spinners diese seine Beschäftigung so leicht auch dann errathen lassen, wenn er je

einmal im Sonntagsrocke auf dem Markte, in der Kirche oder im Gast=
hause erscheint!

Dagegen setzt die Maschinenindustrie in diesen und in vielen anderen
Geschäftszweigen ihre Arbeiter und Arbeiterinnen, je nachdem die Vorar=
beiten besonders zu machen sind, der Nässe, dem verpesteten Geruche oder
der Ertragung von nahezu peinvoller Hitze, Andere wieder gefährlichen
Dünsten, Metallstäubchen ꝛc. aus.*)

Sind nun derlei Arbeiten unter den angedeuteten Erschwerungen
schon für das „Tagewerk" übergenug, wie ermüdend, wie gefahrvoll und
für die Gesundheit bedrohlich müssen wir sie erachten als N a ch t=
arbeiten, nicht selten durch ein= und dieselbe Person während zwölf,
ja bis zu 15 Stunden einer Winternacht fortgesetzt! Wir begreifen die
Ursachen, welche das Durchschnittsalter von 33—35 Jahren bei den besser
gestellten Classen für die Fabrikbevölkerung auf 24—27 Jahre zurückführen.

Genau so, wie die Dampfkraft durch ihre Rastlosigkeit der Ver=
mehrung der Nachtarbeit den weitaus größten Vorschub geleistet hat, ist
auch ihr das sehr fragliche Verdienst zuzuschreiben, daß die Großindustrie
bei der Beaufsichtigung und Besorgung der Maschine die Männer ersetzen
konnte durch F r a u e n und K i n d e r. Die Betheiligung der Frau an
der Fabrikbeschäftigung außerhalb ihres Hauses, so wie die Anstellung
von Kindern oft noch zarten Alters in den Werkstätten und an den Ma=
schinen zählt unter die wichtigsten Punkte der socialen Frage und will
gerecht und sorgfältig geprüft werden.

Es ist klar, daß die Beurtheilung theilweise sehr verschiedene Ge=
sichtspunkte einzunehmen hat, je nachdem es gilt, im Fabrikwesen die An=
theilnahme der verheiratheten Frau und jene der unverheiratheten Arbei=
terin zu würdigen. Beginnen wir damit, die erstere etwas näher in Be=
tracht zu ziehen! Gewiß weisen weder Natur, noch auch Sitte und Gesetz
die Frau außerhalb ihres Berufes als Ehewirthin und Mutter ge=
radezu an den Müßiggang. Im Gegentheile. Die Frau ist nicht blos
Mutter und Gebieterin in ihrem Haushalte; sie ist auch dessen rechte
„Schaffnerin" und erste „Werkmeisterin". Zur Unbill und Unnatur ent=
würdigt der Wilde und der Halbbarbar den Beruf und den Fleiß des

---

*) Das Schlichten der Fäden für die Maschinen=Weberei geschieht in Räumen, die
bis zu 37 ja 40° R. geheizt sind; die Arbeiterinnen in den Großbleichen verkehren in
Werkstätten, deren heißer Boden ihre Sohlen sengt; ähnlich erfordert die Appretirung
von Wolltuch, das Scheeren von Sammtstoffen ꝛc., eine Wärme von 40° R. Wie zer=
störend wirkt das fast siedheiße Wasser, an und in welchem die Coconspulerin arbeitet,
auf deren Augenlicht und Athmungsorgane!

Weibes, wenn er diesem außer der Besorgung des Haushaltes noch die
Last der Feldarbeit und überhaupt jede Anstrengung aufbürdet. Doch
auch bei den gebildetsten Völkern erscheint der Adel der Frauengestalt in
seiner Vollendung, wenn sich zur Würde der Gemahlin und Mutter der
Ruhm der emsigen und sinnreichen Arbeiterin gesellt.*) Zumal sollte der
Kunstfertigkeit und dem Fleiße der „Frauen des Hauses" dieses möglichst
Alles verdanken, was es an „Zeug und Wehrzeug" bedurfte, an Tuch
und Linnen für Bett und Gewand, nach dem alten Volksspruche:

> „Selbstgesponnen, selbstgemacht,
> Ist die schönste Bauerntracht."

Mit welchen Erzeugnissen kunstreiche Frauenhände in Burgen und
Klöstern den Hausstand und die Paramentenschreine der Kirche ausge=
stattet, davon geben die Geschichte der Kunst und ihre Museen aller
Orten herrlichstes Zeugniß. Und wer weiß nicht, was in den tausend
Fällen der Noth die Arbeitsamkeit der Frau, der Mutter und der Wittwe
zu leisten vermag, wenn der Nährvater krank oder vom Tode hinweg=
gerafft ist, und eine zahlreiche Kinderschaar ihre Pflege und jetzt auch ihr
Brod einzig von der treuen und unermüdlichen Hand der Mutter zu er=
warten hat und wie durch ein Wunder wirklich empfängt.

Freilich, die vornehme, wohlhabende Dame, welche sich vor ihrem
Flügel oder über ihrem Roman langweilt und nach dem Kaffee= und Thee=
kränzchen und Theater wieder nach neuem „Zeitvertreibe" sehnt, sie be=
greift und ahnet nicht, was der armen Familienmutter diese Zeit werth
ist, und was die Frauenhand, welche das Spiel ermüdet, wirken kann,
wenn sie zur Arbeit durch die Liebe und durch die Noth des Lebens an=
gehalten wird.

Aber so bewundernswürdig und gesegnet der Fleiß der Frauen im
Hause sich bewährt, ebenso beklagenswerth erscheint der Erfahrung und
der Beobachtung im socialen Leben jene im großen Maaßstabe auftretende
Verwendung weiblicher Hände in den Fabriken, die Arbeit der Frauen,
„welche den häuslichen Herd verödet und die Kinder waise macht".**)

---

*) Mit dem Bilde, welches Salomon von dem „starken Weibe" entwirft, stimmen
auf's Innigste die Frauengestalten der hellenischen Mythe und Dichtung, gleichwie die
der deutschen Helden= und Völkersage überein. Und wie wahr und schön zeichnen die ger=
manische Hausmutter die berühmten Verse Schillers:

Und drinnen waltet	Und regt ohne Ende
Die züchtige Hausfrau,	Die fleißigen Hände,
Die Mutter der Kinder	Und mehrt den Gewinn
. . . .	Mit ordnendem Sinn . . .

**) Vergl. Jules Simon, die Arbeiterin. Deutsch von Fr. Neßler. Zür. 1862

Die Anzahl der Frauen, welche durch die Nothwendigkeit, das täg=
liche Brod für die Familie entweder allein oder zugleich mit dem zu ge=
ring gelohnten Hausvater zu verdienen, aus ihrer Einzel= und Hausarbeit
heraus in die Werkräume der Fabrik gewiesen werden, ist verhältnißmäßig
sehr groß und in Zunahme begriffen. Laut einer statistischen Erhebung
arbeitete in England (1861) von 858,856 verheiratheten Frauen minde=
stens Eine von je vier (1 : 4) für den Erwerb des täglichen Unterhaltes
entweder selbständig oder neben ihrem Manne. In Sachsen und am
deutschen Niederrhein ist das Zahlenverhältniß der bei dem Fabrikwesen
beschäftigten Frauenspersonen des Alters von 14—24 Jahren nahezu
gleich dem der Männer. Die französische Industrie verwendet gleichfalls
in den Manufacturen wie in den eigentlichen Fabriken ein zahlreiches
weibliches Personal. Die Frauenindustrie der Schweiz und des Schwarz=
waldes ist, wie jene der Niederlande, durch ihre besonderen Geschäfts=
zweige weltbekannt, doch zum Glücke vorwiegend als „Hausindustrie".
Mit jeglicher Kleinwerkstätte, welche dem von dem Arbeiter nicht unzu=
treffend so benannten „Moloch" der Dampfindustrie zum Opfer fällt, er=
steht auch für die Hausfrau die neue Gefahr, ihrem vom „Bürger" zum
„Proletarier" herabgekommenen Gemahle, damit die Kinder nicht hungern,
in die Fabrik nachfolgen zu müssen. Diese selbst ist der Aufnahme von
Frauen, so weit die Art der Arbeit es zuläßt, nicht im mindesten abhold.
Denn selbst bei gleicher Leistung ist die Frauenarbeit durchweg niedriger
gelohnt (wir werden später es näher darthun) und die Gewalt des Fabrik=
herrn und seiner Werkmeister über das weibliche Personal selbstverständ=
lich noch unumschränkter als sie es dem Manne gegenüber ohnehin ist.

Fassen wir nun die Rückwirkung, welche die Frauenarbeit außer=
halb des Hauses auf diese Häuslichkeit selbst ausübt, vor Allem in's
Auge!

Mit dem frühen Morgen verläßt die Frau — die Mutter! — ihre
ärmliche Wohnung. Welches Frühstück hat sie sich, dem Manne, den Kin=
dern zuvor bereitet? Vielleicht keines — oder was fast noch schlimmer
ist, sie hat, weil zum Kochen Feuer und Zeit gleich sehr mangeln, Brod
vertheilt und zum Brode — Branntwein! Branntwein für sich nicht nur,
sondern auch für die Kleinen und Kleinsten! Die furchtbaren Folgen
dieser Vergiftung des zarten Organismus der Kinder durch Alcohol, und
nicht selten! durch absichtlich beigemischtes Opium — stehen zum Theile
urkundlich verzeichnet in den Registern der Aerzte und in den Listen der

---

und Milne J. D., industrial employment of Women in the middle and lower
ranks. London 1870.

Todtengräber.*) Verläßt die Mutter das Haus, so bleiben die Kinder entweder bis zur Heimkunft der Eltern eingesperrt, ohne Feuerung, ohne warme Speise, ohne Pflege, oder sie werden dem Schutze eines älteren Nachbarkindes oder einer alten Frau anvertraut. Die barmherzige Liebe hat diesem unbeschreiblichen Kinderelende in ausgiebiger Art Abhülfe gebracht. Sie hat Kinderbewahranstalten (salles d'asile) geschaffen, in welche Kinder, wenn des Gehens fähig, den Tag über gegen äußerst geringe Vergütung Unterkunft und Nahrung finden**), und, weil auch die Kleinsten während der Stunden des langen Arbeitstages der mütterlichen Pflege entbehren, so eröffneten sich für die ganz Unmündigen im Alter von 14 Tagen an, im Nachbilde und zu Ehren des Kindes von Bethlehem, die Krippen (crèches), wo Jungfrauen und Ordensschwestern den Kleinen um Christi willen die Dienste von mütterlichen Wärterinnen widmen.***) So nothwendig die Wohlthat mit ihren erhabenen Aufopferungen ist, so traurig fühlt sich ihre Nothwendigkeit! Gewiß, der von den Krippen gewährte Schutz gibt der Mutter den Trost, daß sie ruhig ihrer Arbeit obliegen darf, ohne fürchten zu müssen, daß ihre Kleinsten hungern, frieren und leiden. Noch mehr; die Mutter, welche um der Arbeit willen ihr zartes Kind am frühesten Morgen verlassen muß, um es erst am späten Abend wieder zu finden, weiß, daß diesem zarten Wesen die „Krippe" unvergleichlich mehr bietet, als sie selbst in ihrer Dürstigkeit und schlechten Wohnung ihm verschaffen könnte. Das Kindlein schläft im netten Bettchen, im heiteren, gut gelüfteten Raume. Seine Wärterinnen sind meist gottverlobte Jungfrauen, denen ihr Herz und ihre Vorschriften gleich strenge jede Vernachlässigung und öde Ungeduld den Kleinen gegenüber verwehren; Jungfrauen, welche die katholische Frömmigkeit lehrt und befähigt, in jedem ihrer oft ungeberdigen Pfleglinge die heilige Persönlichkeit desjenigen zu ehren, dessen mystischen Leibes Glieder sie durch die hl. Taufe geworden, und der da

---

*) Ueber das Mortalitätsverhältniß der Kinder der Fabrikleute vgl. unten S. 67.

**) Ueber die Zunahme der Kleinkinderbewahranstalten nach dem wachsenden Bedürfnisse geben folgende Zahlen Aufschluß:

Im Jahre 1834 hatte Bayern 8 solcher Anstalten mit 515 Kindern;
„ „ 1851 schon 91 mit 6796 Kindern, darunter unentgeltlich 2740;
„ „ 1863 schon 216 mit 13,576 Kindern, unentgeltlich 4138;
„ „ 1867 stiegen sie auf 237. Frankreich hat deren viele Tausende.
So preiswürdig die Lichtseite — aber was lehrt ihre steigende Anzahl bezüglich der Zustände des Familienlebens?

***) Die erste Krippe in Paris eröffnete 1844 Marbeau; es wird 1 Sou (5 Pfennig) für das Kind gezahlt, in Deutschland 1-2 kr.

gesprochen hat: „Was ihr den Geringsten gethan habt, habt ihr mir
gethan," und: „Wer ein Kind aufnimmt in meinem Namen, nimmt mich
auf." Doch, wer und was erseßt dem Mutter= und dem Kinderherzen
jene in ihrer Art so ganz einzige Liebesquelle, welche nur aus dem
steten innigen und unzertrennlichen Zusammensein innerhalb der Familie
ihre Nahrung zieht und nicht zum Vorscheine kommt oder mindestens
arg verkümmert, wo schon für das Kind in der Wiege „des Hauses
zarte Bande sich gelöst auf immerdar" und schon der Säugling zum
Bettler geworden. Doch sehen wir weiter! Müde von der 14—15 stün=
digen Tagesarbeit kehrt, oft erst in später Abendstunde, die Mutter
heim. Die Krippe und die Bewahranstalt hat mit Einbruch des Abends
ihre Aufgabe geendet. Die Mutter holt die größeren Kinder, wenn sie
nicht unbeaufsichtigt herumgestreift oder gleich Gefangenen eingesperrt ge=
wesen, aus der Bewahranstalt, den Säugling aus der Krippe. Während
sie der Ruhe bedürfte, hat sie jeßt erst alle Hausarbeit zu besorgen, thätig
zu sein für Bereitung warmer Speisen und für Herstellung von Reinlichkeit
und Ordnung. Wird die Fabrikarbeiterin der Mutter so viele körperliche
Kraft und so vielen sittlichen Muth übrig gelassen haben, daß sie dies Alles
noch zu leisten vermag und wirklich leisten will? Versagen wir den Frauen,
welche treu ihre doppelt schweren Pflichten erfüllen, unsere Bewunder=
ung nicht! Sie sind Heldinnen ihres Berufes und Muster christlicher Tu=
gend, in ihrem dunkeln niedrigen Stande weit adelicher und verehrungs=
würdiger als tausende und tausende ihrer durch besseres Loos verwöhnten
und über wahre Frauenwürde arg sich täuschenden Mitschwestern. Aber
welch häßliche Gestalt muß bei roher gearteten Naturen und bei trägeren
Wesen unter solchen Verhältnissen der Haushalt der Armen annehmen,
und wie jammervoll wird dann namentlich das Schicksal der Kinder! Die
Einzelheiten entziehen sich jeder ausreichenden Beschreibung.*) Wehe na=
mentlich dem Kinde, welches schlaflos und unruhig der durch Arbeit,
Elend und Sünde erbarmungsfremd gewordenen Mutter die Nachtruhe
raubt! Es wird und muß „geschweigt", d. h. still gemacht werden durch
Mittel, welche das junge Leben zu immerwährendem Siechthume vergiften
oder — wir möchten dies den glücklicheren Ausgang nennen — ihm eine
bessere Stille, die des Grabes, bereiten. Wer je in diese untersten
Regionen des Familienjammers geblickt hat, den zwingt das Grauen,
mit dem Dichter zu sagen:

---

*) Als in Oberschlesien eine Ordensperson mit einem vierjährigen Kinde spielte
und es freundlich auf dem Arm wiegte, rief die harte Mutter· das habe sie mit
ihrem Kinde nie gethan. Merz, Armuth und Christenthum, S. 155.

„Was die (traurige) Tiefe da unten verhehle,
Das erzählt keine (fühlende) glückliche Seele!"*)

„Die Lage, in welcher diese kleinen Wesen sich befinden, ist herz-
zerreißend" (»les conditions daus lesquelles ces petits êtres sont
placés font frémir") ruft Cardinal Bonnet, Erzbischof von Bordeaux,
in einer dieses traurige Bruchstück des großen socialen Jammers berüh-
renden Denkschrift aus.

Doch nicht darauf allein beschränkt sich die verhängnißvolle Rückwirkung, welche die Abwesenheit der Hausfrau auf deren Haushalt
äußert. Der Mann, die Frau, die Kinder leben durch die Beschäftigung
in der Fabrik, mit Ausnahme der Stunden der Nacht und der wenigen
Ruhetage, von einander getrennt. Wo nicht ganz besondere Schutz-
wehren vorwalten, welche Lockerung im Bewußtsein der Zusammengehörigkeit wird allgemach zwar, aber unvermeidlich eintreten! Kann das eheliche
Leben unter solchen Verhältnissen seine höhere Weihe noch behaupten und
ist nicht viel eher zu fürchten, daß es zum thierisch-sensuellen Verkehr sich
entwürdige? Die Pflege einer Häuslichkeit erfordert Sinn, Geschmack,
Willens- und Thatkraft. Die Frau des armen Mannes verfügt über
keine Dienstboten. Ihre Sorge, ihre Hand ist Alles, worüber sie verfügt. Doch wenn sie selber immer oder viel zu Hause ist, dann wird
sie, obgleich allein und arm, die unberechenbar zahlreichen kleinen Arbeiten für Reinlichkeit der Wohnung, für Instandhaltung der Wäsche, der

---

*) Nach einem von Blanqui geführten Nachweise starben in Lille von 21,000
Geborenen nicht weniger als 20,700 noch ehe sie das fünfte Jahr erreicht hatten; in
Rouen ergaben sich (1859) von 3000 Kindergeburten noch im selben Jahr 1100 To-
desfälle, weitaus die Mehrzahl in Arbeiterfamilien. Aehnlich lauten die Berichte des
hochverdienten Villermé aus Amiens und Bordeaux. In letzterer Stadt starben in
den öffentlichen Wohlthätigkeitsanstalten von 28 Kindern der Armen 19 schon im ersten
Lebensjahre, während bekanntlich von Kindern wohlhabender Eltern durchschnittlich die
Hälfte das Normalalter von 30 Jahren erreicht. Die englischen Commissionsvorlagen
aus den Untersuchungen der Arbeiterzustände in Manchester, Preston, Sheffield u. s. w.
bringen gleich schauderhafte Ergebnisse. Die deutschen Groß- und Fabrikstädte sind
vorzüglich durch die „innere Mission" der Brüder des „rauhen Hauses" in dieser Richtung beobachtet worden, und bleiben die Erzählungen über das Familien- und Kinder-
Elend in Hamburg, Magdeburg, Berlin rc. hinter jenen französischer und englischer
Berichterstatter an Grausenhaftigkeit nicht zurück. Ueberall tritt die Thatsache, daß
die zartesten Kinder durch Branntwein, Theriak und Opium vergiftet werden, in aus-
gedehntestem Maaße auf. Als zur Zeit der Baumwollen-Krisis die Weiber aus den
Fabriken entlassen wurden, verminderte sich trotz der Hungersnoth die Sterblichkeit unter
den Fabrikkindern, weil die Mütter zu Hause blieben und ihnen ihre Milch statt
Opiumtinctur gaben! vgl. K. Marx, Aufruf an die arbeitenden Classen Europa's. 1864

5*

Kleider, ja sie wird neben der Pflege der Kinder auch die einfache Küche
besorgen und immer noch Zeit übrig haben für eine kleine Hausindustrie. Dem heimkehrenden Manne ist bereit, was er zu seiner gewohnten Erquickung und Erholung bedarf und wünscht, und wohl noch
mehr. Wie steht es aber mit der Fabrikarbeiterin? Sie hat den Tag
während der 12—14 Stunden ihrer Arbeitszeit, abgeschieden von den
Ihrigen, in dem lärmerfüllten, oft schmutzigen Werkraume zugebracht,
mitten unter Fremden, am besten noch ihres Geschlechtes, gar häufig im
engsten Verkehre mit vielen und fremden Männern, ihren Mit- oder Vor-
arbeitern, von diesen nicht selten durch Rohheit oder wüstes Benehmen
geärgert und den Höhergestellten gegenüber in äußerster Abhängigkeit.
Und die Arbeiterin ist Weib. Was ihr Gemüth nicht erhebt, das ist
meistens schon zureichend, es abzustumpfen, zu entwürdigen und zu verderben. Nach einem solchen Tagewerk verläßt sie die Fabrik, um zu
Hause nichts als neue Arbeit, Sorge und Noth zu gewärtigen. Der
Mann, welcher daheim die Stube ungemüthlich, unreinlich und von den
Kindern unruhig gemacht weiß, und für den die Küche noch leer und der
Ofen noch ungeheizt ist, wandert lieber dem Wirthshause zu, und die
erwachsenen Söhne folgen ihm dahin nach, endlich, um der Trostlosigkeit
des öden, verkommenen Haushaltes zu entfliehen, auch die Töchter und
die Mutter. Ist es soweit gekommen, dann ist für die Familie das
Herabsinken zum thierischen Zustande und zu Laster und Verbrechen nur
mehr eine Frage der Zeit.

Die Arbeiterin, bemerkten wir eben, ist Weib. Nicht wenige von
den Bedingnissen, welche die Arbeit in den Fabriken erheischt oder herbeiführt, sind der Art, daß sie, erträglich für den stärkeren Organismus
des Mannes, den zarteren der Frau und des Mädchens in hohem Grade
gefährden und unter Umständen geradezu, wenn auch allgemach, zu Grunde
richten. Aber ob auch schwach und kränkelnd, die Frau wird, einmal
vor das Triebwerk der Maschine gestellt, aushalten, um die Arbeit nicht
zu unterbrechen und den Lohn nicht zu verlieren, bis sie nicht mehr kann
und zusammenbricht.

Denken wir uns dazu die nur zu häufige Angst um das tägliche
Brod, um den Miethzins und andere, ungewöhnliche Ausgaben, den Kum-
mer um ein krankes Kind oder Familienmitglied, die Furcht vor der
Zornwuth, der Betrunkenheit und den Mißhandlungen des Mannes, zu
all' dem etwa noch den Zustand sogenannter (fast klingt das Wort wie
Ironie) „Mutterhoffnung", dann läßt sich erklären, weßhalb der Tod
in den Arbeiterfamilien gemeinhin eine so frühe und reiche Ernte holt,
und wie aus den Ueberlebenden „ihrer Seits wieder ungesunde Eltern

werden, die Verschlechterung (degeuerescence) sohin im Fortschritte und ganz unvermeidlich ist."*)

Charakteristisch für den Zustand der Dinge ist die hie und da in Fabriken zugestandene Abhülfe (?), daß die verheiratheten Arbeiterinnen, selbstverständlich gegen entsprechenden Lohnabzug, eine Stunde früher als die Männer entlassen werden, damit sie zu Abend kochen und nach ihren Kindern sehen können.

Es erübrigt uns noch, die Verhältnisse, unter welchen Arbeiterinnen überhaupt in der Fabrik bedienstet sind, nach den wichtigsten Momenten zu beleuchten.

Vor Allem wird in der Industrie angenommen, daß die Arbeit der Frauen dem Fabrikherrn weniger kostet, als die der Männer. Diese Thatsache hat keineswegs ihre Begründung in dem minderen Werthe der Frauenarbeit. Denn selbst dann, wenn erwiesener Maßen die Arbeiterin im Stücklohne ganz dasselbe Erzeugniß zu Stande bringt wie der Arbeiter, muß sie gewöhnlich mit geringerer Zahlung sich begnügen, weil sie zu ihrem Lebensunterhalte weniger bedarf, und die Lohnscala nicht nach dem Werthe der Arbeit, sondern nur nach den Lebensbedürfnissen des Arbeiters sich richtet. „Bei der Arbeit, sagte eine Sprecherin in einer Massenversammlung von Wiener Arbeiterinnen, sind wir das schlechte, sonst das schöne Geschlecht."**)

Durchschnittlich ist in der That der Lohn der Arbeiterinnen nur das Drittel des Lohnes, welchen bei gleicher Beschäftigung und Leistung der Mann anspricht und erhält. Die Niedrigkeit der Vergütung für die Frauenarbeit wirkt aber selbstverständlich wieder sehr ungünstig auf den sonst möglichen Arbeitsverdienst der Männer zurück. Es ist ein verhängnißvoller und trauriger Kreis, in welchem sich hier Mann und Frau zu wechselseitigem Nachtheile umgetrieben sehen. Weil der Arbeitsverdienst des Hausvaters nicht zureicht, die Familie zu ernähren, so ist die Hausmutter gezwungen, ebenfalls Lohndienst zu suchen, am nächsten und häufigsten wohl in der gleichen Fabrik. Indem sie hiedurch das Angebot Arbeit suchender Hände vermehrt und sogar, weil sie eben Frau ist, um noch geringeren Lohn arbeiten muß, verursacht sie selber, daß der Fabrikherr sich in der Lage befindet, den Lohn seiner Arbeiter nicht nur nicht erhöhen zu müssen, sondern eher in dem Maaße erniedrigen zu

---

*) Worte aus dem Berichte der englischen Commission von 1863 über Kinderarbeit.

**) Worte der Vorsitzerin in einem „Meeting" von 4000 Arbeiterinnen am 24. April 1870 in Zobel's Biergarten in Wien.

können, in welchem Frauenhände sich seiner Industrie zur Verfügung stellen. Wenn daher in Arbeiterkreisen wiederholt befürwortet wurde, die Frauen von jedem Lohndienste in der Fabrikindustrie ferne zu halten, so griff man hiemit nach einem äußersten, aber eben deßhalb kaum anwendbaren Mittel, um sich gegen eine den Interessen der Fabrikbesitzer günstige Concurrenz zu vertheidigen.

Nun aber wäre die Schädigung, welche auf diese Art den allgemeinen Lohnverhältnissen zugefügt wird, unter den bedenklichen Folgen der sich steigernden Verwendung weiblichen Personals in den Fabriken noch am leichtesten zu tragen. Der Eintritt des jungen Mädchens in die Werkräume der Fabrik wird leider oftmals zum Abschiede von guter reiner Sitte, so viel sie davon bis dahin überkommen und bewahrt hat. Die „Arbeiterin" sieht sich mit ihr fremden, oft längst schon moralisch verdorbenen Geschlechtsgenossinnen zusammengebracht, häufig sogar mit Männern und Burschen. Was hört sie, welche Beispiele gewahrt sie? — Aber noch mehr. Gerade diejenigen, welche die Pflicht haben, zu wachen, daß die Werkstellen der Arbeit nicht zu Pflanzstätten des Verderbens ausarten, die Fabrikherren selbst, ihre Beamten, Factoren und Werkmeister mißbrauchen nicht selten die Gewalt, welche ihnen Geld und Ansehen über ihre „weißen Sklavinnen" einräumen, auf die unverantwortlichste Weise. Die Stimmen aus dem Volke sind hierüber so klar und einhellig, wie es nur bei vielen und traurigen Erfahrungen möglich ist. Die Versuchung wird um so gefahrvoller, wenn sie, wie versichert wird, oftmals im Geleite von namhaften Vortheilen und im Weigerungsfalle auch mit Drohungen und Härten sich einführt. Aber auch minder aufgedrungen von Außen kommen durch die Arbeit in den Fabriken, soferne sie durch selbständig erworbenen Lohn eine frühzeitige Unabhängigkeit sichert, den jungen Leuten die mannigfachsten Anlässe zu Leichtfertigkeiten und Verirrungen entgegen. Kein treues Auge wacht über der Arbeiterin; und gäbe es für sie noch ein solches, sie will nicht überwacht sein.

Gehen wir mit dem Schweigen des Mitleides über jene Unglücklichen hinweg, welche zu dem geringen Lohn der Arbeit den schrecklichen der Sünde fügen. *) Aber die „wilden Ehen" grassiren, und um diesem Verderbnisse zu begegnen, muß die aus anderen Gründen bedauernswerthe Abschließung frühzeitiger Heirathen noch als eine Wohlthat für die Gewissen und die Gesellschaft erachtet werden. Von diesem Gesichtspunkt aus bildet die Erleichterung der Heirath für die Fabrik-

---

*) Derlei Arbeiterinnen führen in Frankreich den Namen »les cinq quarts« „Fünfviertelstagnerinnen").

mädchen selbst eine Aufgabe der charitativen **Vereine**. Manche „Arbei=
terinnen" sinken in **ihrer** Verwahrlosung und **dann** meist noch in wü=
sterer Ausschweifung, **als** es bei Männern vorkömmt, in das Laster der
Trunkenheit, namentlich des Branntwein=Genußes. Diese Entartung findet
sich besonders bei älteren und namentlich bei jenen „Arbeiterinnen", welche
ein ungewöhnlich trostloses Geschick zu den rauhesten und anstrengendsten
Beschäftigungen verwiesen hat, dergleichen so manche als **Vor= und Neben=**
arbeiten in der Großindustrie vorkommen. Näße, Schmutz und Staub
in Räumlichkeiten, welche durch Kälte, Luftzug oder enorme Hitzgrade die
stärkste Gesundheit erschüttern, machen das Weib nach seiner äußeren **Er=**
scheinung, wie allmälig in Gemüthsart, Sprache und Benehmen roh und
unweiblich, zu einer Mißgestalt, für welche die Bezeichnung „Mann=
weib" noch zu zart klingt.*) Aber die Maschine verschmäht nur, was
nicht mehr arbeitsfähig ist. Je häßlicher das Weib, je gramvoller die
mit Kindern überbürdete Mutter und je verachteter in der Gesellschaft
das Mädchen, desto wohlfeiler werden sie sich, um noch Brod zu finden,
an die Fabrik vermiethen, und, um es nicht wieder zu verlieren, auch das
äußerste sich gefallen lassen, sei es an Anstrengung oder **an Schmach**.

Aber das Capital und die Maschine, nicht zufrieden, die Arbeit der
Männer durch die gering **gelohnte der Frauen** ersetzt zu haben, griff, um
den Gewinn zu erhöhen, sogar nach den **Kindern**. Die Maschine, welche
zu ihrer Bedienung die kleinste Kraft und oft kaum mehr als gewohnheits=
mäßiges Handeln verlangt, gestattet, daß dem Vater und der Mutter früh=
zeitigst durch ihre Kinder, wie man vorgibt, Mithülfe zur Erwerbung des
Brodes, in Wirklichkeit jedoch Concurrenz geboten werde zur Verringer=
ung ihres Lohnes, aber zum Vortheile des Industriecapitales.

Die Sklaverei des **Alterthumes** schonte gewöhnlich die noch zarte
Jugend. Und wozu hätte sie auch diese schwachen Hände gebrauchen

---

*) **Grauen erregend** sind in dieser Hinsicht zumal die Schilderungen über die
Frauenarbeit in den französischen, englischen und **belgischen** Kohlenminen. Noch 1869
war die Zahl der bei den Minen u n t e r der **Erde** beschäftigten Frauenspersonen
in Belgien im Verhältnisse zu den **Männern**, wie 1 : 10. Diese Frauen in den
Minen, welche die Karren (Hunde) durch die Stollen schleppen, immer schmutzig und
bei der hohen Temperatur kaum bekleidet, sind meist schon mit 30 Jahren **Greisinnen**.
Roh in ihren Manieren, leben sie, wie ihre Männer, in den Kneipen. Die Familie ist
aufgelöst. Das Uebermaaß dieser Entwürdigung des Weibes treibt die Wohlgesinnten,
auf gesetzlichen Wege die Fernehaltung der Frauen von den unterirdischen Bergwerks=
Arbeiten zu erreichen. Man hofft dies in Belgien jetzt, in **Frankreich** wenigstens binnen
einiger (5) Jahre durchzuführen; vgl. L e C o n t e m p o r a i n, Nouv. Ser. XVI.,
pag. 690 ff.

wollen? Das Handwerk nimmt erst den reiferen der Schule entwachsenen
Knaben als Lehrling auf und gibt ihm in dem Meister wieder einen
Vormund und in dessen Familie eine Heimath. Erst die Maschinen=
Industrie trieb die Schaar der Kleinen in die Werkräume der Fabriken
und machte aus unmündigen Kindern selbständige Taglohnarbeiter und
Arbeiterinnen. Es geschah am Ende des vorigen Jahrhundertes, daß eng=
lische Fabrikanten ihrer Regierung vorstellten, **wie sie bei** den bestehenden
Lohn= und Handelsverhältnissen ohne Einbuße angemessenen Gewinnes die
Concurrenz des Auslandes nicht ferner auszuhalten vermöchten. Darauf
entgegnete der sonst so gefeierte Minister William Pitt († Febr. 1806)
mit dem verhängnißvollen Worte: „Nehmt die Kinder!" Und sie nahmen
sie — die Kinder **vom** siebenten Jahr an **und** noch früher — nahmen sie
zu den mühseligsten und gefährlichsten Arbeiten, **nahmen sie um** den elenden
Lohn für einen, **kaum durch ein** paar halbstündige Pausen unterbrochenen
Arbeitstag **von** 12—15 Stunden und darüber.*)

Das **Alter,** in welchem **die** körperlichen Kräfte ungestört sich ent=
wickeln sollen, jene „holden Jahre", deren das glückliche Kind als un=
vergeßlichen Lebensfrühlings sich freut, die Zeit, während welcher die Saat
des Heiligen, Wahren und Guten durch vereinte Thätigkeit der Kirche,
der Schule und des Aelternhauses in die junge, frohe Seele gestreut wer=
den soll, mit Einem Worte, die Kindheit wurde das Opfer einerseits
der Gewinnsucht, anderseits der Armuth, und es füllte, hier nicht mit
Unrecht so genannt, der „Moloch" der Dampfmaschine die Friedhöfe mit
jungen Leichen **und** zerstörte in den Ueberlebenden wenigstens die Kraft
und Blüthe künftiger Geschlechter. Wir haben in der Folge zu zeigen, in
welcher **Weise — spät genug —** die Gesetzgebungen der großen Industrieländer
wider solche Ausbeutung und Verwüstung der Jugendkraft einzuschreiten
versuchten. Aber es verging ein und noch ein zweites Menschenalter, bis
es mit e i n i g e m Erfolg gelang, dieser neuen „himmelschreienden Sünde"

---

*) **Vgl.** P e r i n, le travail des enfants employés dans les manufactures etc.
Paris 1869. — **K. M a r x** (das Capital B I. S. 212 ff. der 1. Aufl.) entnimmt den
Berichten **der** englischen Parlamentscommissionen über die Frage der Kinderarbeit herz=
zerreißende Details. Kinder, noch nicht 8 Jahre alt, arbeiten täglich von 6 Uhr früh
bis 9 Uhr Abends und mehrmals in der Woche die Nächte hindurch. Manche durften
die Maschine auch während der Essenszeit nicht verlassen und wurden dafür durch
fremde Hand förmlich gefüttert. Dabei betrug der Lohn eines Knaben höchstens 2 fl. in
der Woche. In den englischen Kohlenminen waren 4—5jährige Kinder nackt vor die
„**Hunde**" (Karren) gespannt oder **zur** Wache in tiefster Finsterniß vor die Eingänge der
Stollen gesetzt — Tage und Nächte hindurch. — **Vgl.** J u l e s S i m o n l'ouvrier de
huit ans. Paris 1867

Einhalt zu thun. Wollte aber Jemand fragen, wie denn der Fabrikant
so leichten Kaufes die Kinderarbeit zu erwerben vermöge? so genügt es
zwei Worte zu nennen: die Noth und die Habsucht. Die Aeltern vergessen unter dem Drucke der ersteren oder verblendet durch die zweite, daß,
indem sie ihre Kinder an die Fabrik ausliefern, sie durch Vermehrung
des Arbeitsangebotes ihrer eigenen Hand Concurrenz machen und zum
Vortheile des Capitales den Lohn des Vaters durch den geringen seines
Kindes nicht erhöhen, sondern vermindern. Vergleichungen haben durch
Ziffern dargethan, daß, wo Mann, Frau und Kinder zusammen in die
Fabrik gehen, sie nur unmerklich mehr verdienen, als zuvor der Hausvater allein.

Zu einem verwandten Ergebnisse führt die erzwungene oder die freiwillige Verlängerung des Arbeitstages. Die Herstellung eines Normal-
Arbeitstages bildet eines der Hauptziele der Arbeiterbewegung in
unserer Gegenwart. Um die ernste Wirklichkeit der socialen Frage zu
bemessen, ist es nothwendig, auch diesen Punkt näher zu würdigen.

Die Arbeitszeit im alten Handwerk trug an sich einen ganz verschiedenen Charakter und zwar einen viel milderen und menschenwür-
digeren als die Fabrik-Arbeitszeit. Der Normaltag war bei den einzelnen Handwerken durch das Herkommen geregelt. Er überschritt in der
Regel nicht 12 Stunden (von 6 Uhr Früh bis 6 Uhr Abends) und
war durch Mahlzeit, Früh- und Nachmittags-Rasten („Jausen") unterbrochen. Ausnahmen konnten leicht stattfinden, wenn zufällig die Arbeit
sich häufte oder verringerte. Wer mit Handwerkszeug arbeitet, hat es
überdies jeden Augenblick in seiner Gewalt, die Arbeit flinker oder ge-
mächlicher zu fördern und auch geradezu auszusetzen, ohne daß der Tagesarbeit merkbarer Abbruch geschieht.

Ganz anders verhält es sich mit der Maschinen-Industrie. Die
Maschine ist Capital. Je rascher und je unausgesetzter sie umgetrieben
wird, desto reichlicher verzinst sie sich. Jede Unterbrechung kömmt einem
Verluste gleich. Die menschliche Hand, von welcher sie bedient wird, das
Auge, welches ihre Schwingungen überwacht, ist von der geradezu furchtbaren Macht der Triebkraft, so lange diese im Gange ist, gefesselt. Ein
leichtes, augenblickliches Uebersehen kann die Arbeit oder die Maschine
selbst schädigen, es kann den Arbeiter und wohl gar seine Genossen, Alle
in Gefahr und Unglück bringen. Viele Maschinen erfordern ungleich größeren Aufwand an Heizmaterial, wenn die Feuer gelöscht und dann wieder
neu angezündet werden müssen.

Aus solchen und verwandten Ursachen ergibt sich das Interesse des
Fabrikherrn an der Verlängerung des Arbeitstages und vielfach an der

Fortsetzung der Arbeit durch Nacht- und Tagesstunden. Gewinnsucht und Herzlosigkeit haben hierin Unmenschliches gefordert und erzwungen. Man arbeitet in der französischen, schweizerischen und norddeutschen Industrie 15 Stunden. Die sächsischen Peitschen- und Riemenfabriken lassen die Arbeit auch in der Mittagsstunde nicht aussetzen; man hängt dem Manne an der Maschine den Eßtopf um den Hals. In Londoner Spitzenfabriken wurden Kinder von 9 Jahren von 2 Uhr Früh bis 10 Uhr Nachts bei der Arbeit behalten! Und welche Mittel wurden angewendet, die Einschlummernden zu wecken? — Aus Zürich beraumt eine neue Tagesordnung das Aufstehen der Nachtarbeiter auf 7 Uhr Abends an und sie arbeiten bis zum Abendessen um 10 Uhr des andern Vormittags. Selbst in den von Ordensschwestern geleiteten Industrie-„Internaten" oder „Patronaten" arbeiten die jungen Mädchen von 5¼ Uhr Morgens bis 8¼ Uhr Abends, mit Ausnahme von 50 Minuten für Frühstück und einer Stunde für Mittagessen und Ruhe. Welche Anforderung an Kraft des Körpers bei so langer Arbeit? Dabei vergesse man nicht, unter welchem Getöse der Maschinen und in wie schlimmer Atmosphäre diese Stunden unausgesetzter Thätigkeit zugebracht werden müssen. Von geistiger Erhebung, von Möglichkeit einer Fortbildung kann unter solchen Umständen keine Rede sein. Das Familienleben ist bis auf den letzten Rest verloren, wenn Vater, Mutter und Kinder, während 16—18 Stunden in den Werkstätten getrennt, jedes zu verschiedener Zeit, in die eigene Wohnung nur noch zurückkehren, um wie ein müde gehetztes Thier auf's ärmliche Lager zu sinken zu kurzem Schlafe und zum Erwachen für den nächsten, neuen Anfang des alten, ungetrösteten Elendes.

Mag es nun in zahlreichen Fällen mit der Lage der Arbeiter ungleich besser bestellt sein, die Bilder, welche wir von den Arbeiterverhältnissen skizzirt haben, sind nicht der Phantasie, sondern der actenmäßig bezeugten Wirklichkeit entnommen; ja diese ist — wenn auch nur ausnahmsweise — manchmal noch erschreckender, als die Vorstellungskraft des Unerfahrenen zu ahnen im Stande ist.

Zweite Abtheilung.

Theorien der Volkswirthschaft, des Communismus und Socialismus.

Sechste Vorlesung.

Nationalökonomische Systeme in ursächlichem Zusammenhange mit
der socialen Frage. — Colbert und das Mercantilsystem. —
Der Physiokratismus Quesnay's. — Adam Smith. —
Malthus.

Die Frage, „ob und in wie weit es einen socialen Nothstand
in Wirklichkeit gebe," glauben wir durch die in dem ersten Theile dar-
gelegten Thatsachen mit einem wohl nur zu sehr begründeten: „Ja!"
beantwortet zu haben. Damit aber sind wir unmittelbar vor die Aufgabe
gestellt, zu untersuchen, inwiefern auch wissenschaftliche Theorien und han-
delspolitische (nationalökonomische) Systeme Einfluß geäußert haben auf
Werden, Wachsen und Fortdauer von Zuständen, zu deren Ueberwindung
auch die neueste Zeit wissenschaftliche Kräfte vor und zugleich mit den
praktischen Anstrengungen in Bewegung setzt. Denn gerade bei der „socialen Frage" trifft das Wort Job's: „Nichts auf Erden entsteht ohne
Ursache, und aus dem Boden wächst das Leiden nicht empor", in ungewöhnlich wahrhaftem und umfassendem Sinne zu. Aber
auch die Heilmittel, welche wider ein Siechthum gesucht und versucht
werden, kann nach ihrem Werthe oder Unwerthe nur derjenige richtig
beurtheilen, welchem die Ursachen des durch sie zu bekämpfenden Uebels
allseitig und vollständig klar geworden sind. Was wir heute als „socialistische" und „communistische" Literatur kennen und die wenigstens theilweise aus ihr hervorgegangenen und genährten Bestrebungen, all' dies
oft so wunderliche und sonst ganz unbegreifliche Träumen und Treiben

erhellt sich und wird verständlicher, wenn zuvor gewisse volkswirthschaftliche Theorien, durch welche die Industrie und das Capital zu ihrer gegenwärtigen Stellung und Macht gelangt sind, in das entsprechende Licht gesetzt werden. Für den so ausgesprochenen Zweck genügt aber schon eine Auslese der nationalökonomischen Hauptsätze aus jenen Systemen, welche im vorigen Jahrhunderte, gleichzeitig mit dem Aufkommen der Maschinen-Industrie, die Social- und Handelspolitik der mächtigsten Völker Europa's und sohin die Herrschaft des Capitales entweder selbst begründet oder doch bestärkt und vertheidigt haben. Die Geschichte der Volkswirthschaft und des Handels weist in dieser Hinsicht einstimmig den ersten Rang an Einfluß und Dauer der Handelspolitik Colbert's, dem sogenannten „Mercantilsysteme" zu. Man bezeichnet dasselbe heutzutage auch als „Altliberalismus" und nicht unzutreffend.

Die Wirksamkeit Colbert's, des berühmten Finanzministers Ludwig's XIV.*), fiel gerade in jene folgenschwere Zeit, in welcher der mit Ende des XV. Jahrhunderts angebahnte Uebergang aus der mittelalterlichen Naturalwirthschaft zur Alleinherrschaft des Geldes in verhängnißvoll raschen Fortschritten seinem völligen Abschlusse entgegeneilte. Die fortdauernde großartige Einfuhr edlen Metalles aus den überseeischen Ländern entwerthete das bis dahin im Abendlande vorfindliche baare Geld, während gleichzeitig der nach allen Welttheilen sich ausdehnende Handel der Franzosen, Engländer und Holländer vorzüglich bei diesen Nationen ungeheuere Reichthümer in der Gestalt von beweglichen Capitalien in den Besitz einzelner Familien und glücklicher Speculanten brachte. Die Grundlagen eines neuen Adels waren hiemit gelegt. Denn neben und bald über dem Geburts- und Feudaladel erhob der Finanzadel, die Aristokratie des Geldes, das junge, aber stolze Haupt.

Doch auch der Verbrauch des baaren Geldes nahm in demselben Maaße zu. Der französische Hof, das Musterbild einer ebenso verschwenderischen wie bezüglich der Mittel wenig bedenklichen Despotie, hatte in dieser Richtung bewundernde und eifrige Nachfolger in den damals nach Hunderten zählenden Hofhaltungen kleiner und kleinster Fürsten und Dynasten, die geistlichen nicht ausgenommen. Zu den Ausgaben für die fast endlosen Kriege und die stehenden Heere (an den Miniaturhöfen gab es mindestens kostspielige Garden und Trabanten) gesellten sich die Bedürfnisse eines in Luxus jeder Art schwelgenden Hofhaltes, welcher allerdings, als Mittel zum Zwecke, die

---

*) Vgl. L. Ranke, französische Geschichte rc. XII. Buch, 2. Capitel. (S. W. X, 176.)

edleren Künste förderte und zu Gunsten ihrer Schöpfungen nicht geizte. Doch ebendeßhalb mußte es das Hauptbestreben der Finanzverwaltung werden, möglichst viel und vorzüglich baares Geld in die Cassen des Staates, welche zugleich die des Monarchen waren, zu bringen, und zu diesem Ende neben den auf's Höchste anzuspannenden und auszubeutenden Steuer= kräften des Landes jede sonst erreichbare, irgend ergiebige Quelle dem öffentlichen Einkommen zu eröffnen.

Das scharfsinnig geplante Finanzsystem, welches der kaufmännisch er= zogene Colbert vom Jahre 1668 an als erster Minister Frankreichs mit allen Mitteln der damaligen noch absoluten Staatsgewalt zur Durch= führung brachte, war von dem Grundgedanken getragen, daß es die we= sentliche Aufgabe des Finanzhaushaltes in einer Monarchie sei und bleibe, dem Staate, also richtiger dem (unumschränkten) Oberhaupte desselben, möglichst viel Geld zu unmittelbarer Verfügung zusammenzubringen. Daraus ergab sich folgerichtig das weitere Gesetz, von dem öffentlichen Einkommen einen möglichst großen Betrag dem Inlande zu erhalten und zu den Be= dürfnissen des Staatshaushaltes heranzuziehen, hinwieder aus dem Aus= lande zur Erhöhung der Steuerkraft des eigenen Staates ebenfalls Geld und zwar baares Geld auf jede mit dem Völkerrechte nur irgendwie ver= einbare Weise dem Inlande zuzuführen.

Nun ist es die einheimische Industrie, welche einem Lande den Erwerb fremden Geldes möglich macht, und zwar genau in dem Maaße, in welchem das Inland seine Gewerbserzeugnisse wohlfeil herzustellen und theurer an das Ausland zu verwerthen versteht. Damit begründet sich die Nothwendigkeit, bei möglichst angestrengter und vielseitiger Thätig= keit der Industrie die Arbeitslöhne im eigenen Lande niedrig zu halten, was, selbst bei der dürftigsten Lebenshaltung der arbeitenden Classen, nur dadurch möglich ist, daß das Steigen der Preise bezüglich der unent= behrlichsten Lebensmittel von Staatswegen nach Kräften verhütet wird. Zu diesem Zwecke mußte die Finanzgesetzgebung sowohl die Aus= fuhr des Getreides als auch jene der landwirthschaftlichen und montanen Erzeugnisse, welche der einheimischen Industrie den Rohstoff lieferten, wie Wolle, Leder, Metall 2c., verbieten. Die unmittelbaren Producte des französischen Bodens sollte Frankreich allein verbrauchen und verarbeiten. Dagegen konnte es dem Finanzhaushalte nur vortheilhaft erscheinen, wenn die von Frankreich erzeugten Rohstoffe in Gestalt von Gewerbs= und Fabriksproducten, mithin als Handelswaare in das Ausland geführt und von diesem möglichst baar und hoch bezahlt wurden. Auf diesem Wege sollte, und insoweit täuschte auch die Berechnung nicht, der Reichthum der fremden Nationen in französische Hände, schließlich in den Staatsschatz,

gebracht werden.*)   Das System krönte sich durch eine Zolleinrichtung,
welche die Einfuhr von auswärtigen Gewerbserzeugnissen **und** sohin den
Uebergang französischen Geldes an das Ausland durch strenge und sorg=
fältige Maaßregeln ausschloß.

Die Förderung der Industrie mittels der einheimischen Materialien,
aber unter Herbeiziehung der vorzüglichsten Arbeiter und Sachverständigen
aus fremden, durch Kunstfleiß berühmt und reich gewordenen Ländern
und Städten bildete die Hauptangelegenheit der inneren Verwaltung
Frankreichs.**)   Was in den früheren Rechten und Gewohnheiten der
Innungen und Körperschaften der Gewerbtreibenden, zumal des zünftigen
Handwerkes, dem Fabrikwesen hinderlich oder feindlich sich zeigte, wurde
von Staatswegen in entsprechender Weise umgestaltet, eingeschränkt oder
abgeschafft.

Wir können füglich jedes weitere Eingehen auf Colbert's Staats=
und Finanzkunst unterlassen, da das Vorgebrachte vollständig genügt, um
die socialen Folgen des sogenannten „Mercantilsystems", welche bis in
unsere Zeit herüberreichen, in ihrer ganzen Tragweite zu begreifen.

Wenn, wie oben angedeutet, dem großen Minister die Berechnung,
Massen fremden Goldes durch eine großartige Ausfuhr industrieller Er=
zeugnisse nach Frankreich zu ziehen, im Anfange keineswegs fehlschlug,
so war dieser durch commercielle Thätigkeit herzuströmende Reichthum **an**
baarem Gelde durch eine beklagenswerthe Schädigung des Nationalwohl=
standes auf einem anderem Gebiete theuer genug erkauft.

Die strengen Verbote, landwirthschaftliche Erzeugnisse des Inlandes
über die Grenze zu **führen**, folglich die Einschränkung des Marktes für
Bodenproducte auf den Localbedarf, mußten das Grundeigenthum
entwerthen und im Vereine mit den nahezu unerschwinglich hohen Steuern,
von deren Leistung der ungeheure Grundbesitz des Adels und der Geist=
lichkeit befreit war, den Ruin des kleinbegüterten Landmannes herbei=
führen.

Es hätte der langen Jahre des allgemeinen Krieges nicht bedurft,
um **während der** Verwaltung Colbert's **das** ohnedies schwer gedrückte

---

*) Vgl. die Auszüge aus den Berichten des venetianischen Gesandten Giustiniani
bei Ranke a. a. O. S. 178.

**) Colbert zog venetianische Glas= und Spiegelarbeiter aus Murano nach
Paris; Tuchweber, Strumpfwirker kamen aus Holland. Die französischen Lehrlinge
thaten es binnen kurzer Zeit diesen Lehrmeistern nicht nur gleich, sie übertrafen sie
in Vielem; vgl. Colbert, corresp. administrat. III. 734. (Ranke a. a. O.
S. 177.)

französische Landvolk in eine Art Massenarmuth herabsinken zu lassen. Doch die eigentliche und furchtbar wuchernde Pflanzschule des Proletariats wurde nur zu bald die sorglich gepflegte Industrie selbst.

Colbert glaubte, ihr nicht schnell genug Arbeiter in Menge zuführen zu können. Selbst die Anmeldungen zu gelehrten Studien wurden vielfach abgewiesen, um die jungen Leute in die Manufacturen und zu den technischen oder commerciellen Beschäftigungen zu treiben. Die Polizei that das Ihrige zur Vermehrung der Zwangsarbeit; besonders aber sollten durch frühe Verheirathung der jungen Leute aus den arbeitenden Classen den Fabriken viele und wohlfeile „Hände" verschafft werden. Jünglinge, welche noch vor dem 20sten Lebensjahre sich verehlichten, erhielten das Vorrecht fünfjähriger Steuerfreiheit. Ja, den kinderreichsten Arbeiterfamilien waren Prämien von Staatswegen ausgesetzt.

Colbert lebte und wirkte lange genug, um noch einen Theil der bedenklichsten Folgen seines Finanzsystems reifen zu sehen. Denn während die unverkennbare, rasche Verarmung des Landvolkes die Einsichtigen mit Trauer und Besorgniß erfüllte, zerstörten die späteren Jahre auch den Wahn, durch die Industrie die Reichthümer der fremden Völker in einem ununterbrochenen Goldstrome nach Frankreich herüber leiten zu können, in grausamer Weise. Durch Erfahrung belehrt und erbittert durch die gewaltthätige Politik Ludwig's XIV., übten die benachbarten Völker sofort Repressalien gegen Frankreich. Gerade die nächsten Nationen, England und Holland, belegten die Einfuhr der französischen Waaren mit hohen Zöllen, so daß die für den ungehinderten und ausgebreitetsten Absatz berechnete Industrie Frankreichs sich auf den einheimischen Markt zurückgestaut sah und, erhöht durch andere Unglücksfälle, Mangel und Unzufriedenheit auch in den Manufacturdistricten und in allen größeren Städten unter der arbeitenden Bevölkerung sich verbreitete. Der berühmte Staatsmann starb (1683), in seiner Leiche und über sein Grab hinaus verfolgt von dem Hasse und den Verwünschungen des Volkes.*)

Colbert's Nachfolger, Turgot, schaffte zwar noch im Interesse der Großindustrie die Zünfte vollständig ab, allein schon hatte die bittere Erfahrung die Staatsmänner nachdenklich gemacht, und sie fingen an, das Heil der Gesellschaft und die Wiederaufrichtung des tief gesunkenen

---

*) „Alles pöpelvolck, schreibt Elisabeth Charlotte, die Herzogin von Orleans am 29. Sept. 1683, ist dermaßen doschainirt geweßen, daß sie den armen tobten Cörper haben zereißen wollen, undt man hatt von Königs guarden zu fuß den weg beßetzen Müßen, von Mons. Colbert's hauß ahn biß in die Kirch . . .; vgl. Ranke S. W. XIII. 34.

Wohlstandes des französischen Volkes von einem ganz entgegengesetzten
Wirthschaftssysteme zu erwarten.

Ein solches System ist in die Geschichte der Nationalökonomie des
XVIII. Jahrhunderts unter dem Namen „Physiokratismus" eingereiht.
Es verdankt seinen Ursprung und die Anfänge einer alsbald durch die
französische Revolution unterbrochenen Ausführung dem gelehrten Leibarzte
Ludwig's XIV., François Quesnay. Seiner scharfen Beobachtungsgabe
(er hieß am Hofe der „Denker") waren die Ursache wie die verhängniß=
vollen Folgen der Verarmung des französischen Landvolkes nicht entgangen.

„Arme Bauern, pflegte er zu sagen, geben ein armes Königreich,
und ein armes Königreich einen armen König."*) Die Anschauung,
welche Quesnay vom „Staate" sich bildete, entsprach genau den Gewohn=
heiten seines Berufes. Der Staat ist ihm ein „Organismus", dessen
Dasein und Lebenskraft auf ihm eigenthümlichen Naturgesetzen beruht. Die
„Physis", die Natur, muß, damit er lebensfähig bleibe, wieder in ihre Rechte
und in ihre Herrschaft eingesetzt werden.**) Auch innerhalb des volkswirth=
schaftlichen Bereiches, und eben hier recht entscheidend für den Bestand
des Gemeinwesens, sei Alles von dem Walten der natürlichen Grund=
lagen und Kräfte abhängig und jedes künstliche Eingreifen in dieselben
verderblich. Der „Physiokrat" wendete sich daher mit aller Kraft gegen
dasjenige System, durch welches der französische Bauernstand zu Gunsten
einer nur auf raschen Geldgewinn berechneten und deßhalb unnatürlich in
die Höhe getriebenen Industrie zu Grunde gerichtet worden war. Quesnay
und ein Kreis einflußreicher Gelehrter und Staatsmänner, darunter Tur=
got selbst und Mirabeau, erkannten jetzt in dem Grundeigenthume
den wahren Lebensquell für das Gemeinwesen, die Kraft des Landes in
dem Boden, welcher die Bevölkerung ernährt, indem er unmittelbar die
auf ihn verwendete Arbeit durch seine Erzeugnisse lohnt. Die Gewerbe
und der Handel haben ihr richtiges Verhältniß zur Landwirthschaft, wenn
sie den Werth der Erzeugnisse des Bodens erhöhen. Aus der Natur
des Staates ergibt sich als erstes Erforderniß, daß in jedem Lande der
Ackerbau gefördert werde und blühe, was freilich nur geschehen kann

---

*) Vgl. A. Schäffle, Capitalismus und Socialismus. Tüb. 1870. S. 167.

**) In dem Obengesagten liegt die Erklärung des Namens „Physiokratie" d. h.
die Herrschaft der Natur (le gouvernement de la nature), oder, wie Quesnay will,
die Freigebung aller volkswirthschaftlichen Bewegung durch Ausschluß aller staatskünst=
lerischen Regelungsversuche.

Von Frühjahr 1691 an waren Zunftrechte, Meisterrechte, Zunftämter aufgehoben,
Gewerbefreiheit, Freizügigkeit proclamirt, aber den Arbeitern das Coalitionsrecht
verboten.

wenn das Grundeigenthum befreit, d. h. von den (damals noch unge=
schmälert) herrschenden Feudallasten erledigt worden. Ebenso naturgemäß
ist die Freigebung des Handels, namentlich auch mit landwirthschaftlichen
Producten, so zwar, daß hierin alle ackerbautreibenden Völker wechselseitig
concurriren, ohne sich durch Schutz= oder Prohibitivzölle zu bedrücken.
Die Freiheit der Gewerbe und des Geldverkehres, erstere durch Abschaffung
der Zünfte, letztere durch Aufhebung der Wucherverbote herzustellen, mache
die Entwicklung der individuellen Freiheit möglich und gebe so auch den
Einzelnen ihre natürliche Berechtigung zurück.

Die „Physiokratie" ist sohin ein System des fortgeschrittenen „Li=
beralismus", mit allen Tugenden, aber auch mit jeder Schwäche eines
solchen angethan, sowohl in den Voraussetzungen wie in den Folgerungen.
Quesnay bringt so wenig wie unsere modernsten Liberalen, wenn sie
einzig in der (vorgeblichen) Freigebung jeder individuellen Kraft und
Bestrebung das Ideal der „Freiheit der Gesellschaft" darstellen, die
Wirklichkeit der Dinge, namentlich die Unterschiede der Lebensbeding=
nisse bei den Einzelnen, wie bei ganzen Völkern in Rechnung. Diese
Unterschiede werden die Unterdrückung der Schwachen durch die Starken
nur dann nicht unvermeidlich herbeiführen, wenn über der Freiheit der
Individuen das ausgleichende Recht steht, um hier dem Mißbrauche der
Gewalt Einhalt zu thun und dort denjenigen zu helfen, die solches
aus sich selbst nicht vermögen. Denn, wie die Dinge wirklich sind, geht
durch das „Gehenlassen" von Seite des Staates der Arme im „Kampfe
um das Dasein" unter, und nur die bevorzugten Classen behaupten
das Feld, gehoben und genährt durch die Verkümmerung der ihrer Ge=
walt oder, was in dieser Hinsicht nahezu gleichbedeutend ist, ihrem Gelde
unterworfenen Menge.

Die große französische Revolution, welche zwanzig Jahre nach Ques=
nay's Tode in ihr höchstes Stadium getreten, verwirklichte einen großen
Theil der Ideen des „Physiokraten" und wurde eben hiedurch, wie wir
bereits gezeigt, die Schöpferin der Herrschaft des „dritten Standes" und
des Capitalismus der Neuzeit.*)

Was in dieser Richtung der französische „Altliberalismus" vor der
Revolution wissenschaftlich angebahnt und durch sie theilweise in der

---

*) Indem die französische Revolution die zwei nach der Auflösung des Zunft=
wesens noch übrigen Stände (Corporationen), den Adel und Klerus vernichtete, glaubte
sie mit der Zauberformel der „Gleichheit der Menschenrechte" die Quelle des Wohl=
standes für Alle eröffnet zu haben. „Jeder Bürger ist persönlich und mit seinem Eigen=
thume, mit seinem Besitze und seiner Arbeit frei." Sie hatte dabei vergessen, daß

erſten Republik zur That gemacht hatte, gab für die übrigen Länder
Europa's und für deren Schulen Aufmunterung und Vorbild, auf dem
anſcheinend ſo glanzvoll eröffneten Wege in Lehre und Praxis weiter
„fortzuſchreiten.“

Die Schule oder das Syſtem der engliſchen liberalen Nationalökonomie nimmt mit Fug den **Ruhm** in Anſpruch, die in Frankreich angeregten Ideen folgerichtig weiter entwickelt und in die induſtrielle Welt
nicht minder wie in die Politik der europäiſchen Cabinete eingeführt
und darin für lange, ach! nur für allzu lange herrſchend gemacht zu
haben. Als Gründer der genannten Schule gilt A d a m S m i t h, weiland
Profeſſor der Moralphiloſophie in **Glasgow**, deſſen berühmtes Werk „über
den Nationalreichthum“ gerade vor einem Jahrhundert zum erſten Male
erſchien.*) Allerdings war die Herrſchaft des Capitals über die Arbeit
zur Zeit, als Smith ſeine „Unterſuchungen“ veröffentlichte, in England
ſchon im großartigſten Maaßſtabe entwickelt. Was ihm und ſeiner Schule
lange als Verdienſt angerechnet wurde und heute von dem „Socialismus
als ſchwerer Irrthum bekämpft wird, iſt das mit Erfolg gekrönte Be
ſtreben, das G e ſ c h ä f t s c a p i t a l durch den Verſuch des wiſſenſchaftlichen
Nachweiſes ſeiner unbeſchränkten und alleinigen Berechtigung gegenüber
der Lohnarbeit gewiſſermaſſen als durch die umwandelbare Natur der
Dinge geheiligt und als Hauptquelle der nationalen Wohlfahrt in der
öffentlichen Meinung zur Geltung gebracht zu haben. Die von Smith
und noch folgerichtiger von ſeinem Jünger D a v i d R i c a r d o**) vertheidigten Theorien ſanden, inſoweit ſie die alten Einrichtungen auf dem
Gebiete des Handels und des Gewerbsweſens kritiſch bekämpften, in den
revolutionären Strömungen ihrer Zeit die bereitwilligſten Werkzeuge zu
ihrer Verwirklichung.

Eine der verhängnißvollſten Grundlehren dieſer Schule betraf die
„Bevölkerungsfrage.“

ſie, die Alle befreien wollte, Eine Macht unberührt ließ, welche Tauſende und Tau
ſende wieder knechten konnte, den Reichthum in der Hand der Beſitzenden, der „Großbürger“. Und dieſer Reichthum war Capital, das nicht, wie der alte Grundbeſitz, alte
Laſtpflichten trug. Dem Reichthum gegenüber gab es nicht Ungleichheit der Rechte,
deſto größere aber der Möglichkeiten.

*) Ad. S m i t h inquiry into the nature and causes of the wealth of
nations. Lond. 1771.

**) D. R i c a r d o, geb. in London 1772, aus portugieſiſcher Judenfamilie,
wurde Chriſt und beſchäftigte ſich, nachdem er durch Handel reich geworden, mit volkswirthſchaftlichen Studien. Seine deßfallſigen Schriften (1799—1819) verſchafften ihm
einen Sitz im engliſchen Unterhauſe. R. ſtarb 1828 zu London.

Nach Smiths Ansicht vertheilt sich das Nationaleinkommen unter die Angehörigen derselben Nation entweder als „Grundrente" (aus unbeweglichem Besitze) oder als „Capitalzins" oder endlich als „Arbeitsertrag und Arbeitslohn". Je größere Capitalien nun, vorzüglich in industriellen Unternehmungen, angelegt und fruchtbar gemacht werden können, desto reichlichere Zinsen werden sie liefern und auf diese Weise mittelbar den „Reichthum der Nation" selbst vermehren. Das große Geschäftscapital wirbt aber die Lohnarbeiter je nach dem Umfange des Absatzes, welchen die Erzeugnisse der bezüglichen Industrie auf dem Weltmarkte gewinnen oder zu erwarten haben. Daraus folgt nun allerdings die richtige Behauptung: daß die Zunahme der Arbeiterbevölkerung in einem Lande ein Symptom zunehmenden Nationalreichthumes sei. Daß dabei die für das Industriecapital in Anspruch genommene unbeschränkte Freiheit der Concurrenz nothwendig den Arbeitslohn um so mehr herabdrücken werde, je rascher die Zahl der Arbeitsuchenden anwachse, entging zwar durchaus nicht dem Scharfsinne der liberalen Schule; allein sie betrachtete und erwies es in ihrer Weise ganz einfach als ein Naturgesetz der industriellen Bewegung, und das Capital hatte nichts zu verantworten, wenn es, nach dem Rechte des Stärkeren, seinen Gewinn auf Kosten der Armuth steigerte, welche ihr einziges Besitzthum, die Arbeitskraft, wegen Vermehrung des Angebotes immer wohlfeiler an das Capital verkaufte.

Die liberale Staatsökonomie, welche die Arbeitskraft als natürliche, gleichsam nur zufällige lebendige Waare behandelt, weiß folgerichtig nur von der Berechtigung des Capitals, diese gemiethete Waare möglichst vortheilhaft für sich zu verwenden, also sie zur Arbeit zu benützen und auszunützen, solange und soweit es möglich ist.

Wohl betont sie die Freiheit des Vertrages zwischen Arbeitgeber und Arbeitnehmer und stützt besonders hierauf die Forderung, daß die industrielle Bewegung gänzlich sich selbst überlassen und von jeder Einmischung des Staates unberührt bleiben müsse. Ja, sogar von einem „Rechte auf Arbeit", welches jedem Menschen eigen, wird gesprochen. Allein die liberale Schule verschweigt sorgfältig, daß die angebliche Freiheit des Vertrages vorwiegend dem Capitale zu Gute kömmt, dessen Besitzer gegen seinen Lohnarbeiter außer dem Lohne, nicht die mindeste Verpflichtung hat und den kranken oder greisen Arbeiter entlassen kann, wann und wie es ihm beliebt. Für den Arbeiter aber wird in den meisten Fällen aus dem vermeintlichen „Recht auf Arbeit" ein Zwang zur Arbeit. Denn, um nicht zu verhungern, muß der Arme arbeiten und er arbeitet, je größer seine Noth ist, auch unter den lästigsten Bedingnissen und um

den dürftigſten Lohn, und ſomit abhängig von der Macht des Capitals
und dem guten oder ſchlimmen Willen des Capitalbeſitzers.

Da nach den Grundlehren der Schule Smith's und Ricardo's der
Anwuchs der Arbeiterbevölkerung der Wohlfeilheit der Löhne und ſomit
der induſtriellen Productivität Vorſchub leiſtete, ohne das Geſchäftscapital
zu beläſtigen, vielmehr dieſem zu ſteigendem Gewinne, ſo beeiferte ſich
die Staatskunſt, durch ihre Mittel die Zunahme der Bevölkerung zu be-
fördern und zu beſchleunigen, und Jahrzehnte vergingen, ehe in dem
Anſchwellen der beſitzloſen, nur auf ihrer Hände Arbeit angewieſenen
Maſſe etwas ganz anderes, als ein „Symptom" erhöhten Nationalreich-
thums erkannt wurde. Die Baſis des ſchwindelhaft ſich aufthürmenden
Capitals wurde und iſt das Proletariat, der Pauperismus der Menge.

Siebente Vorlesung.

Die „Uebervölkerungsfrage." — Malthus und seine Vorgänger.
Theorien zur Abhülfe.

Der Zeitraum von nicht einem Menschenalter hatte genügt, um
der Staatswissenschaft, welche noch vor Kurzem den Höhepunkt der Na-
tionalwohlfahrt in der Zunahme der Bevölkerung gesucht hatte, die andere
Frage zu stellen, wie dem Uebel der „Uebervölkerung" Einhalt gethan, oder, technisch ausgedrückt, wie das Mißverhältniß zwischen den
verfügbaren Nahrungsmitteln einerseits und der Ueberzahl der Nahrungs-
bedürftigen andererseits gemildert oder ausgeglichen werden könnte?

Das katholische Mittelalter hatte, wie oben dargethan worden, ein
eigentliches „Proletariat" nicht gekannt. Sein „fahrendes Volk" und seine
„Bettler" waren, wenn auch zeitweise und an manchen Orten eine Landplage, vorübergehend selbst hie und da eine öffentliche Gefahr, nichts
weniger als ein Stand in der Gesellschaft und, wie unsere „Proletarier"
von heute, eine oder gar die „Arbeiterclasse".*)

---

*) Die „Armen" der früheren christlichen Jahrhunderte waren eben alle Leute,
welche entweder, weil siech und alt, nicht arbeiten konnten, oder, weil träge und lie-
derlich, nicht arbeiten mochten. Die ersteren heißen, im Unterschiede von den „kleinen
Leuten" (pauperes) richtig „arme Dürftige" (pauperes egeni); sie sind die »bedläre«
und die „guete Leut", während das arbeitsscheue „fahrende Volk" in der Erfahrung
und im Munde des Volkes als „bös Lüt" gelten, auch als „tüffel" (Teufel), wenn sie,
wie die „Armegeden" und die „Kameradschaften" im XV. Jahrhundert und als „gar-

Gleichwohl hat das „Proletariat" eine lange und traurige Geschichte. Die Staatswirthschaftslehre des classischen Alterthumes beschäftigt sich mit der Frage nach Abhülfe gegen „Uebervölkerung", welche zumal in den griechischen Frei= und Kleinstaaten in Folge der so außerordentlichen Un=gleichheit des Grundbesitzes und der bürgerlichen Rechte wiederholt zu einer socialen Gefahr heranwuchs und als solche beurtheilt und bekämpft wurde. Letzteres geschah durch erzwungene Auswanderungen, d. h. rich=tiger, durch gewaltsames Verbringen der Proletarier aus den überfüllten Städten über See nach den Inseln und Colonien.*) Welche andere Rath=schläge Aristoteles den Familien gibt, welche eine Ueberzahl von Kindern fürchten, ist durch die Bezeichnung „Mord des Kindes, sei es vor oder nach der Geburt", genugsam angedeutet.**)

Während noch Montesquieu in seinem „Geiste der Gesetze" das Hereinbrechen einer Krisis in der Arbeiterwelt erst ahnt, beziehungs=weise das Eintreten eines augenblicklichen Nothstandes (nécessité momentanée) unter den Arbeitern nur eines einzelnen Industriezweiges für unvermeidlich hält, drängt sich wenige Jahrzehnte später den ein=sichtigeren Gelehrten die Beobachtung auf, daß die seit Colbert ein=geschlagene Bahn der Volkswirthschaft die Arbeiterclasse nicht etwa nur ausnahmsweise und vorübergehend, sondern stetig und immer tiefer zur Massenarmuth führen und so an einem Abgrunde socialen Elendes anlangen müsse. In einer scharfsinnigen Kritik führte der italienische Camaldulenser Ortez gegen die französische und englische liberale Na=tionalökonomie den Nachweis ihrer durchaus falschen und unsittlichen Grundlage und ihrer die Zukunft des Arbeiterstandes heillos gestaltenden Folgen.

Ricci und Franklin lehrten und warnten im gleichen Sinne. Der Letztere hat das Verdienst, lange vor Charles Darwin die Lehre vom „Kampfe um's Dasein" in der Naturwelt als das Recht des Stärkeren über das Schwächere beobachtet und auf die Bewegungen im menschlich socialen Gebiete angewendet zu haben. Auch hier weicht, sich selbst überlassen, im Wettbewerbe um die Bedingnisse des Daseins das Schwache,

---

tende Landsknechte" in den beiden folgenden kriegerischen Jahrhunderten in Schaaren von Tausenden abgelohnter Kriegsknechte Raub und Krieg gegen Dörfer, Märkte und Städte auf eigene Faust forttrieben, bis stärkere Waffengewalt sie zersprengte und das Elend und der Henker mit der Landplage (»écorcheuse«) gründlich aufräumten; vgl. den Liber vagatorum 1. in Luthers Recension: Von der falschen Betlerbueberey. Wittenb. 1528.

*) Vgl. Plat. de Legg. 5.
**) Vgl. Arist. Polit. VII, 16. (14.)

wenn auch numerisch Ueberwiegende, so lange es vereinzelt kämpft, dem Starken und nährt durch sein Unterliegen das Mark und die Kraft seines Besiegers.

Gestützt auf die obengenannten und manche andere Vorgänger (James Stewart, Herbert, Wallace, Hume) griff **Robert Malthus** die Untersuchung über das Verhältniß auf, in welchem die menschliche Fruchtbarkeit zu der Summe der verfügbaren Nahrungs- und Subsistenzmittel sich stelle.*)

Die Erfahrungen, welche Malthus zu statistischen Belegen seiner Hauptansicht verwerthet, sind vorzüglich aus den socialen Zuständen Englands und Irlands entnommen und insoweit nicht schlechthin beweiskräftig für den Sachverhalt in anderen, minder vom Fabrikwesen beherrschten Ländern. Im Allgemeinen aber beruhen die „Untersuchungen" über das „Bevölkerungsprincip" auf folgenden Grundsätzen:

Jede in irgendwelcher Zeit vorhandene Bevölkerung hat das natürliche Bestreben, generationenweise zuzunehmen, und zwar nicht im arithmetischen, sondern im geometrischen Verhältnisse. (2 : 4 : 8.) Nach diesem Gesetze der Fruchtbarkeit muß, wenn es ungestört wirkt, jede gegebene Bevölkerung innerhalb 25 Jahren sich verdoppeln.

Nun aber vermehren sich die Nahrungsmittel durchaus nicht in dem gleichem Maaße und sind überhaupt nicht in's Unbegrenzte zu steigern. Malthus behauptete, nachweisen zu können, daß die Subsistenzmittel höchstens in arithmetischer Reihe vermehrbar sind, so daß in zweihundert Jahren die verfügbare Nahrung zu den Nahrungsuchenden im Verhältnisse von nur mehr 9 : 256 stünde!

Es werden also viele Menschen geradezu überzählig geboren oder, wie Malthus sagt, „sie kommen zur Welt, ohne daß für sie am Tische der Natur ein Gedeck bereit läge." Diesem Mißverhältnisse soll nun eine weise Volkswirthschaft entgegenwirken. Da die Nahrungsmittel nicht so rasch und nicht unbegrenzt sich vermehren, so ist der „Uebervölkerung", der (geometrischen) Zunahme der Menschen, Einhalt zu thun.

Die Natur, lehrt Malthus, sucht dies in ihrer Weise zu erreichen. Sie stellt dem Anwachsen der Zahl der Menschen Hindernisse oder zerstörende Mächte entgegen, und zwar sind diese Hemmnisse unter sich wieder entgegengesetzter Art, nämlich aufhaltende und vernichtende. Die ersteren

---

*) R. Malthus, geb. 1766, lebte als Präbendar der Kathedrale zu Cambridge; † 1834. Sein berühmtes Buch über das Princip der Bevölkerung (Essay on population) erschien zuerst 1798 und bis zur fünften Auflage (1817) übersetzt in fast alle europäischen Sprachen.

gehen vorwiegend aus moralischen Ursachen hervor, aus Selbstüberwindung, Enthaltsamkeit außer und in der Ehe 2c., die letzteren sind entweder zerstörende Gewalten der Natur, wie Pest, Krieg und Hunger, oder Mächte der Sünde, wirksam in verwüstenden Leidenschaften, mithin kurzweg „das Unglück und das Laster."

Für die Volkswirthschaft ergeben sich nun aus solchen Voraussetzungen Regeln, welche das Gegentheil des vom Mercantilsystem Angestrebten empfehlen und fordern. Vor Allem erscheint jede staatskünstlerische Beförderung des Anwachsens der Bevölkerung nicht blos unnöthig, sondern verderblich. Die Gesetzgebung muß die Eheschließung an erschwerende Bedingnisse knüpfen. Auch jeder Einzelne wisse sich sittlich verpflichtet, nicht früher eine Familie zu gründen, ehe er die anständige Versorgung derselben gesichert erkenne. Aus dem gleichen Grunde und nach dem selben Maaßstabe liegt den schon Verheiratheten ob, die Zahl ihrer Kinder nicht über die wohl zu berechnende Möglichkeit des Nahrungsstandes hinaus zu vermehren.

Mit derselben Kälte der Schlußfolgerung behandelt Malthus auch die Armenfrage.

Genau wie jener Römer die Almosen als „Verlängerung der Qual des Hungertodes" für den Armen gescholten hatte, verurtheilte auch Malthus die Armenpflege, die Armentaxen, ja selbst die Charitas des Christenthumes. Er sah in diesen Hülfen die Ermunterung des Leichtsinnes und eine mittelbare Beförderung des Uebels der Uebervölkerung, welches nur in seinen natürlichen Quellen bekämpft, aber den verhängnißvollen Folgen socialer Mißverhältnisse zu theilweiser Selbstzerstörung überlassen werden müsse. Der Execution, welche nach Naturgesetzen das Elend an dem „nahrungslosen" Ueberschuße der Menschenzahl selbst vollstrecke, Einhalt thun wollen, sei eher Grausamkeit als Erbarmen.

Es muß, trotz der herzlosen und deßhalb auch im tiefsten Grunde unchristlichen Weltanschauung im Systeme und in der Schule des Malthus, zugestanden werden, daß nicht wenige seiner Nachweise durch die bitterste Erfahrung bewahrheitet sind, und seine Absicht den Vorwurf der Unsittlichkeit nicht verdient, so sehr ein solcher mit Recht einen wesentlichen Theil der von ihm zur Abhülfe in Vorschlag gebrachten Mittel trifft.

Zunächst benutzten die Capitalisten die Darlegungen des Sachverhaltes in diesem Systeme zu ihrer eigenen Rechtfertigung. „Einleuchtend, sagten sie, sei der Beweis geliefert, daß Niemand und Nichts an dem Elende der arbeitenden Classe Schuld trage, als diese selbst. Ihre frühen Heirathen und uneingeschränkte Kinderzahl überflutheten den Markt mit Arbeitsangebot. Unvermeidlich entwerthe sich dadurch die Arbeitskraft des

Einzelnen, und sinke die Scala des Lohnes tiefer und tiefer. Bei solch'
freiwilliger Erniedrigung der Person und ihrer Erwerbsmöglichkeit, was
habe da die Industrie zu verantworten, und was vermöge sie dawider?"

Aber auch die Staatskunst und die Obrigkeiten führten sich die
neue Theorie zu Gemüthe und theilweise in's praktische Leben hinüber.

Ansässigmachung und Heirathslicenzen wurden erschwert und vorzüglich die letzteren vom Nachweise eines gesicherten Nahrungsstandes, beziehungsweise von Bürgschaften der Gemeinden oder der Arbeitgeber abhängig gemacht. Für solche Vorbeugungs=Maaßregeln entschieden sich neben
der großen Zahl volkswirthschaftlicher Autoritäten, auch in Frankreich und
Deutschland, die gesetzgebenden Factoren und Körperschaften bei Feststellung
der Gemeinde=Edicte und der städtischen wie bäuerlichen Armenpflegschafts=
ordnungen.

Wohl richtete sich eine scharfe Kritik von entgegengesetztem Standpunkte und im Interesse der arbeitenden Classe und selbst der Sittlichkeit gegen die Grundlagen wie gegen die Forderungen des neuen Systems.
Aber erst die genaueren Ergebnisse der modernen Statistik machten es
möglich, die Unrichtigkeit in den Voraussetzungen bei Malthus und die
Ungebühr vieler seiner Rathschläge klar zu stellen. Berühren wir nur die
Hauptpunkte!

Vor Allem erscheint die Behauptung unhaltbar, daß die Bevölkerung
schlechthin nach Maaßgabe der Zahl der Geburten zunehme. Die Bevölkerung eines Landes wächst nicht im Verhältniß der Zunahme der Geburten,
sondern der Abnahme der Sterblichkeit. Ein neuester Forscher sucht dies
durch Hinweis auf die jüdischen Familien darzuthun. Jüdische Eheleute
haben, im Durchschnitte gerechnet, nicht mehr Kinder als christliche. Dennoch nimmt die Anzahl der Juden erheblicher zu als der Nachwuchs in
christlichen Familien. Der Grund hiefür ist einfach der, daß bei gleicher Zahl
von Geburten in jüdischen wie in christlichen Familien von den Kindern
jüdischer Eltern weniger sterben, also mehr zu reiferen Jahren gelangen.
Für diese vergleichsweise viel längere Lebensdauer sind die Ursachen unschwer zu finden. Ist eine beträchtliche Anzahl von Judenfamilien ohnehin schon in günstigen socialen Verhältnissen, welche ihnen eine sorgfältige
Pflege ihrer Kinder gestatten, so beschäftigen sich die Juden bekanntlich nicht gerne mit Arbeiten, welche die Körperkraft frühzeitig erschöpfen
und das Leben außergewöhnlichen Entbehrungen und Gefahren aussetzen. Dagegen sterben in den Reihen der christlichen armen Familien
verhältnißmäßig viele Kinder, und auch bei den Erwachsenen ist in der
Classe der Arbeiter und der Dürftigen die Lebensdauer unter die Durch-
schnittszahl verkürzt in Folge von Anstrengung und wegen Mangels an

Pflege, Ruhe und besonders an Gesundheit schützender Wohnung. Daher hatte schon der Camaldulenser Ortez den Erfahrungssatz ausgesprochen, daß die Linie in der Zunahme der Subsistenzmittel zugleich auch die Grenzlinie für die Zunahme der Bevölkerung sei.*) Auf diese Weise fällt die Hauptstütze für das Malthus'sche System, das behauptete natur=nothwendige Mißverhältniß zwischen Subsistenzmitteln einerseits und der Bevölkerungszunahme andererseits, völlig zu Boden.

Doch auch der zweite Hauptsatz, die Erde habe nicht Nahrungs=mittel genug für die anwachsende Menschenzahl, widerspricht den That=sachen. Von dem anbau= und ertragsfähigen Boden ist nämlich bis jetzt kaum die Hälfte bewirthschaftet und angebaut und selbst der seit Jahr=hunderten cultivirte und benützte Acker= und Gartengrund ist durch die Fortschritte der Landwirthschaft noch lange eines gesteigerten Ertrages fähig, ganz abgesehen von dem Ausgleiche, welchen der Handel mit Nahrungs=mitteln aus weniger bevölkerten Gegenden den volkreicheren ermöglicht. Die Sachlage ist eine ganz andere. Insoferne nämlich den arbeitenden Classen nicht blos das Grundeigenthum, sondern jeder Besitz außer dem s. g. „Hungerlohne" fehlt, haben sie nur das Geld nicht, um sich die Nahrungsmittel zu kaufen, welche genugsam, ja im Ueberflusse vorhanden sind. Was Malthus und seine Schule einem Naturgesetze, welches frei=lich unabänderlich wäre, zur Last legen, ist in Wahrheit nur die beklagens=werthe Folge aus geschichtlichen Ursachen und Entwicklungen, mithin das Ergebniß von socialen Zuständen, welche im Laufe der Zeit durch die Menschen, wenn auch nicht durch die Willkür der Einzelnen, geworden, was sie sind.

Doch, wie immer die Mißstände in der Gesellschaft sich gebildet haben, der Rath des Malthus, die Armen, welche unter jenen leiden, sollten, um sie nicht zu erhöhen, sondern eher zu mildern, freiwillig von Vermehrung ihrer Anzahl ablassen, dieser Rath verdient noch unter einem anderen Gesichtspunkte in Erwägung genommen zu werden. Was wird hiemit gefordert? Nichts weniger als ein erzwungener Cölibat und bei schon bestehender Ehe eine auf Unfruchtbarkeit berechnete Ent=haltung. Nun denn! Die erhabene Stellung, welche durch die katholische Idee dem freiwilligen Cölibate und der gottverlobten Jungfräulichkeit zuerkannt ist, erhielte sonach durch die Einsicht in ihre sociale Wohl=thätigkeit noch eine ganz besondere Rechtfertigung. Doch vergessen wir

---

*) »Il n'est pas vrai que la population soit proportionée aux mariages . . . . la population se conserve, mais n'augmente pas.« Ortez, réflexion sur le principe de la population. Ven. 1790.

nicht, wem Malthus so strenge Tugend und **Entsagung** zumuthet und
weßhalb. Er fordert sie von Menschen, welche in Armuth geboren,
ohne besondere und oft ohne jegliche Bildung heranwachsen, von frühe
an rauh arbeiten, in ihrer Jugend in schlechten Herbergen und in Wirths=
häusern und auch nachmals fast ohne jede Häuslichkeit leben; von
Menschen, die in den Fabrikräumen wie in ihren übervölkerten Wohn=
häusern, Mann und Weib, im engsten Verkehre sind, unbewacht von
Außen und im steten Anblicke der schlimmsten Beispiele und von Haus
her vielfach ohne Religion und sittliches Gefühl in die Welt hinausgestoßen,
noch weniger von Innen zum **Guten** gestärkt und von dem Schlechten zu=
rückgehalten. Entsagung fast heroischer Art soll das Kind der Armuth
üben, indeß die bittere Noth und Arbeit es keine Freude höheren Ur=
sprunges kennen lernen ließ, und selbst von den Vergnügungen, welche
den Reicheren ergötzen, eben nur die roheren ihm zugänglich und die ge=
meinsinnlichen am nächsten sind.

Freilich, meint Malthus, könne schon die Aufklärung über das eigene,
wahre Interesse dem Manne der Armuth die nöthige Ueberzeugung und
Willenskraft geben, auf die für ihn so verhängnißvollen Freuden der Ehe
und des eigenen Heerdes Verzicht zu leisten. Auch ließe sich bei verstän=
digen und gefühlreicheren Leuten das natürliche Mitleid mit dem voraus=
sichtlich gewissen Elende der künftigen Familie gegen den Entschluß, eine
solche zu gründen, in Anspruch nehmen.

Dies Alles ist Täuschung gegenüber der Wirklichkeit. Die allgemein
menschliche und bei dem Mangel einer höheren Berufsgnade ganz gerecht=
fertigte Sehnsucht nach Ehe, Familie und eigener Heimath wird jene Furcht
wie dieses Mitleid überwiegen und entwaffnen, und wäre es schließlich
nur mit der heroischen Resignation: „Was Andere tragen, trage auch ich.“

Das wahrhaft Unsittliche bei Malthus und der so unchristliche Cha=
rakter seiner Schule tritt weiterhin in dem gegen die Kirche erhobenen
Vorwurfe zu Tage, daß sie die Ehe als Sacrament begünstige und die
Kinder als „Gottessegen“ betrachten lehre. Eine solche Anklage richtet die
„liberale Staatsökonomie“ gegen dieselbe Kirche, welche von der Refor=
mation und der Aufklärung als Feindin der Natur und der Menschen=
rechte gescholten wird, weil sie Gelübde der Jungfräulichkeit gestatte und
ihre höheren Kleriker ehelos zu bleiben verpflichte!

Die Schlußfolgerungen aber führten die Anhänger dieses Systems
noch viel weiter und zwar, die Grundsätze als richtig anerkannt, sogar mit
einer Art von Nothwendigkeit.

Wenn die privilegirte Unzucht von dieser Seite dem Staate als un=
gleich vortheilhafter empfohlen wurde denn die Gründung von Familien,

so offenbarte fich felbft hierin noch keineswegs die äußerfte, der chriftlichen
Gefittung Verderbniß drohende Confequenz des „Malthufianismus"; diefe
liegt und wirkt noch verhängnißvoller in dem berüchtigten „Zweikinder=
Syftem", welches in Frankreich fogar von Obrigkeitswegen befürwortet
unfägliche Verheerungen, wie in den Gewiffen und in dem häuslichen
Frieden, fo auch in der öffentlichen Sitte und der Wohlfahrt der Ge=
fellfchaft anrichtet. Denn fo berechtigt und unter Umftänden felbft verdienft=
lich freiwillige Enthaltfamkeit in der Ehe fein kann, eben fo fündhaft wird
das eheliche Verhältniß, wenn es fich unter der Bedingniß und mit dem
Abfehen auf Kinderlofigkeit fortfeßt. Völlig zur heidnifchen Verwilderung
entartet erfcheint diefe Richtung in der Meinung und dem Rathe eines
englifchen Arztes (pfeudonym) Marcus, überzählige oder fchwächliche Kinder
fchmerzlos (painless extinction), etwa durch Kohlengafe, tödten zu laffen.

Und weßhalb endlich follen die Befitßlofen alle diefe Entfagungen,
beziehungsweife die eben angedeuteten Verbrechen auf fich laden? Einfach
darum, damit den reicheren und bevorzugteren Claffen ausfchließlich, un=
bedroht und ungeftört die Genüffe bleiben, zu welchen ihre Wohlhabenheit
fie ermächtigt. Aber auch, wenn der Arme wirklich diefe Verzichte geleiftet
hat, wenn er im Alter einfam, in der Krankheit verlaffen ift, eben weil
er, um die Gefellfchaft nicht zu beläftigen, keine Familie gründen, keine
Kinder erziehen wollte, auch dann weiß der „liberale Oekonomismus"
nichts von irgendwelchen Fürforgen, welche die Pflicht oder wenigftens die
Charitas der Glücklicheren zu Gunften der Geringen und Armen als
Erfaß für jene Opfer zu fchaffen oder doch zu fördern hätten und ver=
möchten.

Achte Vorlesung.

Der Capitalismus. — Communismus und Socialismus in ihren Grundzügen und ihrem Unterschiede unter sich.

Die „liberale Staatsökonomie" beruht auf zwei Hauptsätzen. Sie will dem Capitale und der durch dieses hervorgerufenen und thätigen Industrie volle Selbstherrlichkeit sichern durch die Annahme eines Naturgesetzes, welches jeder willkürlichen Einmischung, sohin jeder Milderung durch menschliche Vorkehr oder Abwehr unerreichbar bliebe. Demgemäß gesteht sie kaltblütig zu, daß der wirkliche Lohn des Fabrikarbeiters niemals so hoch gesteigert werden könne, daß die Arbeiterfamilie ohne andere Beihülfe ein menschenwürdiges Dasein erwarten dürfe. Auf diese Weise gelangt sie ferner dazu, dem Arbeiter den Verzicht auf Ehe und Familie anzuempfehlen, wenn er nicht als selbstverschuldete unabwendbare Folge unvorsichtiger Familiengründung eine mehr oder minder tiefe Armuth ertragen will.

Es war nur folgerichtig, wenn Townsend in England *) in dieser Lage der Dinge geradezu etwas Aesthetisches finden wollte, indem, wie in einem guten Gemälde der wohlangelegte Schatten das Licht um so angenehmer hervortreten lasse, so auch der gewaltige Gegensatz zwischen einer Masse, die um jeden Preis in die niedrigsten Dienste

---

*) Vgl. K. Marx, das Capital 1, 634.

sich fügen müsse, und zwischen solchen, welche diese Dienste kaufen und gebrauchen, den gesellschaftlichen Verhältnissen Reiz und Anmuth verleihe.

Wenig schonender äußern sich über diese „Nothwendigkeit" hervorragende Schüler Adam Smith's, wie Ricardo und der Franzose Duvernois. Proletarisches Elend, meinen sie, sei nun einmal von der menschlichen Gesellschaft unablösbar. Wenn zu sonst nichts Besserem, diene es immerhin als Warnung vor Verschwendung. Der Abgrund, welchen diese furchtbare Unterwelt unseren Blicken öffnet, zeige, wie Familien sinken, welche sich schlecht betragen. Hat denn wirklich der Pauperismus, unter welchem die Masse der Arbeiter gegenwärtig leidet, keine andere Ursache, als das „schlechte Betragen" ihrer Väter und Großväter?

Es ist klar, daß derlei rohe und noch dazu erlogene Aeußerungen, von geschickten Wortführern der armen Bevölkerung zu rechter Stunde verwerthet, geeignet sind, deren Stimmung zu erbittern, ja geradezu in Racheburst zu entflammen. Denn nichts erträgt das Elend weniger, als den Spott.

Zur Vermeidung gleicher oder ähnlicher Mißverständnisse, vielleicht richtiger gesagt, schlimmster Mißgriffe in Behandlung der vorwürfigen Frage, bedarf es einer genauen Einsicht in das wahre Verhältniß, in welchem das Capital zu dem Ertrage der mittels desselben zu Stande gebrachten Arbeit steht. Denn auch die Ansprüche, welche die Arbeiterwelt in Theorie und Praxis an das Capital, beziehungsweise die „Arbeitsherren," erhebt, vermögen einzig auf dieser Grundlage nach ihrem Rechte oder Unrechte gewürdigt und bemessen zu werden.

Wie bereits [im dritten Vortrage] dargethan worden, ist die Unterscheidung zwischen dem Handwerksmeister nach altem Stande der Dinge und dem Lohnarbeiter wesentlich dadurch begründet, daß Ersterer, da Erzeugniß seiner Arbeit selbst verwerthend, deren vollen Ertrag einnimmt, Letzterer, fremden Stoff in fremdem Auftrage bearbeitend, ohne weitere Rücksicht auf den wirklichen Werth (Marktpreis) der Waare, einen vereinbarten Lohn daran verdient.

Die Großindustrie hat nun an den Platz des Meisters das Capital oder richtiger den Capitalisten gesetzt, und demnach muß gesagt werden: Der volle Ertrag der von den Lohnarbeitern geleisteten Arbeit kömmt ungeschmälert dem Inhaber des Betriebscapitals zu Handen, denn der Marktpreis der Waare muß ihm nicht nur den Werth des Rohstoffes und alle sonstigen Herstellungskosten, sondern namentlich den an die Arbeiter ausgezahlten Lohn vollständig und weit möglichst darüber hinaus zurückbringen und vergüten. Der Lohn an die Arbeit gewinnt für den

Arbeitsherrn hienach die Natur eines Vorschusses, welchen ihm der Käufer des Fabrikerzeugnisses mit Zinsen zurückzahlen muß. Der Absatz einer Waare steigt oder fällt, zumal bei Concurrenz, je nachdem sie mehr oder minder billig angeboten wird. Je geringer die Herstellungskosten sind, desto wohlfeiler wird das Product und desto leichter und häufiger wird es gekauft. Es liegt daher im Interesse des Capitals, die Ausgaben für die Fabrication so viel thunlich zu verringern, mithin auch die Arbeitslöhne so niedrig zu halten, daß sie ihm, selbst bei verhältnißmäßig billigem Preise der Waare, immer noch sicher und mit Gewinn von dem Käufer zurückbezahlt werden. Bei dieser vollkommenen Schadloshaltung — und dies ist das Wenigste, was der Arbeitsherr für sich anspricht — und bei Rückerstattung aller verausgabten Löhne läßt sich nun das Verhältniß des Capitals zur Arbeit durch den überraschenden Satz ausdrücken, daß dem Capitale der volle Ertrag der Arbeitskraft zu Gute komme und noch weit mehr, je nachdem die Löhne niedrig und die Waarenpreise hoch sind, daß sohin bei dem gewöhnlichen Gange der Geschäfte jedenfalls die ganze für Löhne verausgabte Summe mit Zinsen in die Casse des Capitalisten zurückkehre.

Allerdings war dies und ist in einem gewissen Maaße noch der Fall auch bei der Gesellenarbeit und dem Arbeitsgewinne des Handwerkmeisters. Allein die am meisten verletzenden Spitzen, zu welchen gegenwärtig das Verhältniß zwischen Capitalisten und Arbeiter sich geschärft hat, waren in jenen viel bescheideneren Kreisen gar nicht vorhanden, und das wenige ihnen Aehnliche kaum fühlbar. Es ist nicht nöthig, aus einem früheren Vortrag zu wiederholen, wie ungleich ungünstiger die Lage des Fabrikarbeiters geworden ist.

Es mangelt der Nationalökonomie nicht an Titeln, um den Capitalgewinn als rechtmäßig von dem Capitalisten verdienten Lohn nachzuweisen. Bastiat, der hart angefochtene Verfasser der „ökonomischen Harmonien*), findet die Rechtstitel des Capitals auf den Vollgewinn der Arbeit in der „Vergeltung für das Risico und für die Zinsen des Capitales und in dem Directionshonorar und der Prämie für die Intelligenz des Capitalisten als Fabrikherrn."

Die Socialdemokratie hat, wie später genauer zu erwähnen, einen Theil ihrer giftigsten Spottpfeile wider eine derartige Vertheidigung der Rechtsansprüche des „selbstverdienenden Capitals" gerichtet und namentlich die „Intelligenzprämie" dem Proletarierpublicum — in einzelnen

---

*) Harmonies économiques. 1850.

Fällen mit leichter Mühe — sehr verdächtig zu machen gewußt. Um so mehr aber muß es, wie bei der Frage nach den Licht= und Schattenseiten der Maschinen, die Aufgabe christlicher Belehrung werden, auch in Sachen des „Capitales" das Urtheil des Volkes zu klären und es abzuhalten, daß es nicht, durch Wahngebilde verführt, einzig schon in dem „Capitalisten" an sich den Todfeind jeder gemeinsamen Wohlfahrt und den Urheber aller socialen Leiden hasse und verabscheue.

Dem Capitale und den Capitalisten die Todfeindschaft ankündigen, schon deßhalb, weil sie in der Gesellschaft vorhanden sind, wäre noch größere Thorheit, als die Zerstörung der Maschinen, welche dem armen Manne nur dadurch schaden, daß er sie nicht selbst besitzt. Verständigere Socialisten haben sich dieser bessern Einsicht auch in Bezug auf das Ca= pital nie verschlossen. „Das Capital, sagt Hugentobler,*) ist nicht tyran= nisch seiner Natur nach (par essence.) Je mehr die Gesellschaft Capital hat, desto besser ist sie daran."

Und noch richtiger hätte er sagen müssen: die bürgerlich geordnete Gesellschaft kann ohne das Capital gar nicht bestehen. Sie würde binnen Kurzem mit ihren besten Errungenschaften und Schöpfungen in das Chaos und in die Barbarei zurücksinken.

Es ist hier nicht möglich, die Berechtigung und die Bedeutung, welche das eigentliche, das heißt, das Geld=Capital in dem modernen Haushalte der Völker, zumal seit den letzten vier Jahrhunderten, gewonnen hat, in seinen Ursprüngen nachzuweisen und deren vollständige Vertheidig= ung gegen die Angriffe des Communismus zu führen. Während nämlich ein Theil der Socialisten sich damit begnügt, der thatsächlichen Allein= und Vorherrschaft des Capitals das Dasein der Massen=Armuth zur Last zu legen, bekämpft eine andere Partei, und nicht ohne scheinbare Unter= stützung durch alte und selbst ehrwürdige Autoritäten, die heutige Geld= wirthschaft in ihrem Principe, nämlich in der Erwerbung von Geld wieder durch Geld.

Bekanntlich hat die Lehre des Aristoteles von der Unfruchtbar= keit des Geldes, welches nur als Tauschmittel (μεταβολῆς ... χάριν) in Gebrauch gekommen sei, die ökonomische Anschauung des Mittelalters be= herrscht und das in neuerer Zeit vielbesprochene Verbot des Zinsnehmens wissenschaftlich gestützt.**) Nun aber besteht zwischen dem reinen Darlehens= Capital und dem im Gewerbe, zumal im Großgewerbe angelegten, also

---

*) A. Hugentobler, Extinction du paupérisme. (1868), p. 138.
**) Vgl. Aristot. Pol. I, 3, und den Satz daraus: nummus nummum parere non potest.

volkswirthschaftlichen Capitale, ein wesentlicher Unterschied. Das erstere wirbt und erwirbt unmittelbar Geld durch Geld in der Form des Zinses (τόκος). Das volkswirthschaftliche Capital wirbt und mehrt sich mittelbar durch Arbeit und Handel, indem es Geld in Gewerbserzeugnisse umwandelt und durch die Verwerthung dieser Waaren das auf sie verwendete Geld wieder hereinbringt, und zwar thunlichst mit Gewinn (Profit), welcher das eigentliche Capital des Gewerbs= und des Kaufmannes verzinst und es ihm möglich macht, weiteres, fremdes Capital zu gleichem Zwecke heranzuziehen und in gleicher Weise für den Darleiher fruchtbar zu machen durch Zinsen, beziehungsweise Gewinnantheile (Dividenden.)

Das classische Alterthum kannte „Reichthümer", aber kein Capital in unserm heutigen Sinne. Denn die Arbeit im Großen war in der Sklavenwirthschaft vertreten; nur im Kleinhandel und im Wucher bewegte sich die baare und als solche werbende Münze. Auch während des Mittelalters bis nahe an dessen Ausgang herrschte die Naturalwirthschaft vor und im Handwerke der unmittelbare Uebergang des Handwerksproductes an den Käufer als Selbstverbraucher. Der Handel mit Gewerbserzeugnissen hatte eine untergeordnete Bedeutung. In der Ackerwirthschaft band das Lehens= und Hörigkeitsverhältniß den Landbebauer an die Scholle und mittelbar an den Edelhof, welcher ihm die Arbeit und die eingelieferte Frucht nicht bezahlte, eben weil der „Hörige" von und auf dem zugewiesenen Bodenantheile sich nähren durfte und konnte. Schon kurzes Nachdenken belehrt, daß diese anscheinend patriarchalische Weise des volkswirthschaftlichen Verkehrs in ihrer Geldarmuth eine sehr gefährliche Schattenseite in sich barg. Denn durch das Gebundensein an die Eine Arbeits= und Nährquelle und durch Vereinzelung der Güter und der darauf seßhaften Familien war bei Eintritt von Mißernte und Secularnöthen eine gegenseitige Hülfsleistung und Ausgleichung, wie das große, bewegliche und kauffähige Capital sie aus Nähe oder Ferne herbeischaffen kann, geradezu unmöglich.

Wer das Privatcapital grundsätzlich bekämpft und die Ueberwindung der Massenarmuth durch die Zurückführung der Gesellschaft zur früheren geldarmen Oekonomie zu bewirken sucht, muß den weitaus größten Theil der individuellen Freiheiten zum Opfer bringen, und jene Gebundenheit, welche im Ackerbau wie im Gewerbswesen durch das Aufkommen der Geldwirthschaft allgemach gelöst wurde, auf künstliche Weise wieder herstellen und mit Gewalt festhalten. Der Ueberblick über die Geschichte des Communismus wird lehren, wie unabweisbar diese Folgerung jedem seiner bunten Systeme sich aufgedrängt hat.

Was vermag die heutige Landwirthschaft, ohne das Capital, welches ihr gestattet, den **Boden** zu verbessern und durch neue Werkzeuge dessen Ertrag ergiebiger und **die Frucht** wohlfeiler zu machen? **Die Milliarden,** welche sich im Handel und in der Industrie bewegen und für die Anlage von Verkehrs-Mitteln aufgewendet werden, **haben** in ihrer Ungeheuerlichkeit **etwas Erschreckendes.** Doch welche zerstörende Katastrophe wäre in demselben Augenblicke **herbeigeführt,** in welchem **dieser großartige Haushalt** durch communistischen **Aberwitz** in seiner **capitalistischen Grundlage** angetastet **würde!** Ohne Capital verlieren die so vielseitigen Versicherungsanstalten, **ja selbst** die Stiftungen für die Armen, die Schulen und Kirchen jede Möglichkeit ihres Fortbestandes. Denn selbst die Zurückführung ihres Stammvermögens auf Grundeigenthum und nutzbare Rechte — wie weit **solche noch erreichbar** — kann nur mittels des laufenden Capitales gedacht werden. Der gesellschaftliche Zustand **der** Gegenwart hängt mit dem Geldgebrauch so innig zusammen, daß nur mit dem Aufgeben jeder socialen Wirthschaft auch die moderne Geldwirthschaft ihr Ende erreichen **könnte.** Die folgerichtigen **Communisten sind sich** dieser Nöthigung zum Aeußersten auch wohlbewußt.

Wenn also die Berechtigung und die Wohlthätigkeit des Capital-Vermögens von demjenigen, welcher die Gesellschaft, so wie sie heute ist, nicht als absolut vom Uebel erachten will, nicht geleugnet werden darf, so verdienen gleichwohl die wider den Capitalismus der Gegenwart erhobenen Anklagen gerechte Prüfung und Würdigung.

Vorerst wird dem Capital d. h. richtiger dem Capitalisten die Un-**ersättlichkeit und Unbegrenztheit seines Werbens zum** Vorwurfe gemacht. Gewiß ist die **Gelderwerbekunst** in der Gegenwart **zu einer** vordem nie gekannten Vollkommenheit und zu beispielloser Anwendung gelangt. Täglich mehren sich die Gelegenheiten, Capitalvermögen zu erwerben und vorhandenes zu vergrößern; täglich wächst aber auch die Anzahl der durch das Großcapital aufgesogenen Kleingewerbe und Existenzen, die **Zahl** der Opfer auf dem Altare des Mammons. **Nun** sind allerdings diejenigen, in deren Cassen der Goldregen strömt, nicht **schon** deßwegen die „Feinde der Gesellschaft" und die „Tyrannen", welche vom Herzblute des Volkes **sich mästen. Denn** sie ernten **vielfach,** was die wirthschaft-liche **Verkettung von** Ursachen und Wirkungen ohne ihr Zuthun hervorbringt, und nicht der Besitz als solcher, wohl aber **der Gebrauch,** welcher davon gemacht wird, kann dem Inhaber des „Reichthumes" moralisch zurechen-bar werden. Von vornherein aber Verzichte fordern auf Rechtstitel, welche in der gesellschaftlichen Ordnung begründet **sind,** ist sociale Revolution und **rohe Gewalt.**

Ist nun die Thatsache, daß **bei der** heutigen Geldwirthschaft nicht selten riesiges Vermögen mühelos, ja selbst schwindlerisch erworben wird, nicht abzuleugnen, so trifft die Anklage auf verbrecherische Ausbeutung des Volkes nicht in erster Linie das industrielle Capital. Denn die Einzel= reichthümer werden am raschesten in der hohen Finanzwelt und in der Börsen=Agiotage gewonnen oder verloren. Das in der Industrie thätige und verwerthete Capital hat allerdings auch die Bestimmung und die Neigung zu möglichst hohem Reingewinn. Allein es ist nicht so schlechthin wahr, daß die großen Capitalien in der Industrie sich unbegrenzt mehren können. Jede industrielle Unternehmung kömmt, wenn sie nicht Monopol ist, auf einer Höhe der Entwicklung an, auf welcher ihr durch den Wett= betrieb Anderer unvermeidlich Einhalt geboten, unter Umständen sogar völliger Ruin bereitet wird. Das Risico des Industrievermögens ist unwidersprechlich und in vielen Unternehmungen überaus groß. Ein be= trächtlicher Reservefond muß jedem Großgewerbe für die Zeiten zur Ver= fügung stehen, in welchen neue Erfindungen den Gebrauch neuer Maschinen nothwendig machen oder Handels= und politische Krisen den Markt ver= sperren und die unverkäuflichen Vorräthe sich anhäufen. Auch ist es nicht an sich ungerecht, wenn die höhere Intelligenz, durch welche die Arbeit Vieler im Großen geschaffen und geleitet wird, wenn ferner der persönliche Fleiß, die Sorge und Verantwortlichkeit, welche den Geschäfts= herrn in Anspruch nehmen, als zureichender Titel auf den „Unternehmer= Gewinn" oder die nach Abzug der Herstellungskosten übrig bleibende reine Rente des Industrie=Capitales geltend gemacht werden. Auch die Pro= ductiv=Gesellschaften, welche der gemäßigte Socialismus an die Stelle des einzelnen Capitalisten setzen will, werden des „Capitalismus" in den an= gegebenen Grenzen nicht entbehren können, und nicht blos die Arbeit der Hände, sondern auch die des Geistes in Rechnung setzen müssen.

Die am öftesten und mit dem höchsten Nachdrucke gegen das in= dustrielle Capital erhobene Beschwerde, daß es den vollen Ertrag der Ar= beit sich zueigne, und den Arbeitslohn nicht erhöhe, sondern herabzudrücken suche, ist es insbesondere, welche die arbeitenden Classen zum Kampf gegen das Capital aufgerufen und zu Arbeitsausständen (Strikes) und ähnliche Nothwehren gezwungen hat. An den unleugbaren Mißstand, welchen der moderne Großbetrieb in diesem Bereiche geschaffen hat und durch Aufsaug= ung des früheren Kleingewerbes fortwährend steigert, knüpfen auch in langer Reihe die Theorien und Vorschläge zur Socialreform an, zu deren Ueberblick wir nunmehr schreiten können.

Sind Versuche zur Socialreform überhaupt zu rechtfertigen? Dies ist wohl die erste Frage, welche das christliche Gewissen sich stellen muß. Es wäre denkbar, daß jedes Bestreben, den Bann des Leidens und nament=

lich der Armuth von der Menschheit hinwegzunehmen, von vornherein als
Thorheit, vielleicht sogar als verbrecherische Empörung gegen die Wege
und Rathschlüsse Gottes verurtheilt werden müßte. Das Evangelium weist
den ursprünglichen Zusammenhang von Sünde, Arbeit, Armuth, Noth
und Tod nach. Indem es den Heilswerth der Trübsal kennen lehrte
und die „Kreuzesnachfolge" heiligte, hat es zur Helferin und Trösterin
nicht die Wissenschaft und deren Ideale, sondern die Thatkraft der barm=
herzigen Liebe bestellt. Auch die in der Kirche von dem Heilande ge=
gebenen Einrichtungen und Aufträge bezwecken wohl die Heiligung der
Menschen und der Menschheit im Diesseits für das Jenseits, enthalten
aber nicht im Entferntesten die Mittel und die Absicht zur grundsätzlichen
Umgestaltung der Gesellschaft zu Gunsten der Armen und der Leidenden.
Die Kirchengeschichte von achtzehnhundert Jahren hat bis zur Stunde
keinen Heiligen aufzuweisen, welcher mit der Sendung zu Socialreformen
an seine Zeitgenossen herangetreten wäre. Alles, was solchen Versuchen
nahe kommt, gehört den Schwärmer=Secten an, mit welchen die
katholische Kirche keinerlei Gemeinschaft einging, sondern welche sie aus ihrer
Mitte verbannte.

Erwägungen dieser Art könnten nun, wie es scheint, zu dem Schlusse
führen, daß außer den charitativen Bemühungen um thatsächliche Abhülfe
in Nöthen Einzelner ein Eingehen auf Theorie und Praxis socialer Re=
form auf un= oder widerchristliche Bahn führen und sohin von jedem
treuen Kinde der Kirche gemieden werden müsse.

Zur Hebung dieser Bedenken dürfte Folgendes dienen:

So lange nur Einzelne leiden, oder wenn auch Viele, doch nur
durch vorübergehende Ursachen, durch Krieg, Theuerung ꝛc., so lange wird
es der christlichen Charitas mittelst ihrer freiwilligen Fürsorgen möglich
bleiben, das Unglück zu mildern und den Bedrängten über die Zeit der
Noth hinwegzuhelfen.

In dieser Begrenzung kann nach dem herkömmlichen Ausdrucke die
Religion für sich allein die „Trösterin der Armen" sein, die Lehrerin
der Geduld und die Quelle der Hoffnung für den „Kreuzesträger" und
die Führerin der Reichen auf den Wegen der Barmherzigkeit. Ebenso
wahr als schön hat deßhalb ein geistvoller Redner die Kirche selbst als
die „Königin über das weite Reich der Schmerzen" begrüßt.

Nicht ebenso einfach liegt das Verhältniß und der Beruf des
Christenthumes zur Frage des „socialen Elendes". Wenn ganze Classen
der Bevölkerung leiden, und wenn die Ursachen dieser Bedrängniß stetige
sind, wenn ferner dieser unglückliche Zustand in raschem Anwachsen be=
griffen und zugleich immer schmerzlicher empfunden, weil klarer erkannt

wird, dann reicht weder die Charitas mit all' ihrer Opferwilligkeit zur Abhülfe der Noth aus, noch viel weniger werden die gewöhnlichen Tröstungen der Religion im Stande sein, eine über ihren heillosen Jammer grollende und durch ihn meist roh gewordene Masse zu beschwichtigen und in gottergebene Christusjünger umzuwandeln. Vergessen wir auch nicht eine bereits früher hervorgehobene Thatsache: die Almosen, welche die Barmherzigkeit dem Arbeiter zuwendet, verwandeln sich in Mehrung des Gewinnes für das am Arbeitslohne um so sorgloser geizende Großcapital.

Wie neu und wie schwierig demnach die Aufgabe sich erweise, unleugbar tritt an die christliche Kirche die Forderung heran, mittelst ihrer Weisheit die wahre Lage der Dinge im Bereiche der Arbeit zu prüfen und, je nachdem sie diese befunden, den Mißständen und dem Jammer in der Masse ihren Trost, ihren Rath, ihre Führung und ihre Hülfe in einer Gestalt anzubieten, welche mächtig und stetig genug wäre, die Ursachen des socialen Elendes nachhaltig zu bekämpfen und zu verringern, eine Reform der gesellschaftlichen Verhältnisse mit christlichen Mitteln und Ergebnissen ins Werk zu setzen.

Wieferne die Voraussetzungen hiezu vorhanden und die Anfänge bereits gemacht worden, haben wir später darzuthun.

Neunte Vorlesung.

Utopien. — Communistische Erscheinungen der Vorzeit. — Das Christenthum und der Communismus. — St. Simonismus. — Fourier und die Phalanstères.

Die Ideen, welche den verschiedenartigen communistischen Träumereien und Versuchen Anlaß und gemeinschaftlichen Inhalt gegeben haben, sind weder neu, noch zufällig und willkürlich geschöpft. Im Gegentheile, die wesentlichsten derselben gehen in hohes Alterthum hinauf. Zu allen Zeiten und bei allen Culturvölkern ist die Unvollkommenheit der menschlichen Zustände, der „Jammer im Dasein", erkannt und von den besten Menschen am schmerzlichsten empfunden worden. Die Sehnsucht ist die erstgeborne Tochter des Schmerzes, wie die fruchtbare Mutter von Ahnungen, Träumen und Bildern einer besseren Zukunft. Ein solches Sehnen nach Befreiung aus vielfacher Noth und Unordnung im Leben der Völker und der Menschheit bezeugt sich nicht blos in der Rückschau auf ein entschwundenes, glücklicheres Zeitalter, es wirkt und schafft in dichterisch-träumerischer Weise auch vorschauend, in der Heidenwelt wie im Judenthume, in der „Erwartung der Völker vom Weltfrieden durch den großen Friedensfürsten und sein heil- und sühnebringendes Reich. Die Legende von der „Insel der Seligen", das halb scherzhafte, halb wehmüthige Dichtergemälde vom Lande der „Phäaken" und der „Schlaraffen", dies und so vieles Andere in der Völkersage sind Reliquien und Bruchstücke aus dem unermüdlichen Sinnen und Sehnen einer durch die gegenwärtige Gestalt der Dinge schmerzhaft angeregten Empfindsamkeit und Phantasie.

Ernster haben die Denker des hellenischen Alterthums die Allen ge= meinsame Wahrnehmung in Betracht gezogen. In der Form von „Staats= bildern" und „Staatsromanen" bemühten sie sich, neben der Rechtfertig= ung des einmal Gegebenen als eines vorerst noch Unvermeidlichen, über die unschöne Wirklichkeit hinaus das Ideal eines Gemeinwesens zu planen und zu schildern. Dem Gemälde, welches Platon in seiner „Republik" ausgeführt hat, fehlen communistische Farbentöne keineswegs. Von den drei Ständen, aus welchen das „Gemeinwesen" in der platoni= schen Staatslehre sich zusammensetzt, den Herrschern, den Kriegern und den Handarbeitern, sollen die beiden oberen Stände, um sich an Vermögen und Rang gleichmäßig zu behaupten, in entsprechender Gemeinschaft des Besitzes und der Familie leben. Bekanntlich ist nach dem obersten Satze in der „Politik" des Aristoteles der Staat das Ganze und der höchste Zweck. In diesem Ganzen und für dessen Endzweck geht der Einzelne mit seinem Interesse auf. Von den zwei an Zahl und socialer Stellung höchst ungleichen Rangordnungen im Gemeinwesen sind die Sklaven von Natur aus zu diesem und keinem anderen Loose bestimmt und befähigt, während unter den verhältnißmäßig wenigen, aber „freien Vollbürgern" Gleichheit der Rechte und des Besitzes gewahrt werden muß.

Selbst das Christenthum wurde oftmals von Freund und Feind für communistische Ideen in Anspruch genommen und verantwortlich gemacht. Man verwies hiefür auf die christliche Lehre von der Gemeinschaft der „Kinder Gottes" und ihrer Brüderlichkeit in und durch Christus. Ganz besonders aber wurde als Beweis für den ursprünglich communistischen Charakter des Christenthums der Versuch einer Gütergemeinschaft unter den Mitgliedern der apostolischen Urkirche zu Jerusalem geltend gemacht. Eine solche Mißdeutung braucht nicht weitläufig widerlegt zu werden. Das Evangelium hat die weltlichen Dinge in ihrer naturgemäßen Grundlage in keiner Weise verneint oder erschüttert. Das Reich der Gnade erbaut sich nach seiner höheren Ordnung und Zielsetzung, ohne das Recht der Völker und der Privaten irgendwie außer Kraft zu setzen oder anzutasten. Sein Ideal höherer Vollkommenheit mit unerzwungenem Verzichte auf berechtigte Ansprüche und Genüsse zu verwirklichen, überläßt es dem freien, durch besondere Gnade hiezu berufenen und über das allgemein Verbindliche hinausstrebenden Willen einzelner Persönlichkeiten.

Der Versuch „gemeinschaftlichen Lebens" innerhalb der apostolischen Gemeinde zu Jerusalem hat mit dem principiellen „Communismus" ebenso wenig Aehnlichkeit, wie die späteren Gestaltungen des Mönchthums, zu welchen es sich allerdings wie das Musterbild zu den Nachbildern verhält. Dort, wie hier, ging Alles aus der Freiwilligkeit hervor, welche liebend und begeistert sich und das Ihrige der Gemeinschaft zum Opfer brachte, nicht weil sie mußte, sondern weil sie selbst es so wählte, und Letzteres wieder nicht im Interesse für das Diesseits, sondern als Weg der Entsagung zur Heiligung für das Jenseits mittels möglichst vollkommener Nachfolge des Opferlebens Christi.

Zu dem Bereiche der communistischen Ideen dürften aus späterer Zeit die sogenannten „Utopien" zu rechnen sein, Gesellschafts= oder Staats= romane, welche auf ein „Nirgendheim" gedichtet, von dort das Gemälde des denkbar wohlgeordnetsten, zufriedensten Gemeinwesens und Lebens entnehmen. Thomas Morus, der berühmte Kanzler K. Heinrich's VIII. von England, hat (1516) eine sehr anziehende und für viele spätere mu= stergültige „Utopia" geschrieben. Die Grundlehre, daß das beste Staats= leben jenes sei, welches allen Bürgern gemeinsame Wohlfahrt zu sichern verstehe, verleiht derlei „Staatsromanen" eine socialistische, theilweise auch communistische Färbung und Tendenz.*) So bei Campanella (1620) die „Sonnenstadt", durch Geistliche regiert; Vairasse (1677) »Histoire de Sevarambes« u. s. w.

Auch an thatsächlichen Versuchen, das Sondereigenthum zu Gunsten der Allgemeinheit zu beschränken oder ganz aufzuheben, fehlt es nicht in der Geschichte der Religion und der Gesellschaft. Die gnostisch=mani= chäischen Gemeinden befolgten Lehren, welche zur Auflösung der Fa= milie und Ehe führten und in der persischen Secte der „Maßdakiten" (VI. Jahrh. b. Chr.) zu einem ganz ausgebildeten Systeme der Frauen= und Gütergemeinschaft und der allgemeinen politischen Gleichheit durchge= führt wurden.**) Jenseits des Oceans im Reiche der „Incas" und der „Sonnenkinder" trafen die spanischen Eroberer Staatseinrichtungen von patriarchalischer und communistischer Art auf religiöser Grundlage befestigt und überaus geeignet, selbst ein großes und reiches Volk auf der Stufe der Kindheit zu erhalten und zu bevormunden.***) Noch viel besprochener

---

*) »De nova insula Utopia.« 1516. Die utopische Verfassung ist demokratisch; das Volksthum genossenschaftlich gegliedert; je 40 sind eine societas, 30 × 40 bilden eine Gruppe mit Vorstehern (antistes) und 300 × 40 eine Hauptgemeinde; zu oberst ein Senat aus indirecter Wahl. Kein Privateigenthum. Haus und Garten wechseln je nach 10 Jahren durch's Loos. Nur 6 Stunden Arbeitszeit. Alle Verkäufe und Einkäufe besorgt die Regierung. Gleichheit der Kleidung und Speisen. Die Ehe er= halten und geschützt. Cultusfreiheit. Criminalstrafe ist einzig Leibeigenwerden.

**) Vgl. Le Beau, hist. du bas empire. VII, 722 ff.

***) Vgl. Prescott, hist. of Mexico and Peru. Die despotische Regierung wies hier jedem Unterthan seinen Wohnsitz zu, seine Arbeit, seine Kleidung. Selbst die Heirathen besorgte der Staat. Um für alle Arbeit zu haben, gebot die Regierung die tollsten Beschäftigungen ꝛc.

ist die Verfassung, welche die Jesuiten den von ihnen belehrten Indianer=
stämmen in den „Reductionen von Paraguay" gaben, wo neben sorgfältiger
Wahrung des Familienlebens eine väterliche Fürsorge den übrigen Bereich
des Gemeinlebens als einen für Alle gleichen Haushalt regelte und leitete.

Der Reformation in Deutschland gingen, wie bekannt, gewaltige
sociale Erschütterungen voraus. Unter den Forderungen, welche die auf=
ständischen Bauern in Franken und Schwaben an ihre geistlichen und
weltlichen Feudalherren als ihr Ultimatum richteten, stehen entschieden so=
cial=communistische „Artikel". Was die Natur den Menschen gemeinschaft=
lich gemacht habe und darbiete, Wald und Wild, Wasser und Fische, das
müsse dem gemeinen Nutzen zurückgegeben werden. In ganz schranken=
loser Weise forderte und übte die Schwärmersecte der Münster'schen
Wiedertäufer Weiber= und Gütergemeinschaft für das neue „Sionsreich,"
bis der wilde Orgiasmus, ähnlich wie in jüngster Zeit der Wahnsinn der
Pariser=Commune (18. März bis 28. Mai 1871), sein Ende mit Schrecken
fand „in Feuer und Blut."

Der Communismus aber, von welchem hier geredet werden muß,
ist, trotz vieler Aehnlichkeit mit früheren Erscheinungen in der Literatur
und in der Geschichte, schon seinem Ursprunge nach wesentlich von allen
unterschieden. Weit entfernt, ein Erzeugniß religiöser Ideen zu sein,
gibt sich der moderne Communismus auch dort, wo er die Gestalt einer
Religion anzunehmen versuchte, durchweg als das Ergebniß materieller Ur=
sachen zu erkennen.

Je ungleicher nämlich, zumal seit der oben geschilderten Gebahrung
der Industrie, das Loos der verschiedenen Classen der Bevölkerung ge=
worden, desto lebhafter fühlte sich das Nachdenken angeregt und die
Phantasie in Mitleidenschaft gezogen gegenüber dem schmerzlichen Pro=
bleme, die maaßlos vertiefte Kluft zwischen dem ungeheuren Reichthume
in der Hand Weniger und dem unermeßlichen Elende in dem Lebens=
geschicke der Meisten auszugleichen oder mindestens zu überbrücken.

Die Geschichte des Communismus, wiefern er durch die industriellen
Zustände veranlaßt und in seinen Ausführungen auf Abhülfe und Re=
formen in denselben berechnet worden, zählt erst einige Jahrzehnte.
Frankreich ist seine Wiege. Alle hervorragenden Meister dieser Schule
gehören diesem Lande, die Mehrzahl derselben durch Geburt oder
Heimath jener Hauptstadt an, welcher das Verhängniß oder richtiger die
vergeltende Gerechtigkeit in unseren Tagen beschieden hat, die Frucht
dieser unheimlichen Aussaaten in grauenerregender Weise zu ernten.

Eine bedeutungsreiche Stellung nimmt vor Allem — denkwürdig
auch für die Geschichte der Philosophie und religiösen Schwärmereien —

der „Saint=Simonismus“ ein. Wunderlich gemischt aus specula=
tiven Ideen und praktischen Tendenzen, spiegelt sich in dieser Schöpfung
eines ungewöhnlich feurigen, schwunghaften und dennoch beharrlichen Geistes
nicht blos der persönliche Charakter und Lebenslauf ihres Urhebers wieder,
sondern mehr noch das Bild der Zeit und der Verhältnisse, in deren
Mitte sie entstanden ist und ihre Ausbildung empfangen hat.

    Claude Henri Graf de St. Simon wurde aus diesem alt=
berühmten und reichbegüterten Geschlechte — es behauptete, seinen Stamm=
baum bis auf die Familie Pipin's von Heristal und Karl Martell's zu=
rückführen zu können — am 17. October 1760 zu Paris geboren. Voll=
endeter Unglaube vergiftete schon seine Jugendjahre. Henri de St. Simon
weigerte sich, die erste heilige Communion zu empfangen. Nachmals legte
ein peinvolles Unglück neue düstere Wolken über das gottentfremdete
Gemüth des jungen Grafen. Er war von einem tollen Hunde gebissen
worden und quälte sich, obgleich die Wunde unverzüglich ausgebrannt
worden, von da an ununterbrochen mit der Angst vor dem Ausbruche der
Wuthkrankheit. Für diesen schrecklichen Augenblick trug er, um dem
Gräßlichen durch Selbstmord zuvorzukommen, sein Leben lang eine stets ge=
ladene Schießwaffe bei sich. Seine äußere Lage konnte, hievon abgesehen,
kaum glänzender gedacht werden.

    Dem schmucken Cavalier stand außer dem Ruhme seiner Herkunft
und reichen Gaben des Körpers und Geistes eine jährliche Rente von
einer halben Million Livres zu Gebote. Seine militärische Laufbahn er=
öffnete Graf St. Simon in der Adjutantur Lafayette's, mit welchem er
die Feldzüge in Amerika durchmachte; aber schon damals wurde neben
und nach den Kriegsereignissen die Aufmerksamkeit des jungen Officiers
von den socialen und industriellen Bewegungen in diesem neu aufblühen=
den Staatenbunde in Anspruch genommen, und hier, wie während
nachfolgender Reisen durch Spanien und die Niederlande, gestalteten sich
die Entwürfe, welche erst nach einer langen Reihe bitterster Zwischenfälle
reifen und zu Tage treten sollten.

    Beim Ausbruch der französischen Revolution war Graf St. Simon
Obrist der Armee. Die Katastrophe verschlang mit den Titeln seines
Adels auch den Reichthum seines Hauses. Doch seine Studien und Er=
fahrungen befähigten ihn zum Kaufmanne. Bürger Henri St. Simon
trieb mit Erfolg Flachshandel. Noch ergiebiger wurde der Einkauf von
Nationalgütern, wozu die im Handel erworbenen Capitalien die Mittel
boten. Vermählt mit Madame de Champgrand (1801), schied er sich schon
nach einem Jahre von dieser, um der berühmten, aber dem ersten Consul
Napoleon Bonaparte verhaßten Madame de Staël seine Hand anzutragen.

Doch sein kurzes Glück brach unter neuen Unfällen schnell zusammen. St. Simon war wieder arm und ärmer als je. Er nährte sich als Copist, und ein ehemaliger Diener seines Hauses, Diard, half durch Almosen nach. Mitten in seinem Elende blieb ihm das Studium religiöser und socialer Fragen ein Trost. Von 1814 an tritt St. Simon als Schrift= steller auf. Seine frühesten Schriften enthalten bereits alle Hauptzüge des nachmals nur genauer entwickelten Socialsystems oder, wie der Ver= fasser es beabsichtigte, einer „neuen Religion."

Ein oberster Grundsatz darin lautete: „Alles durch die Industrie, Alles für sie." Von 1814—1819 entwickelte St. Simon seine Ideen theils in Flugschriften und Journalen (so im „Organisateur"), theils durch persönlichen Verkehr mit geistvollen, jungen Leuten, welche allgemach „seine Familie" (famille de Saint-Simon), den Kern seiner Zukunfts= Religion, des „neuen Christenthumes", bildeten. Die meisten dieser Erstlingsjünger des „Proletarierpropheten" sind nachmals, wenn auch nicht im Dienste der „Heiligung der Industrie", berühmte Männer geworden, die Einen Zierden der Literatur und Kunst, etliche Andere „Helden der Börse" und „Finanzgrößen".*) Bittere Noth kam über Saint=Simon als sein Wohlthäter Diard gestorben. Ein Selbstmordversuch (1823) beraubte den verarmten Grafen nur des Auges, so daß er in diesem jammervollen Zustande, von mitleidigen Freunden unterstützt, bis kurz vor seinem Tode literarisch thätig bleiben konnte. Seine letzten Schriften: »Opinions littéraires, philosophiques et industrielles« und »Nou= veau christianisme« sind auch die bedeutsamsten. „Ich schreibe für die Industriellen gegen die Höflinge und Adelichen, hatte St. Simon im »Catéchisme des industriels«, gesagt, ich schreibe für die Bienen gegen die Hummeln." Mit dem Ausrufe: „Die Frucht ist reif, nun ist sie zu pflücken" schied er aus dem Leben. (1825)**) Die so folgewich= tige Entgegenstellung des „Volkes" (peuple) einer= und des „Bürger= thumes" (bourgeoisie) andererseits als zweier sich nothwendig feindlicher Mächte wurde vorzüglich durch St. Simon das Loosungswort zum Kampfe der unteren gegen die höheren Classen der Gesellschaft.

Die Leitung der verwaisten „Familie St. Simon's" übernahmen Bazard und der schöne, mystisch beredte Enfantin. Ihnen hatte der

---

*) Es gehörten dazu unter Andern August Comte, der Schöpfer des „Positivis= mus", Augustin Thierry, der Geschichtschreiber, die Künstler Halévy und Feli= cien David. Die beiden Pereyres, d'Eichthal, Duveyrier glänzen in der Geschichte der Finanzen; Carnot war unter der Republik (1848) Minister; M. Chevalier Senator.

**) Vgl. Hubbard, Saint-Simon, sa vie et ses travaux. Paris 1857.

Meister auf dem Sterbebette sein System und den Auftrag, es aufrecht zu erhalten, durch Olinde Rodrigues, seinen vertrautesten Jünger, übergeben.

Die neuen Führer nahmen den Titel „Oberväter" (Pères suprèmes) an. Ein Haus in der Rue Taranne war der Hauptsitz der „Familie". Von hier aus gingen Väter und Sendboten des neuen Christenthumes aus (Carnot, Chevalier, Fournel, Eichthal); hier wohnten die Novizen der „Brüdergemeinde", bis (1830) der Versuch eines „gemeinschaftlichen Lebens" der Gesammt-Familie im Collégium der Rue Monsigny gemacht wurde. Die Herren dieser Bundesgemeinde trugen blaues Oberkleid, weiße Beinkleider und rothe Mütze; die Damen gingen in Weiß mit violetfarbenen Schärpen. Zeitschriften, wie der „Producteur", redigirt von Bazard, und die von M. Chevalier geleiteten Journale „l'Organisateur" und „le Globe" verbreiteten von 1827—32 die neue Lehre, Anfangs mit vielversprechendem Erfolge. Die Gesellschaft konnte Werkstätten für gemeinsame Arbeiten errichten und Erziehungsanstalten eröffnen. Oeffentliche Versammlungen fanden in einem Saalbau der Rue Tailbout statt, und während Enfantin und Bazard den Titel „Päpste" annahmen, schlossen sie auch den Frauen den Eintritt in die „Hierarchie" der Gemeinde auf.

Doch die durch St. Simon schon im Princip angestrebte Vermengung von rein religiösen und von socialpolitischen Dogmen zeigte sich als Keim von Spaltungen und unabwehrbarem Zerfall von dem Augenblick an, in welchem die leitenden Persönlichkeiten durch Bevorzugung des einen oder des anderen der nur lose verknüpften Elemente des Systems das künstlich gewahrte Gleichgewicht derselben störten.

Enfantin war eine schwärmerisch angelegte Natur. In ihm überwog das priesterlich Mystische der „neuen Religion". Bazard dagegen, bedächtig und politisch ehrgeizig, legte minderen Werth auf die Doctrin, desto größeren aber auf den socialen Gehalt und Beruf des Systems, von welchem er die Reform der Gesellschaft zu erwarten hatte.

Während Enfantin mit steigender Begeisterung den Saint-Simonismus als pantheistische Religion und demzufolge eine Rehabilitation des durch das alte Christenthum ungerecht unterdrückten Fleisches predigte und eine Art „sufistischer" Andacht bereits zu Ekstasen und Prophetenthum in der Gemeinde geführt hatte, suchte Bazard den nüchternen Weg der „Wissenschaft" einzuhalten, bis ihm aus Trauer über das unvermeidlich gewordene Schisma (1831) das Herz brach. Eine vermittelnde Richtung hatte Olinde Rodrigues durch Zusammenhalt von Cultus und Industrie zu schaffen sich bemüht. Vergeblich; die Schwärmerei siegte.

Enfantin predigte folgerichtig und rückhaltlos die „Wiederherstellung

der Rechte des Fleisches", der zu Folge die Geschlechter in freier Liebe
je nach „priesterlichen Paaren" — die altgnostische „Syzygie" — sich
verbinden mögen. Das „freie Weib", als Heilandin zur Erlösung ihres
Geschlechtes*), wurde als „Zukunftsdogma" am 9. Nov. 1831 proclamirt
und ihre Ankunft demnächst erwartet. Neben dem Stuhle des „Papstes
Enfantin" stand von jetzt ab ein leerer Thronsitz für die ersehnte „Ober-
mutter (Suprème mère) in Bereitschaft, und als sie in Paris gleichwohl
nicht erschien, gingen die Jünger aus, vorab in den Orient, dort das
„freie Weib", die gnadenbringende Erlöserin, an bestimmten Merkmalen
des Ortes und der Erscheinung erkennbar, aufzusuchen.

Mit Anfang des Jahres 1832 begann die Polizei ihre Maaßnahmen
gegen die St. Simonisten auf Grund von Geldschwindeleien und Verletz-
ung der öffentlichen Sittlichkeit vorzubereiten. Während Olinde Rodrigues
ein neues Schisma gegen Enfantin ins Werk zu setzen trachtete, wanderte
dieser mit freilich nur vierzig Getreuen auf die Hügel von Menilmontant,
um dort, ähnlich, wie einst Abälard, eine Einsiedlercolonie zu gründen.
Zweimal in der Woche durfte die Neugierde der Pariser an dem Schau-
spiele sich ergötzen, welches dieses modernste, pantheisirende „Mönchthum"
ihr gewährte. Inzwischen hielt die Staatsbehörde, durch Volkstumulte
beunruhigt, den Proceß gegen die Schwärmer aufrecht und beendigte denselben, unter den seltsamsten Zwischenfällen der öffentlichen Verhandlung,
(27. August 1832) durch ein Urtheil, welches die sofortige Auflösung der
Gesellschaft befahl und Enfantin, Duveyrier und M. Chevalier mit einem
Jahre Gefängniß bestrafte. In Folge neuer Anklagen verließ Enfantin
mit etlichen Genossen Paris und hielt die Reste der Gemeinde noch einige
Zeit im Oriente, besonders in Aegypten, um seine, von den begeistertsten
Jüngern fast göttlich verehrte Persönlichkeit zusammen. Die Idee zum
Suezcanal soll zuerst von Enfantin ernstlich gefaßt worden sein. Aber
der Zauber auf die Enthusiasten erlosch, als Enfantin, nach zweijährigem
Aufenthalt in Aegypten nach Frankreich zurückgekehrt, eine bescheidene Bedienstung bei der Lyoner Eisenbahn nachsuchte und erhielt. Seine Schriften
sind gemäß seinem Testamente mit denen Saint-Simons von einer hiezu
eigens bevollmächtigten Commission (1865) veröffentlicht worden.**)

Das Grunddogma der socialen Religion ist die Lehre von der absoluten Vervollkommnungsfähigkeit des menschlichen Geistes. Die Geschicke

---

*) „La femme Méssianique, qui révélera la loi de la grâce."
**) Saint-Simon et Enfantin. Oeuvres publiées par les membres du
conseil institué par l'Enfantin pour l'exécution de ses dernières volontés etc.
Saint-Germain 1865. T. I—III.

der Menschheit werden zu diesem Zwecke durch zwei einander entgegen-
gesetzte Mächte geleitet. Die eine derselben, die „Ichheit", die Individualität, strebt nach Selbstbehauptung, als Eigen- und Selbstsucht sich
gegen Andere ab- und diese von sich ausschließend. Dagegen wirkt nun
eine zweite Macht, die der „Association". Sie hat die Bestimmung, die
Ausschließlichkeit des „Ich's" zu überwinden und Einigung zu schaffen
und zu erhalten. Durch sie ent- und besteht die Familie, die Gemeinde,
der Staat. Doch auch die höchste Vereinigung muß sie anstreben und
ihrer Zeit bewirken, den „Weltbund", die Vereinigung aller Gemeinden
und Staaten in die allgemeine Gesellschaft, die Menschheit selbst.

Bis jetzt hat die Geschichte der Gesellschaft in vier verschiedenen
Zeiträumen Organisationen oder Gestaltungen aufzuzeigen. Zweimal ist
ein erbauendes, einigendes Zeitalter durch ein nachfolgendes der Zersetz-
ung ab- und in seiner Schöpfung aufgelöst worden. Demgemäß erkennen
wir in der vorchristlichen Welt-Aera vom Anfang bis zum Blüthenalter
des Hellenismus das Walten und das Ergebniß der organisch bauenden
Macht. Dann aber folgte von Sokrates bis zum Untergange der hellenischen Welt die zersetzende Gewalt, in der Religion und in der Wissenschaft als kritische Philosophie und in der Politik wirksam durch das rö-
mische Schwert. Die also hinfällig gewordene Gestalt der Gesellschaft
wurde von dem Christenthume aufgenommen und regenerirt. Es entstand
der organische Bau der christlichen Welt und erhielt sich bis zum Ende
des XV. Jahrhunderts. Mit dem Zeitalter der mediceischen Päpste und
der Reformation beginnt wieder die auflösende Strömung durch die Gesellschaft ihr Werk der Negation im Bereiche des Glaubens durch die
Kirchenspaltung und im Reiche des Wissens durch die negirende Philosophie.

In den ersten zwei Zeitaltern ist die Menschheit aller Orten in
höchst ungleiche Theile geschieden, in Freie und Sklaven. Das christliche
Zeitalter hat diese Zerklüftung im Princip aufgehoben, in dem wirklichen
Leben aber nur die Sklaverei in die mildere Hörigkeit umgewandelt.
Erst die französische Revolution hob auch die Hörigkeit vollständig im
Principe, wie in der Wirklichkeit auf und machte und kennt nur freie
Bürger. Aber ungeachtet der so errungenen, politischen Gleichstellung Aller
hat auf socialem Gebiete die Industrie den Platz des gestürzten Feudal-
adels eingenommen und beutet als Geldaristokratie die Schwachen und
Armen aus. Die nahezu unerträgliche Ungleichheit des Besitzes stellt
auf's Neue die Rechtsgleichheit in Frage und den Krieg der besitzlosen
Masse gegen die kleine Zahl der Großbesitzer in nahe Aussicht. Um
diese Gefahr abzuwenden, wird nichts Geringeres erfordert, als die Herstellung eines ganz neuen Weltalters zur Wiederbringung der echten Frei-

heit und Gleichheit aller Staats- und Weltbürger. Dies Zeitalter zu begründen, ist der welthistorische Beruf Saint-Simons geworden.

Das Christenthum in der bisherigen Gestalt drängte die Materie
zu Gunsten des Geistigen mit unberechtigter Strenge zurück. In dem neuen,
industriell-christlichen Zeitalter muß und wird auch die Materie wieder mit
voller Geltung und bildender Macht in den Entwicklungsgang der Menschheit eintreten und sohin auch die Industrie zur Religion hinaufgehoben
und geheiligt werden. Dies zu erreichen, vermag nur die hiezu sich or-
ganisirende neue Gesellschaft, die Gemeinde.

Wie diese, um Allen in Allem gerecht zu werden, keinen Geburtsadel
mehr anerkennen darf, so muß für sie auch die Vererbung und der Besitz
des Sondervermögens von ihren Angehörigen zum Opfer gebracht werden.

Die Gemeinde allein besitzt, verwaltet und vertheilt das Gut der
Gesammtheit; ihre Mitglieder arbeiten dagegen, jeder nach seiner Befähigung, für die gemeinschaftlichen Bedürfnisse und Interessen. Was
der Einzelne von der Gemeinde erhalten und zur Zeit seines Todes noch
im Besitze hat, geht wieder an diese zurück. Damit alle ihre Angehörigen
mindestens die Möglichkeit haben, mit den Uebrigen den gleichen Grad
der Bildung zu erlangen, trifft die Gemeinde Fürsorge für die Allen zugänglichen Anstalten des Unterrichts in der Wissenschaft und Kunst. Das
reinste und festeste Band der Einheit und Gemeinsamkeit ist aber durchweg
religiöser Natur. Diesem Grundgesetze der menschlichen Gesellschaft entsprechend, gliederte sich die Gemeinde Saint-Simons — vorzüglich durch
Enfantin hierin beeinflußt — nach hierarchischer Verfassung und mit
Einrichtungen für den Cultus des neuen Christenthums. Väter und Apostel stehen ihr vor mit der Macht zu lehren und zu leiten. Der Gottesdienst vollzieht sich unter möglichster Betheiligung Aller durch gemeinsames
Gebet, durch Gesang, Musik und Tanz. Das Glaubensbekenntniß lautet
pantheistisch.*)

Der bedenkliche Lehrsatz, daß dem neuen Christenthume die Rehabilitation der durch das alte verkümmerten Rechte der Materie, folglich
auch des Fleisches obliege, die Aufnahme der Frauen in die Hierarchie
der Gemeinde, die Predigt von der Ankunft des „messianischen Weibes"
waren Elemente, welche im Schooße der saint-simonistischen Genossenschaft
nur allzuleicht zu Mißverständnissen und Verirrungen, nach Außen hin

---

*) Dieu est tout ce qui est, Chaque de nous vit de sa vie,
   Tout est en lui, tout est par lui, Et nous tous communions en lui,
   Nul de nous est hors lui, Car il est tout ce qui est! —
   Mais aucun de nous n'est lui. so das Credo Enfantin's.

jedenfalls zu Argwohn und Verdächtigungen Anlaß boten und, wie oben
gezeigt, die Auflösung der Gemeinde selbst zur Folge hatten.

Die Trümmer der „Kirche" Saint-Simons erbte und sammelte
der geist- und phantasiereichste der französischen Socialisten, Charles
Fourier. Sein Leben ist, ähnlich dem des Grafen Saint-Simon,
frühe durch tiefgreifenden Schicksalswechsel ausgezeichnet, nachmals einförmig, ziemlich verborgen und überaus thätig, wie im Bereiche der Pflicht,
so auch in sorgfältigen, freien Studien und Gedankenarbeit.

Geboren zu Besançon (7. Apr. 1772) als Sohn eines Kaufmanns
und für den gleichen Beruf erzogen, verlor Charles Fourier durch die
Revolution sein väterliches Erbe und verlebte, nach abgeleisteten Militär-
diensten, seine Tage in der bescheidenen Stellung eines Handlungsgehülfen
bis zu seinem Tode in Marseille (10. Oct. 1837). Seine Schriften er-
schienen vom Jahre 1808 angefangen bis zur Gründung seiner Zeitschrift
„Le Phalanstère" (1832), zuerst wenig beachtet, dann auch wegen ihrer
wirklich grotesken Fassung verhöhnt, gleichwohl in ziemlich folgerichtiger
Entwicklung eines auf psychologisch-anthropologische Grundlagen gestützten Systems communistischer Gemeinschaft für Arbeit und Genuß.*) Speculative,
religiöse und socialistische Ideen verweben sich in Fouriers Werken bunt-
scheckig und phantastisch, meistens in einer seltsamen Terminologie vorgebracht,
welche, um verstanden zu werden, erst eines eigenen Schlüssels bedarf.
Seine klarsten Anschauungen lassen sich etwa folgender Weise wiedergeben:

Was alle Menschen gemeinsam erstreben, ist Wohlsein oder Glück.
Dieses Glück ergibt sich aus der größtmöglichen Vervollkommnung des
Menschen, und diese selbst kann nur gedacht werden als Folge der Harmonie der die Welt gestaltenden und erhaltenden Principien. Derer aber
sind drei: „Gott oder der Geist," welcher bewegt, was da ist, die „Materie," als bewegtes, und die „Gerechtigkeit oder die Mathematik", welche
die Bewegung ordnet und das Bewegende, wie das Bewegte in Harmonie
zu halten hat. Die Bewegung aber ist eine vierfache: Die materielle
(kosmische), die organische, die animale und die sociale.

Jede animalische und sociale Bewegung geht aus Trieben (passions)
hervor, die in der materiellen Ordnung Anziehung (attractions) heißen.
Den Trieben entsprechen Bestimmungen (destinées), in deren Erreichung
das Glück des Daseins liegt, die Befriedigung der darauf gerichteten
Thätigkeit.

Die wunderliche Eintheilung und Nomenclatur, welche Fourier

---

*) Ch. Fouriers Hauptschriften sind: Théorie des quatre mouvements
(1808); Traité de l'association domest. et agricole (1822).

für die menschlichen Triebe (sensuelle, affective und distributive) ausge=
sonnen hat, darf hier übergangen werden. Es genügt, zu wissen, daß
Fourier, noch viel entschiedener als Saint=Simon, die Religion und
die Philosophie anklagt, durch ihre Unterscheidung von guten und bösen
Trieben und die unberechtigten Zumuthungen, die Triebe zu unterdrücken
und die Begierden der Natur in Schranken zu halten, die ganze sociale
Entwicklung in Verwirrung gebracht und die Disharmonie zwischen Ge=
nuß und Arbeit verschuldet zu haben.

Vor Allem ist das Glück nicht im Jenseits, sondern im Diesseits*)
zu suchen. Man muß aber, um es zu schaffen, die Ordnung der Natur
anerkennen und die Triebe freigeben. Denn sie sind alle gut und nützlich.
Für die sociale Bewegung wirken vorzüglich die affectiven oder Gruppen=
triebe: Freundschaft, Liebe, Ehrgeiz und der Familientrieb. Ihnen zunächst
kommen die distributiven Triebe, oder, wie Fourier sie bezeichnet, die
Serientriebe: Rivalisations=(Intriguen=), Abwechslungs= und Einigungs=
trieb.**)

Mit der Freigabe der Triebe beginnt die Harmonie. Harmonisch
suchen und verbinden sich die Geschlechter mit freier Neigung, nachdem
die Fesseln der Zwangehe gefallen sind. Aus dem Gruppentrieb gehen
Gruppen hervor, welche durch die Macht des Rivalisationstriebes zur ge=
steigerten Production begeistert werden, wie hinwieder der Einigungstrieb
Serien von Arbeitern zusammenführt ꝛc.

Was die Menschheit bisher durchgelebt — und sie lebt nach Ch. Fou=
rier's Berechnung schon das hübsche Alter von 80,000 Jahren — hat
sie erst bis zur „Morgendämmerung des Glückes" gebracht. Fünftausend
Jahre dauerte die Kindheit des Menschengeschlechtes. Die erste Periode
derselben war der Edenismus mit einem „Schatten von Glück", das
„goldene Zeitalter" der Mythe: simple Naivetät (série confuse), ohne
Familie, ohne Krieg. Dann kam die „Wildheit" (sauvagerie, Flegel=
jahre?): Uebervölkerung und dadurch Raub und Krieg. Mit dem Pa=
triarchate entstand (wie?) das Familienleben, Familienhäupter, Sklaven ꝛc.
In der vierten Periode, der „Barbarei", bekämpften sich die Familien, und
erhob sich Tyrannei und Willkür. Unser eigenes Zeitalter ist die durch
Zwangehe, Familienschranken und Disharmonie der Industrie noch arg
zerrüttete Periode der „Civilisation". Erst durch noch zwei folgende Pe=
rioden, durch die des „Garantismus" zur Sicherung des Landbaues und
Gewerbes, zuletzt aber durch jene der „Association", wird sie abgelöst, be=

---

*) Le bonheur est ici-bas et non pas au delà.

**) Passions cabaliste (!) papillone et composite!

ziehungsweife vervollkommnet werden. Diefes Zeitalter ift aber noch nicht die „vollkommene Harmonie". Denn in Kraft der in der fechften und fiebenten Periode aufgefundenen Gefetze der „focialen Bewegung" erhält dann plötzlich (mit einem „Sprunge von dem Chaos in die Harmonie") die gefammte Welt, auch die Natur, eine neue friedfelige und herrliche Geftalt, in welcher das Menfchengefchlecht noch während 35,000 Jahren zum Mannesalter reifen, in weiteren 35,000 Jahren wieder an Kraft und Fülle abnehmen und nach 5000 Jahren „Altersfchwäche" enden wird.

So ähnlich die letzteren Aufftellungen den Träumen eines Fieber= kranken find, fo fcharffinnig verfteht es gleichwohl F o u r i e r , die nach feiner Anficht vorzüglich durch die Philofophen und das Großcapital ver= anlaßten und heillos gehegten Schäden unferer „Civilifationsperiode" blos= zulegen. Aus den Anordnungen, welche fein Syftem zur Durchführung der „Harmonie" in der Gefellfchaft für nothwendig hält, wird am beften erkennbar, worin jenes vorzüglich die Verkehrtheit der heutigen Zuftände gefucht hat und zu überwinden beabfichtigt.

Richtig allerdings beginnt F o u r i e r hiebei mit der F a m i l i e . Ihre Grundübel find ihm die Unfreiheit der Frauen und die Zwangehe. Diefe Schranken müffen fallen. Das Weib, emancipirt, wählt, wenn fie nicht mehr „Veftalin" (!) bleiben will, ihren oder ihre Gatten. Denn fie darf „nach Neigung" mit ihnen wechfeln oder gleichzeitig (polygamifch) mit mehreren fich verbinden. Diefelben Rechte ftehen dem Manne zu, der fich mehrere, je nach Mutterglück unterfchiedene Genoffinnen beigefellt. Die Kinder werden, wie die Greife, als drittes Gefchlecht von den Vermählten abgefondert und von denen gepflegt, welche fich durch den „Familien= trieb" hiezu beftimmt fühlen.

Gewerbe, Haus= und Landwirthfchaft der Gegenwart leiden an Zer= fplitterung und dadurch an Verfchwendung der Kräfte. Die kleinen Werk= leute, Bauern und Haushaltungen ermangeln daher der Hülfsmittel zum erfolg= und genußreichen Betriebe ihrer Befchäftigung. In der Großindu= ftrie haben der Reichthum und in deffen Dienfte der „Liberalismus" die Maffe des Volkes um Freiheit und Wohlftand geradezu betrogen. Ihr „Gefellfchaftsvertrag", gebaut auf den „Hunger der Armen und auf die Bajonnete der öffentlichen Gewalt", welche fie allein berückfichtigt, macht es dem Arbeiter auch bei höchfter Anftrengung unmöglich, mehr als das Allernothwendigfte zur Lebensfriftung zu erwerben.

Die Ueberwindung diefer Greuel ift durchführbar mittels der „or= ganifirten", nach „paffionellen Serien" und „Gruppen" gegliederten, alfo „focietären Gemeinde". Die Serien, aus denen fie fich bildet, halten fich unter einander als „Phalanx" zufammen und bewohnen ihren gemein=

samen Palast, das „Phalanſtère", welches in Mitte der Ländereien der
„Gemeinde" erbaut wird. Jedes ſolches Phalanſtère nimmt ungefähr die
Bewohnerſchaft einer Quadratmeile auf, iſt alſo für 15—1800 Perſonen
eingerichtet.*) Die Koſten der Erbauung decken ſich durch Zuſammenlegung
von Actiencapital. Die Bewohner bearbeiten den Boden, andere führen
den Haushalt, wieder andere arbeiten in der Induſtrie der verſchiedenen
Gewerke; die dazu Befähigten erziehen die Kinder, unterrichten in den
Wiſſenſchaften und üben die Kunſt. Neben dieſer „Arbeitstheilung" wird
der „Arbeitswechſel" durch das „Serien"= und „Gruppenſyſtem" möglich
gemacht und von den „Arbeiten" ſelbſt werden die nothwendigen am
höchſten gezahlt, dann die „nützlichen" und zuletzt die „angenehmen". Die
Arbeitszeit überſteigt nie 10 Stunden.

Jede Phalanx wird von einem erwählten Rathe der Aelteſten ge=
leitet. Aus dem Ertrage eines Phalanſtère bekommt das Anlagecapi=
tal $^4/_5$; alles Uebrige vertheilt ſich als Lohn an die Arbeit der Pro=
ducenten und an die Dienſte der Intelligenz, wie die des Arztes, Lehrers ꝛc.
Die ſocietäre Gemeinde iſt im Stande, dem ſonſt in ſeiner Vereinzelung
Aermſten das Leben ſo friedlich und glücklich zu geſtalten, wie es gegen=
wärtig kaum der Reichſte vermag. Weil es keine Sonderintereſſen gibt,
und Alle ſich gleich behaglich finden, gibt es auch keinen Anlaß zu Zer=
würfniſſen, wohl aber einen Wetteifer der einzelnen „Serien" und „Grup=
pen", Ausgezeichnetes zur Erhöhung der Wohlfahrt und des Ruhmes der
Geſammtheit zu leiſten. Einmal gegründet, wird die erſte „ſocietäre
Gemeinde" das Muſterbild und der Anfang für ihre Ausbreitung über
die ganze Menſchheit ſein. Fourier denkt dieſe in etwa drei Millionen
Gemeinden zu gliedern, deren Centralleitung in „Conſtantinopel" ihren
Sitz unter einem „Omni=Archen" haben könnte. Leider hat die Welt
bis jetzt weder die erſte „ſocietäre Gemeinde" noch auch deren Muſter=
phalanſtère geſehen. Denn Fourier fehlte zur Einrichtung eines ſolchen
das Nothwendigſte, das Geld. Bis an ſein Ende ſuchte er Jemanden,
der ihm eine Million Franken zum erſten Anfange geben wollte. Er hoffte
vergeblich darauf.

---

*) Fourier ermangelt nicht, das Phalanſtère mit Allem, was Bedürfniß und
Luxus erfordern, glänzend auszuſtatten, darunter mit Sternwarten, Telegraphen, Gal=
lerien, Theater, Speiſeſälen, Gärten, Höfen ꝛc. Alle Werkſtätten müſſen zugleich elegant
und bequem ſein.

Zehnte Vorlesung.

Fouriers Schule. — Baboeuf. — Die „Mutualisten. — Proudhon. — Milderer Communismus Cabets. — Robert Owen.

Fourier, der ideale Schöpfer der Phalanstèren, hat wenige Schriften, aber einige treue und geistvolle Schüler und Schülerinnen hinterlassen. Victor Considérant, A. Paget, Clarisse Vigoureux, Me. Gatti de Gamond vertheidigten und erläuterten theils in Brochüren, theils in Journalen, besonders in der Zeitschrift „le Phalanstère", in den Jahren 1832 bis 1842 die socialen und philosophischen Lehren ihres Meisters.*) Zu einer Verwirklichung dieser Träume kam es jedoch nicht. Aber auch die durch Victor Considérant besonders glänzend vertretene Theorie besteht in keiner Weise vor der sittlichen und volkswirthschaftlichen Kritik. Die Zerstörung der Ehe und Familie, dieser Grundpfeiler aller ächten Sittlichkeit für die Einzelnen wie für die ganze Gesellschaft, würde diese letztere bald zu einem wüsten Chaos herabdrücken, in welchem die Nachkommenschaft, ihres natürlichen Schutzes beraubt, mißleitet, wegen Ueberfülle mißachtet und zur Last geworden, verwildern, bald auch physisch verkommen müßte. Verwerflicher im Princip als irgend welche

---

*) V. Considérant Destinée sociale. Par. 1834. — Paget A. Introduction à l'étude de la science sociale. 1838. — Clar. Vigoureux Paroles de la Providence. 1835. — Me. Gatti de Gamond, Fourier et son système. Par. 1838.

heidnische Ausartung der Geschlechtsliebe, und in ihren gräßlichen Folgen
für Geist und Leib unausdenkbar müßte die der Frauenwelt eingeräumte
Zügellosigkeit wirken. Es gäbe keine Mutter mehr, sondern nur Weiber!
Damit verglichen erscheint es noch wie Unschuld, wenn Fourier für
seinen Umbau der Welt das Menschenmaterial nicht ansetzt, wie es
in Wirklichkeit ist, sondern sich Idealmenschen schafft, von welchen er
Tugenden und Opfer erwartet, größere und dauerndere, als je das Christenthum seinen Heiligen zugemuthet. Das „Phalanstère" müßte in jedem
seiner Bewohner die Vollkommenheit des Mönches voraussetzen, während
es zugleich die schrankenloseste Genußsucht, die „Emancipation des Fleisches", verspricht und möglich macht!

Die wenigen gesunden Ideen Fouriers leiten vom Communismus
zum Socialdemokratismus hinüber, wie die Idee der Association für Verbrauch und Arbeit. Verhängnißvoller als Fouriers Träume ist für Frankreich ein anderes, radical communistisches System geworden, der „Ba-
boeufismus. Um es schon jetzt mit einem Worte zu sagen, die Menschen, welche in unsern Tagen als Commune sich der Herrschaft in Paris
bemächtigt und die Hauptstadt Frankreichs nahezu als Brandstätte hinterlassen haben, sind keine anderen als die geistigen Enkel des rücksichtslosesten
aller Communistenführer, die reifgewordene Brut der Lehren des François
Gracchus Baboeuf. Das Wirken dieses Mannes ist daher unserer Aufmerksamkeit besonders werth. Die erste französische Revolution hatte, wie früher
dargethan worden, den Liberalismus des Großbürgerthums über die Geistlichkeit und den Adel siegreich gemacht und zur Alleinherrschaft erhoben.
Der Gegensatz von Arm und Reich war aber nicht nur ungemindert geblieben, sondern vertiefte sich noch in den Jahrzehnten unmittelbar nach
der Revolution durch die uneingeschränkt waltende Capitalwirthschaft. Nun
hatte aber die wilde, blutige Bewegung die Masse leidenschaftlich und
lange aufgeregt, durch die Predigt von Gleichheit und Brüderlichkeit
war sie von dem Advocatenthume und dem Liberalismus als Helfershelfer
in den Kampf gegen die höhern Stände gelockt und geführt, dann aber
ihrem früheren Schicksale überlassen worden. Ganz anders hatte sich
Baboeuf den Beruf einer Staatsumwälzung gedacht. Er wollte nicht
den Adel und die Geistlichkeit beraubt haben, um die „Plutokratie" des
liberalen Bürgerthums an deren Stelle zu setzen. Als Mitglied der
äußersten Partei des französischen Nationalconvents gründete er deßhalb
noch mitten in der blutigen Hochfluth der Revolution 1793 die communistische „Gesellschaft des Pantheons oder der Gleichgestellten (Société du
panthéon ou des égaux)." Durch seine Zeitung, „der Volkstribun",
rief er das Proletariat der Städte und die erbitterten und verarmten

Landleute auf, ihm die neue Gesellschaft bilden zu helfen. Das Directorium, welches nach dem Sturze Dantons und Robespierres Frankreich
regierte, trat dieser Bewegung der untersten Volksclassen entgegen und
untersagte das Werben für den communistischen Bund. Baboeuf zog sich
von der Oeffentlichkeit zurück, bildete aber insgeheim eine wohl organisirte
Verschwörung, den Geheimbund der Gleichgestellten (Egalitaires). Unter
seiner und seines Freudes Darthé Führung rüsteten sie sich für den
Augenblick des gewaffneten Hervortretens. Das Directorium überraschte
die Verschworenen. Baboeuf ermordete sich den 26. Mai 1796. Darthé
starb am gleichen Tage durch die Guillotine.

Die Hauptlehren, welche Baboeuf verkündete, lassen sich kurz etwa
so fassen: Jedes Sondereigenthum ist ein Verbrechen an der Gesellschaft.
Demgemäß muß jedes Gemeindeeigenthum, der Besitz der Stiftungen und
Schulen, sobald die neue Gesellschaft geschaffen ist, an diese übergehen. Es wird als nationales Gut von der Gesellschaft verwaltet und
verwerthet. Das übrige Eigenthum wird mit dem Ableben jedes derzei-
tigen Privatbesitzers ebenfalls Nationalgut. Die wechselseitigen Schuldfor-
berungen der Inländer, von Franzosen gegen Franzosen, werden durch
die neue Gesellschaft aufgehoben, und auswärtige Schulden übernimmt
sie zur Abtragung. Jeder Mensch hat gleiches Recht auf alle Güter
und Genüsse, jeder aber schuldet der Gesellschaft die seiner Befähigung entsprechende Arbeitsleistung. Das Zusammenwohnen der vielen
Menschen in Städten ist naturwidrig und entsittlichend. Es darf in der
neuen Gesellschaft keine Großstädte mehr geben, sondern nur Dorfschaften.
Wir begreifen jetzt, warum in unsern Tagen die Zerstörung von Paris
durch „Petroleurs" und „Petroleusen" nicht schlechthin als Act der Rache,
sondern als Vollzug der Hauptlehre eines wahnwitzigen Systems versucht
worden. Die ganze Bevölkerung der Zukunftsstaaten wohnt in Landge-
meinden. Das Ganze der Gemeinschaft trägt ausnahmslos Sorge für
gleiche, bequeme Wohnungen, für Kost und für Gewand, dies letztere bei
Allen von gleichem Stoffe und Schnitt. Luxus in Kleidung und Nahrung ist Jedermann untersagt. Die einzelnen Dorfgemeinden gruppiren
sich in Bezirke und die Bezirke in Provinzen, ohne daß jedoch der Grund-
zug der Gemeinde, die richtige „Commune", dadurch in ihrem Wesen
beschränkt wird. Jede Dorfgemeinde theilt ihre Mitglieder in ebensoviele
Classen, als es Hauptproductionszweige gibt. Die naturgemäßeste Arbeit
für Jeden ist zweifellos der Ackerbau. Ihm haben also die meisten obzu-
liegen. Von den Gewerben dürfen nur die zur Lebensführung nothwendigen und die leicht erlernbaren betrieben werden. Kunst im bisherigen
höheren Sinne bleibt als überflüßig und als sittenverweichlichend ausge-

schlossen. Auch daraus mögen wir entnehmen, warum bei der letzten
Verwüstung der Hauptstadt Frankreichs zum Entsetzen der übrigen Welt
von der Commune keine besondere Rücksicht auf die Erhaltung der
Museen, Gallerien und Kunstschöpfungen überhaupt genommen wor=
den ist. Auch Wissenschaft und Literatur sollen nur in dem Maaße fort=
bestehen, als sie gemeinnützig sind. Die Gesellschaft als solche braucht keine
Fachgelehrten, sie kann ihrer ebenso wie der Kirche und der besoldeten
Bureaukratie entbehren. Wo und was gedruckt werden soll, entscheidet
eine eigene Behörde, die das Vorgelegte nach der Gemeinnützigkeit prüft.
Alle Obrigkeiten fungiren nur als Vertheilungsbehörden für Arbeit und
Ertrag. Jede Arbeitsclasse in der Dorfgemeinde wählt ihren Vorsteher,
und diese zusammen bilden in dem Dorfe den Gemeinderath. Aus der
Wahl der Dorfgemeinderäthe gehen Bezirks= und Provincialbehörden und
endlich auch die Obervertheilungsbehörde hervor. Diese Regierungen wei=
sen Jedem die Arbeit an und sind befugt, die Bürger von einer Classe
in die andere oder auch von einer Gemeinde in die andere, wo sie nütz=
licher oder nothwendiger sind, zu versetzen. Ebenso sammeln die Regier=
ungen die Boden= und Gewerbserzeugnisse in die Magazine und verab=
reichen den Bedarf daraus an die Consumenten. Die Hauptregierung
allein betreibt den Handel mit dem Auslande. Die Ehe bleibt berechtigt,
aber nicht unauflösbar. Die Kinder sind jedoch von dem frühesten Le=
bensalter an nicht von den Eltern, sondern in öffentlichen Erziehungsan=
stalten für die Zwecke und im Geiste der Gesellschaft zu erziehen.

Eine specielle Kritik dieses Grundcommunismus wollen wir nicht
geben. Sie ist auch nicht nothwendig. Der Hohn des Systems auf
Alles, was die Natur der menschlichen Gesellschaft in sich schließt und
das volkswirthschaftliche Interesse unentbehrlich macht, ergibt sich von selbst.
Denken wir dafür nur einen Augenblick an die wirklich abenteuerliche
Maschine, zu welcher der Staat bei dieser Einrichtung umgeformt werden
müßte, und an die furchtbare Knechtschaft, welche jedem einzelnen Bürger
auferlegt würde, um diesen künstlichen Mechanismus nicht durch irgend=
welche Willkür oder Sondereigenthümlichkeit zu stören. Daß ein Staat
und eine Gesellschaft mit solchen Einrichtungen nach einem kurzen Be=
stande der Auflösung verfallen müßte, gerade dadurch, daß doch nur
Wenige als Behörden über die Masse in Allem schalten, und mithin
wieder der Krieg der Gehorchenden gegen die Befehlenden sich in
Aussicht stellte, bedarf ebenfalls keiner weitläufigen Erörterung. Aber
Eines ist es, was noch Aufmerksamkeit verdient. Diese Schule erhielt
sich trotz ihrer Ungereimtheit und war wirksam vom Ende des vorigen
Jahrhunderts bis zum gegenwärtigen Augenblicke. Welche Zustände setzt

dieses voraus und welchen Charakter eines Volkes, das sich für derlei
Phantasien nicht bloß begeistern, sondern dafür sogar **Leben** und **Gut**
der Einzelnen und die kostbarsten Besitzthümer der Nation zugleich mit
den Monumenten seiner **Kunst** und seiner Geschichte preisgeben und zer=
stören will? Die Nahrung, welche diese verruchte Schule sog, war
wesentlich der fortwährend sich steigernde Haß gegen das unleugbar viele
Unnatürliche und Peinliche in der socialen Lage Frankreichs. Dazu
kömmt die in den Massen herrschende Unwissenheit und die leichte Be=
weglichkeit des französischen Sinnes überhaupt. Als nach dem Auf=
hören der Feldzüge Napoleon's I. eine beträchtliche Zahl alter, verwit=
terter Soldaten in die unteren Schichten der Gesellschaft zurücktrat
und statt der Feldlager jetzt die **Werkstätten** besuchen und statt der Waffen
das **Handwerkszeug** führen sollte, da war in ihr eine neue Jüngerschaft
für die **Lehren** Baboeufs geworben. Diese unwissenden und grollenden
Massen sahen nun gleichzeitig, wie ein **erneuter Adel** und ein **nicht**
immer vorsichtiger Klerus unter der Restauration der Bourbonen wieder
an **Ehren** und **Besitzthum** emporkam, und die Hofhaltung und der
Militarismus in Macht und Glanz und anschwellendem Reichthume die
Ungleichheit der Verhältnisse aufs Neue steigerte und die höhern Rang=
classen vielfach das Elend der niederen nicht in Wirklichkeit kannten oder
geradezu gleichgültig ansahen. Die Verführung, welche die Socialisten
durch Wort, Schrift und Bild den Massen beibrachten, vermischte sich
unter den Bourbons und unter dem Julikönigthume mit den Wühlereien
der **Republicaner**, die zum Theil auch **Gold** unter die Massen vergabten,
nicht um ihren Bedrängnissen Milderung zu schaffen, sondern um sie
zum Sturze des verhaßten Königthumes aufzureizen, zu werben und
zu waffnen.

Bei dieser Lage der Dinge war es nach Baboeuf besonders
Buonarotti, welcher den radicalen Communismus seines Meisters
durch Sendlinge, Brochuren und Journale predigte. Es entstanden in
den letzten Jahren der Regierung Karl's X. und zu Anfang der Regierung
Louis Philipp's wiederholt Verschwörungen, hervorgegangen aus socialen
und republicanischen Einflüssen und Tendenzen. Die „Volksfreunde",
die „Gesellschaft der Menschenrechte", die „Naturalisten" und andere ge=
heime Bünde organisirten sich zur Arbeitseinstellung und zu Straßen=
aufruhr. Man forderte Volkscassen, Steuer= und Wahlreformen, besonders
aber Dotationen für die Proletarier aus den Erbschaften der Reichen.
In dreitägigem Straßenkampfe zu Lyon (9.—12. April 1838) wurden
die communistischen Schaaren blutig niedergeworfen. Aber diese Nieder=
lage entflammte nur den Geist der Rache und entriß den Arbeitern nicht

alle ihre geheimen Führer. Barbé*) und Louis-Blanc wurden die
Wortführer der communistischen Republik. Ihre Tagesblätter lehrten die
Nothwendigkeit, nach dem Geburtsadel auch den Geldadel zu vernichten
und die Besitzenden, welche der gemeinen Wohlfahrt wiederstrebten, wenn
es sein müßte, mitleidslos zu ermorden, vom großen bis zum kleinen
Bürger (épicier). In diesem Geiste entfaltete die communistische Secte
auf's Neue ihr rothes Panier, und am 12. Mai 1839 hatte Paris
wieder das Schauspiel eines Barricaden- und Straßenkampfes, in welcher
die Bande Barbé's der Militärmacht unterlag. Wir sehen, wie seit fast
dritthalb Menschenaltern der politische Horizont Frankreichs nie ganz frei
blieb von den furchtbaren Wetterwolken, deren Ausbruch wir in unsern
Tagen erlebten.

Ein zweiter Name, dem des Baboeuf an Ruhm, wie die Persönlichkeit an Vermessenheit der Gesinnung und Verruchtheit des Wortes gleich,
ist Proudhon, dessen Wirken hauptsächlich in unsere Zeit fällt. Proudhon veröffentlichte neben seinem social-kritischen Werke „Philosophie des
Elendes"**) die berüchtigte Schrift „Was ist Eigenthum?" (Qu'est ce que
là propriété?) im Jahre 1840. Er gibt sich auf seine Frage im Geiste
Baboeuf's die Antwort: „das Eigenthum ist — Diebstahl." Zu dem
Eigenthume, welches Diebstahl ist seinem Ursprunge nach, rechnet Proudhon alles ererbte Eigenthum; nur das, was der Mensch durch eigene
Arbeit erworben hat, läßt er noch als berechtigtes Sondereigenthum gelten.
Sein Ingrimm über den Zustand der Gesellschaft, wie er sie findet und
beurtheilt, ist geradezu dämonisch. Verantwortlich für den gegenwärtigen
Zustand macht Proudhon vorzüglich auch das Christenthum, den Glauben
an einen persönlichen Gott, an die Unsterblichkeit der Seele, an eine
Vergeltung jenseits. „Ich stoße den Glauben von mir", ruft er aus,
„was wir sind, sind wir für's Diesseits, und im Diesseits nicht das,
was wir sein wollen, sondern was wir müssen." Statt des Glaubens
an das Jenseits soll die Gesellschaft durch andere Bande zusammenge-
halten werden, und diese sind das dreifache Vertrauen, welches der Mensch
dem Menschen leisten kann: das Vertrauen in der Ehe, das Vertrauen
im Rechtsleben und das Vertrauen unter den Völkern. Die Religionen
sind entbehrlich geworden, die wahre Religion ist nur die Gerechtigkeit.
Die Mittel, durch welche Proudhon zur Umgestaltung der Gesellschaft ge-

---

*) Barbé leitete die Journale: „Le Moniteur républicain" und „L'homme
libre."

**) Vgl. Proudhon, de la justice dans la Révolution et dans l'Eglise
voll. 3. Paris 1867.

langen wollte, sind zwar nicht so grundstürzend, wie bei Baboeuf, aber in vieler Beziehung ihm verwandt. Vor Allem ist der Mensch aufzuklären über die Verderbniß der gegenwärtigen Dinge und ihm der Schlüssel in die Hand zu geben für die wahre Erkenntniß der Interessen und Aufgaben der Societät. Diesen Beruf haben die Jünger seiner Schule und die Schule überhaupt. Die Rückkehr vom Privateigenthum zum Collectiveigenthum geschieht, ähnlich wie bei Baboeuf, durch eine Neubildung des Familien= und des Gemeindewesens, durch Abschaffung des Erbrechtes, durch Uebertragung und Zusammenlegung des Sondereigenthums an Grund und Boden in's Collectiveigenthum der Gemeinde. Proudhon's System bildet in dieser Weise den Uebergang zu den mehr socialistischen Vorschlägen.

Wir wenden uns zu einer anderen Richtung, die mit diesem rohen Atheismus nichts gemein hat, auf ihrem weiteren Wege ihm aber dennoch die Hand bietet. Es ist der „ikarische Communismus", gegründet von Cabet. Cabet war in die Lehre der gemäßigten Baboeufisten, die sich unter Louis Philipp auch „Reformisten" nannten, eingeweiht. Ihn dünkte es möglich, auch durch die Monarchie, vermittels gleicher politischer Rechte und Einführung von gemeinsamer Arbeit und beziehungsweiser Vertheilung des gesammten Ertrages der Arbeit einen segensreichen Umbau der Gesellschaft zu bewirken. Cabet, seiner Beschäftigung nach Advocat, hatte im Jahre 1835 an dem Aufstande der Communisten sich betheiligt und war, deßhalb politisch geächtet, nach England geflohen. Hier begegnete er einem neuen Meister, dem für die Geschichte der communistischen Ideen wirklich bedeutenden Robert Owen.

Um die Schöpfung Cabet's zu würdigen, müssen wir daher Robert Owen zuvor zeichnen. Owen, geboren 1771, war von niedriger Herkunft. Er erlernte gleichwohl die Handelswissenschaft und wurde Schwiegersohn eines Fabrikherrn (Dale) zu Manchester. Von diesem erbte er dann ein großes Etablissement, die Mill oder Spinnfabrik von New-Lanark. Schon als Kind mit der Armuth bekannt und durch fleißige Lectüre in die sociale Gedankenentwicklung eingeführt, unternahm Robert Owen vornächst in seinem Eigenthume sociale Verbesserungen, und sie glückten. Durch Verständigung mit seinen Arbeitern konnte Owen, ohne am Ertrage der Fabrik zu verlieren, die Arbeitszeit von 12 auf 10 Stunden verringern. Er baute seinen Arbeitern Wohnhäuschen mit kleinen Gärten, sorgte dafür, daß die Arbeiter, was sie bedurften, zum unmittelbaren Productionspreise einkauften, gründete Fabrikschulen und schuf in That eine Musterwirthschaft, die in England Aufsehen erregte und auch vom Auslande zahlreiche, darunter selbst königliche und kaiserliche

Besuche erhielt. Robert Owen suchte seine praktischen Erfahrungen seinen Standesgenossen zugänglich zu machen und begann 1812 schon seine literarische Thätigkeit durch das denkwürdige Buch „Neue Ansichten über die Gesellschaft".*) Sein Eifer trieb ihn über den Ocean. 1824 erkaufte Owen bedeutende Güter, für ein vollständiges Dorf zureichend, im Flußthale des Wabash im Staate Indiania und gründete dort eine ausgedehnte Arbeiter- und Ackerbaucolonie unter dem Namen „Die neue Harmonie". Hier ward zum erstenmale ein vollständiger Communismus gewagt, indem die Gesellschaft „Neue Harmonie" in Werkstätten auf gemeinsamen Ertrag arbeitete und auch an gemeinsamem Tische aß.

---

*) R. Owen, New Views of Society. Lond. 1812.

Eilfte Vorlesung.

R. Owen's Sociallehre. — Die ikarischen Communisten Cabets. — Lamennais' „Evangelien." — Deutsche Communisten (Weitling, Marx &c.) — Atheistische Arbeiterbünde. — Die Internationale.

Weniger durch seine communistische Ansiedlung, die „New=Harmony", als vielmehr durch die großartige Agitation, welche Owen nach seiner Heimkehr (1825) in Europa entwickelte, ist er für die Weitergestaltung der communistischen und socialen Bewegung auch außer England folgenreich geworden. Durch Volksversammlungen und in Flugschriften unermüdlich für Ausbreitung seiner Ideen thätig, hatte er zwischen den Jahren 1825 und 1836 bereits eine Genossenschaft von 400,000 Mitgliedern im vereinigten Königreiche Großbritannien für seine societären Pläne gewonnen. Wie diese Bewegung in's politische Gebiet übertrat, werden wir gegen Ende dieses Vortrages zeigen.

Die Grundlehren Owens sind durchweg, wie gegen den bisherigen Stand der Gesellschaft feindlich, so auch antireligiös und widerchristlich. Nach seiner Ansicht wird der Mensch von Natur aus indifferent geboren. Was er sittlich wird, entwickelt sich nach unveränderlichen Gesetzen nur durch den Einfluß seiner Erziehung und seiner Umgebung; der Mensch wird tugendhaft oder Bösewicht, je nachdem er unter guten oder schlimmen Verhältnissen aufwächst. Er kann nicht anders und muß das werden, was er ist. Owen anerkennt ein göttliches Wesen, aber nichts weiter

als deſſen Daſein. Alle Religionen, alle Dogmen gelten ihm als gleich
wahr und gleich falſch, d. h. wir wiſſen — wie er meint — durchaus
nichts von göttlichen und ewigen Dingen. Die poſitiven Religionen ſelbſt
ſind es, welche nach Owen's gehäſſigſtem Ausdrucke von jeher im Dies=
ſeits dem Menſchen ein Fluch geweſen.

Im Zuſammenhange mit den poſitiven Religionen liegt die Schuld
des unglücklichen Zuſtandes der Geſellſchaft weiterhin auf dem perſönlichen
Eigenthume und auf der Unauflösbarkeit der Ehe. Soll die Geſellſchaft
geheilt werden, ſo müſſen dieſe drei Inſtitute fallen; die poſitive Religion
muß der würdigeren und edleren der ſocialen Sittlichkeit weichen. Die
großen Beſitzthümer werden durch das allgemeine Stimmrecht aufgelöſt,
das Ackerland ſowohl als auch die großen Fabriketabliſſements, namentlich
in den Städten. Die großen Fabriken müſſen unter die ländliche Be=
völkerung vertheilt, und jeder induſtrielle Arbeiter zugleich auch Ackerbauer
und daher Grundeigenthümer werden. Die gleiche Berechtigung aller dieſer
freien Bürger an allen und jeden politiſchen Rechten ergibt ſich von ſelbſt.

Dieſe Schule iſt es nun, um zu Cabet zurückzukehren, durch
welche dieſer geiſtig viel feiner und milder angelegte franzöſiſche So=
cialiſt gegangen. Nach ertheilter Amneſtie aus England heimgekehrt,
veröffentlichte er in dem damals vielbeſprochenen Buche: »Voyage en
Icarie« die Geſchichte und ein Idealbild der Gütergemeinſchaftsverſuche.
Ein Jahr darauf veröffentlichte er das „communiſtiſche Glaubensbekennt=
niß" (»Crédo Communiſte«) und verbreitete durch Vereine und An=
ſprachen, die ſogenannten »Cours Icariens« und durch das Journal
»Le Populaire« ſeine Ideen= und Reformvorſchläge. Minder gottlos
als Owen, beſchränkt doch auch Cabet die Religion gänzlich auf das ein=
fachſte Dogma „Gott und die Natur". Die Natur gibt den Menſchen
die Erde gemeinſchaftlich. Dieſe im geſchichtlichen Entwickelungsgange der
Völker zerſtörte Gemeinſchaft muß wieder hergeſtellt werden. Alle ſind zu
gleicher Theilnahme an Beſitz und Arbeit berufen. Der Unterſchied Cabets
von den radicalen Communiſten beſteht vorzüglich in den Mitteln ſeiner
Reform. Er entnimmt dem Chriſtenthume und dem Philanthropismus
des achtzehnten Jahrhunderts (J. J. Rouſſeau) die Idee allgemeiner
Bruderliebe. Nicht Gewalt, ſondern die Erkenntniß der Pflicht und der
Möglichkeit des gegenſeitigen Wohlthuens ſoll der Weg zur Ausgleichung
werden. Iſt ſchon dieſes ein Weg, welcher Langmuth erfordert, ſo muß
ein Zweites ebenfalls erſt von der Zeit erwartet werden, nämlich ein
dem Geſellſchafts=Neubaue günſtiges Ergebniß gemeinſamer, öffentlicher
Erziehung für alle Kinder des Volkes, gleich für jede Rangclaſſe. Cabet
greift dann weiter zu dem Auskunftsmittel einer durch die geſetzgebende

Gewalt herbeizuführenden Abänderung des Privaterbrechtes zum Vortheil
der Gesammtheit. Ist mit der neuen Gesellschaft immerhin die monar-
chische Regierung vereinbar, so bedarf sie doch demokratischer Einrichtungen
auf breitester Grundlage. Der praktische Anfang aber zur Erneuerung
der Gesellschaft soll sofort gemacht werden durch Einrichtung gemeinschaft-
licher größerer Haushaltungen, ikarischer Gemeinschaften, in welcher die
übrigen Bürger das Muster eines friedlichen und dabei gewinnreichen Zu-
sammenlebens und Arbeitens gewahren würden. Dabei können Ehe und
Familie wohl fortbestehen. Cabets Vorschläge verdienen in der That verglichen zu werden mit den monastischen Schöpfungen aus der Blüthezeit
des Mittelalters. Eine Nachahmung derselben auf deutschem Boden durch
Gustav Werner werden wir später berühren. Auch Cabet predigte den
Versuch solcher societären Schöpfungen im Ganzen vergeblich. Die rabi-
calen Communisten, „Baboeuisten" und „Egalitaires", verspotteten den
sanften Traum Cabets. Die politischen Krisen Frankreichs während der
vierziger Jahre drängten den „ikarischen Communismus" bald in den
Hintergrund.

Dagegen hatte noch vor Cabet ein Mann von außerordentlich hoher
Begabung eine nach Ausgang und Endziele diesem allerdings verwandte, aber ungleich höher strebende Bahn auf socialem Gebiete zu erschließen sich vorgesetzt. Es war kein geringerer, als Robert Felice Lamennais, dieser gewaltige Geist, den man nach seinem Tode nicht mit
Unrecht als „gefallenen Cherub" besungen hat. Lamennais' besondere rein
theologische Wirksamkeit zu schildern gehört nicht hieher. Normanne, wie
sein begeisterter Freund Chateaubriand, geboren 1771, hatte er durch ganz
Frankreich und weit darüber hinaus sich einen hohen Ruf als Priester, Gelehrter, Redner und Schriftsteller erworben. Als das Julikönigthum nach
dem Sturze der Bourbons gegründet war, sammelte sich um Lamennais
ein Kreis hochbegabter Männer, welche die Ideen der neuen constitu-
tionellen Freiheit, wiefern sie fortgebildet und zur echten Demokratie
umgestaltet werden mochten, nicht blos für den politischen Bereich in Erwägung zogen, sondern dieselben auch auf kirchliches Gebiet mit heilsamstem
Erfolg zu übertragen voll begeisterter Hoffnung und zweifelsohne des besten
Willens waren. Bereits im Jahre 1831 hatte sich Lamennais mit der Idee
vertraut gemacht, daß zwar nicht die dogmenlose Bruderliebe, wie bei
Cabet, wohl aber die heilige und hohe Macht der katholischen Kirche den
Beruf habe, nicht nur das Heil der Seelen mittels innerer Heiligungs-
kräfte, sondern geradezu auch die äußere Befreiung der Völker und die
sociale Erlösung und die sittlich-politische Erhebung der niederen und leidenden Volksclasse als Weltaufgabe zu betrachten und zu verwirklichen.

Das bisherige Verhältniß sollte sich demnach umkehren. Die Kirche könne und müsse wie durch ihre Lehre, so durch ihre Gesetzgebung und mittels ihres hierarchischen Einflusses die christlichen Nationen politisch frei und weise machen und in Folge dessen die arme und gedrückte Menge in Schutz nehmen, deren Anrechten das Wort leihen und auf diesem Wege der politischen Gerechtigkeit wie der wahren Bruderliebe sie social erlösen, erheben und heiligen, um sie dann erst voll und nachhaltig mit dem Geiste des Evangeliums auch innerlich durchdringen zu können. Nun hat aber die Sendung und die Thätigkeit des Evangeliums stets in umgekehrter Richtung ihre Bahn verfolgt. Das Reich des Herrn ist zunächst nicht von dieser Welt. Deßhalb hat es seit Anbeginn der Evangelisation von Innen nach Außen auf die einzelnen Berufenen und durch sie auf die Völker zu wirken sich bemüht. Erst von der Erneuerung und Umbildung der Herzen erstrebte und erwartete die Kirche die Ueberwindung socialer Mißstände und Leiden. Die Anträge des begeisterten Propheten des Volkes wurden daher in Rom bedenklich angehört und zuletzt schroff abgewiesen. Da wendete sich Lamennais von der Kirche, beziehungsweise von der katholischen Idee, gänzlich ab. In seiner Schrift „Worte eines Gläubigen" (»Paroles d'un croyant,« 1835) gab er seinem Zorne den glühendsten, in der begeisterten Sprache der Propheten gefaßten Ausdruck. Im Jahre 1846 erschien eine in gehobenster Schreibart gegebene Erklärung zu den Evangelien (Les Evangiles), welche gewissermaßen das social-prophetische Testament dieses großen Geistes an das leidende Volk sein sollte, dessen Erlösung er von der Kirche begehrt und erwartet hatte. Mit der ihm eigenthümlichen genialen Sprache wird darin, nach scharfer Züchtigung der Zustände der Gegenwart, eine dem armen Volke glückliche neu-messianische Zukunft in Aussicht gestellt, der Plutokratie aber Gericht und Untergang verkündet.

So haben, jeder in seiner Art, alle die vorbezeichneten Einflüße auf die Gesinnungen des französischen Volkes und besonders auf die socialen Ansichten der ohnedies durch ihre harte Lage verbitterten niederen Classen eingewirkt. Dürfen wir uns daher wundern über Ereignisse, deren unmittelbare Zeitgenossen wir selbst gewesen sind?

Von unserer Aufgabe eines Ueberblickes dieser Bewegungen erübrigt nur noch, auch die Aufnahme und Ausbreitung der communistischen Secten in Deutschland und in der Schweiz zu schildern. Originale finden sich hier nicht. Die deutschen und schweizerischen Communisten sind zum Theil nur rohe Nachbeter der französischen, weniger der englischen Lehrmeister. Im Jahre 1840 machte der Schneidergeselle Weitling aus Magdeburg ziemlich viel Aufsehen. Dieser wüste, wenn auch nicht talentlose Socialist

schrieb ein gotteslästerliches Büchlein, „das Evangelium eines armen Sün=
ders," und kurze Zeit darauf eine weitere Brandschrift, „die Menschheit,
wie sie ist" (1843). Die Ideen sind aus Fourier und Owen entlehnt,
von entsetzlicher Gehäßigkeit, nicht bloß gegen das Christenthum, sondern
gegen Gott selber begleitet. Die socialistischen Vorschläge lauten fast un=
verständlich und sind jedenfalls ganz unpraktisch. Der Schneidergeselle
Weitling will einen Familienbund der ganzen Menschheit stiften, ohne
Unterschied der Herkunft, Sprache und Bildung. Dieser Bund muß da=
für sorgen, daß Alle arbeiten. Die Arbeit soll täglich 12—14 Stunden (!)
mit je 2 Stunden Ablösung dauern. Schon dies Eine zeigt, wie traurig
es um die Kenntnisse dieses Mannes, selbst bezüglich der gewöhnlichsten
Dinge, bestellt war. Doch selbst so aberwitziges Auftreten vermochte die
Erbitterung in den seinem beschränkten Gesichtskreise verwandten Handwerks=
gesellen zu steigern und ihm ergebene Jünger zu sammeln. Auch talent=
vollere Leute, eigentliche Literaten, warfen sich jetzt als Führer der Ar=
beiter, als Sachwalter der „armen Handwerksburschen" auf. Karl Marx,
einer der Hauptwortführer des von der Polizei gefürchteten Jungdeutsch=
lands, predigte ebenfalls ganz teuflischen Gotteshaß. „Solange der Mensch,"
sagt er, „mit einem Faden von Gedanken noch an Gott hängt, gibt es
kein Heil diesseits." Die Gottlosigkeit, selbst wenn sie Teufel bildet, macht
sich die Wahrheit zur Bundesgenossin und läutert ihre Jünger durch's Feuer.
Diesen Grundsätzen gemäß, welchen an Verruchtheit Nichts aus der Hei=
denwelt an die Seite zu setzen ist, plante Marx in den Werkstätten und
Herbergen bereits in den dreißiger Jahren den gewaltsamen Umsturz der
ganzen Gesellschaft, durch Ermordung der Reichen, Zerstörung ihres Ei=
genthums und die Vertheilung des dadurch gewonnenen Grundeigenthums
und Industrie=Capitals. Die deutschen Handwerksgesellen, als „deutscher
Handwerksverein" in der Schweiz organisirt, empfingen dort ihre Schule,
besonders in Genf und Zürich. Wenn die deutschen Behörden sich dadurch
veranlaßt sahen, den Handwerksburschen die Wanderung in die Schweiz
zu verbieten, so hatten sie ihre guten Gründe, wenn auch keine aus=
reichende Macht zur Ausführung dieser Maaßregel. Sing=, Lese= und
Arbeiterbildungsvereine, Journale, Brochuren, Rundreisen von Emissären
gaben die Möglichkeit, atheistisch=communistische Lehren über ganz Deutsch=
land auszubreiten. Als auffallend ist dabei bemerkt worden, welcher
Art Handwerker diesen Verführungen am meisten zugänglich sind. Es
sind weniger die schwer arbeitenden, wie Schmiede, Sattler u. dgl.,
sondern weitaus zahlreicher zuerst die halbgebildeten Arbeiter, die Mecha=
niker und Schlosser, dann aber besonders die Leute von sitzender Lebens=
weise und hier in vorderster Reihe die Schneidergesellen. Das stille, fast

contemplative Leben, welches, weniger der Kraft des Mannes als dem
Berufe der Frau entsprechend, diese Arbeiter führen müssen, mag allerdings ihren Hang zu Träumereien entschuldigen und ihre Neigung erklären, ein sogen. freudenarmes Loos verbessert zu sehen. Lehrmeister der
schlimmsten Sorte drängten sich ihnen auf. Es waren nicht blos bereits eingeweihte Standes- und Leidensgenossen, sondern viel mehr noch
Literaten und geradezu eigentliche Gelehrte, wie Feuerbach der jüngere, Moleschott, Vogt 2c., welche, theils durch Vorträge theils durch ihre
Schriften die jungen Handwerker in die bodenlose Tiefe des Materia-
lismus hineinführend, um so mehr deren Begierde nach irdisch-zeitlichem
Wohlbehagen aufreizten und so mittelbar die Gluten der socialen Revolution schürten und häuften. Die Feuer dieses Vulkans zuckten auch bald
in einzelnen Ausbrüchen auf; der Aufstand, welcher mit dem Hambacher
Feste, dem ersten größeren social-demokratischen Rendez-Vous auf deutschem
Boden wetterleuchtete (1832), die Stiftung des „Grütlivereins" in der
Schweiz, verschiedene andere Verschwörungen in Deutschland, England und
namentlich auch in Rußland sind gewissermaßen die Vorspiele zu immer
großartigeren Umwälzungsversuchen innerhalb der europäischen Staaten
bis zu jenem Aeußersten, wohin der letzte Aufstand der Communisten
in Paris es gebracht hat. Um den Zusammenhang dieser Ereignisse
bestimmter nachzuweisen, ist es hier am Orte, Gründung, Ziel und
Mittel der jüngsten, aber umfassendsten Proletarier- und Arbeiter-Ver-
brüderung, der sogenannten „Internationale" zu erörtern.

Die internationale Arbeiter-Association ist beabsichtigt und gegründet
als Weltbund aller Socialisten und Communisten der verschiedenen Nationen und Richtungen. Eines ist ihnen vor Allem gemeinschaftlich,
nämlich der Entschluß die gegenwärtige Verfassung der Gesellschaft in
Staat und Kirche, im bürgerlichen und industriellen Bereiche den Arbeiter-
Interessen gemäß umzugestalten, also vornächst den gegenwärtigen Zustand zu bekämpfen und zu stürzen. Die Association nahm ihren Anfang am 25. September 1864 in St. Martinshall in London durch
einen Zusammentritt von Abgeordneten der verschiedenen communistischen
und socialistischen Vereine Amerikas und Europas.

Ein deutscher Gelehrter und Socialist, Karl Marx, entwarf die
Statuten, welche auf dem Genfer Congresse für den Weltbund genehmigt
und kundgegeben wurden. Wenn die Nachrichten wahr sind, so hat sich
aus den von der Commune hinterlassenen Papieren in Paris ergeben,
daß die Internationale etwas über zwei Millionen Mitglieder unter den
verschiedenen, aller Art von Lohnarbeit angehörigen Gewerksleuten zählt.
Die Direction des Bundes ist in London (seit Juli 1869). Hauptfilialen

9*

befinden sich in allen großen Handels= und Industriestädten Europa's
und Amerika's. Die Statuten der Internationale, wie Karl Marx sie
redigirte, verkünden als Hauptziel das gleichmäßige und von Einem Centrum
aus geleitete Zusammenwirken aller Arbeitergesellschaften zur Ueberwindung
des auf den Lohnarbeitern lastenden Druckes und Elendes und zur Be=
seitigung aller politischen und socialen Ungleichheiten, welche die gegen=
wärtigen Staatsverfassungen und die Lage der Industrie, besonders die
ausschließliche Herrschaft des Capitals, den „Besitzlosen" auferlegen.

　　　Laut ihres offenen Programmes (25. März 1869) fordert die
„Internationale" im Besonderen die directe Gesetzgebung für das Volk
durch das Volk, die Abschaffung des Erbrechtes im Bereiche des bewegli=
chen Vermögens und der Arbeitswerkzeuge und Rückführung des in per=
sönlichen Besitz getheilten Grundeigenthumes an den Collectivbesitz der Ge=
meinden und des Staates. Denn nur so könne und werde das unver=
äußerliche Recht eines jeden Arbeiters auf den seiner Production entsprech=
enden Genuß zur Durchführung gelangen.

　　　Ein Centralrath oder „Generalrath" aus Arbeitern verschiedener
Länder übernimmt die Aufgabe, durch Belehrung mittels Vertheilung von
Schriften, durch Organisirung von Vereinen und Volksversammlungen,
dann aber auch durch bestimmte Befehle und Aufträge die Gesammtinter=
essen der Arbeiter zu fördern und zu vertheidigen, sowie durch Herbei=
schaffung entsprechender Geldmittel den Gewerkschaften und Arbeiterver=
bindungen besonders im Falle der Arbeitseinstellungen und für Zwecke der
politisch=socialen Agitation fürzusorgen. Der Generalrath wechselt seinen
Sitz und wählt den Ort für die Congresse, die zu bestimmten Zeiten
stattfinden sollen. Die Arbeiter aller Länder und die verschiedenen Ge=
werkschaften haben sich in fortwährendem brieflichen Verkehre unter sich
und mit dem Generalrathe zu erhalten. Sie sind verpflichtet, Nachricht
zu geben über die socialen Zustände, besonders über Mißstände und über
die Ursachen und Personen, durch welche solche herbeigeführt werden. Zu=
gleich bildet dieser Generalrath auch eine Art von Bundesgericht bei
Streitigkeiten. Jede Arbeitergesellschaft, welche eine sociale Bewegung
unternimmt oder mit ihrem Arbeitsherrn Zwistigkeiten auszutragen hat,
muß sich über die Maaßnahmen mit dem Generalrathe der Internationale
verständigen. Die Arbeiter unterhalten so unter sich eine Art von brü=
derlicher Gemeinschaft. Jedes Mitglied empfängt aller Orten den brüder=
lichen Beistand der gesammten Association durch dieselben Mittel, welche
dieser Weltbund seinen affiliirten Vereinen gewährt. Theils jährliche Bei=
träge seiner Mitglieder, theils außerordentliche Schankungen sollen es
möglich machen, daß, wo großartige und beharrliche Arbeitseinstellung zur

Hebung des Lohnes oder zur Abschaffung von Mißständen nothwendig ist, die feiernden Arbeiter einstweilen für den Abgang des Lohnes vollständig entschädigt werden. So besteht in Mitte der übrigen Gesellschaft eine Verbindung, die durch Zahl ihrer Mitglieder wie durch die grundsätzliche Rücksichtslosigkeit in ihren Maaßnahmen die Gesellschaft mit einer nicht geringen Gefahr bedroht. Dabei darf nicht vergessen werden, daß die Internationale auf der Grundlage der entschiedensten Feindschaft gegen jede und zumal die christliche Religion einen folgerichtig berechneten Krieg gegen den Gottesdienst, gegen die Familie und die Ehe organisirt. Aus denselben Documenten, welche aus der Hinterlassenschaft der „Commune" in Paris jüngst (Juni 1871) aufgefunden worden, erhellt, daß ähnliche Versuche, durch Aufruhr, Blut und Feuer zur Vernichtung des Capitales, aller Besitzenden und der Städte selbst zu gelangen, wie sie in Paris die gräßlichste Zerstörung veranlaßt haben, für alle größeren Städte nicht nur Frankreichs, sondern auch Deutschlands, Italiens, Rußlands und Englands beabsichtigt sind. Wir mögen uns also unter Umständen auf sehr ernste Erscheinungen gefaßt machen.*)

Nach diesem Ueberblicke über die hervorragendsten Erscheinungen und Gebilde des eigentlichen Communismus ist es am Orte, überzugehen zu den Gestalten, welche die Arbeiterfrage im Socialismus des engeren Sinnes und in der Socialdemokratie gewonnen hat.

Die Uebergänge sind hier wieder durch Mittelglieder eingeleitet, welche theils im wirklichen Leben sich schon geltend gemacht haben, theils nur erst als socialistisch-demokratische Theorien und Bestrebungen in den Arbeitergenossenschaften oder in der Volkswirthschaft vorhanden sind. Doch bevor die Socialdemokratie, wie sie heute sich ausgebildet, ge-

---

*) Europa, sagt Jules Favre in einem Rundschreiben an die diplomatischen Vertreter der französischen Republik (6. Juni 1871), steht einem Werke der Zerstörung gegenüber, welches gegen jede der Nationen gerichtet ist, aus welchen es zusammengesetzt ist, und gegen die Principien selbst, auf welchen alle Civilisation beruht. Nachdem es die Führer der Internationale am Werk gesehen, hat es sich noch zu fragen, was deren friedliche Erklärungen werth sind. Das letzte Wort ihres Systems kann nur der schreckliche Despotismus einer kleinen Anzahl von Führern sein, welcher sich einer unter dem Joche des Communismus gebeugten Menge auferlegt, die alle Knechtschaft trägt, selbst die hassenswertheste, die Knechtschaft des Gewissens, die weder Heerd, noch Feld, noch Ersparnisse, noch Gebot hat, gebunden an eine unermeßliche Werkstatt, geführt durch den Schrecken und amtlich gezwungen, aus ihrem Herzen Gott und die Familie zu verbannen.

würdigt werden kann, erscheint es dienlich, auf geschichtliche Vorkomm=
nisse Bezug zu nehmen, welche zuerst in England, dann auch in Frank=
reich mit den früher geschilderten Plänen und Bewegungen als deren
Folgen zusammenhängen. Die demokratische und proletarische Bewegung
trat zuerst in England hervor. Hunt und besonders Owen hatten durch
ihre Agitation die niederen Classen angeleitet, die vollständigen politischen
Rechte auf gesetzlichem und, wenn es sein müßte, auch auf ge=
waltsamem Wege zu fordern und zu erringen. Die Charte (peoples
charter)*), das heißt die Forderung, den Census der activen und passiven
Wählbarkeit für die gesetzgebenden Körper zu Gunsten des allgemeinen
Stimmrechtes fallen zu lassen und so der großen Volksmasse die Ent=
scheidung über die Wahl der Parlamentsmitglieder in die Hand zu geben,
wurde das Signal der lebhaftesten und gefährlichsten Aufregung in Eng=
land (1830—1831). Es erfolgten Sturm= und Massenpetitionen und
Straßenaufzüge der Owenisten und Chartisten. Die Regierung ihrerseits
konnte den Forderungen, wie sie gestellt wurden, unmöglich nachgeben
ohne die Verfassung Englands umzustürzen; jedoch ließ sie sich zu Con=
cessionen herbei. Gleichzeitig mit den drohenden, nicht ohne Gewalt=
scenen durchgeführten Bestrebungen der Chartisten erhob sich in England
ein socialistischer Sturm. Die Rebekkaiten begannen eine Art Bauern=
und Proletarierkrieg gegen Zollhäuser und Schlösser und zerstörten Fabrik.
Etablissements in verschiedenen Grafschaften Englands, um nach Owens
Rath die Auflösung derselben in Hausindustrie oder Arbeitercolonien zu
erzwingen. Der gesunde Sinn, welcher der Masse des englischen Volkes
innewohnt, und die feste Haltung der Regierung beruhigten nach einigen
Zugeständnissen im Laufe der Jahre vorerst die drohendste Bewegung.**)
Frankreich hatte nicht minder bedenkliche Krisen zugleich mit der Februar=
Revolution 1848 durchzuleben. Einzelne Führer der communistischen und
socialistischen Schule erlangten in Folge der Februarrevolution geradezu
Einfluß auf das politische Schicksal Frankreichs. Ein ehemaliger Arbeiter,
Albert, wurde sogar Mitglied des französischen Ministeriums. Blanqui
und Louis Blanc setzten in der Nationalversammlung den Versuch durch,

---

*) 1) Allgemeines und geheimes Wahlrecht (Ballot) jährlich;
    2) Aufhebung jedes Census;
    3) gleiche Wahlbezirke nach Bevölkerungszahl;
    4) Diäten für Unterhaus. — (Birmingham 6. Aug. 1838.)
) S. **Faucher, Etudes sur l'Angleterre. Paris 1845.

die Arbeiter mit Arbeit und genügendem Lohne durch die republikanische Regierung zu versorgen. Es entstanden daher in Paris die sogenannten Nationalwerkstätten (Atéliers nationaux), welche ungeheure Summen verschlangen und bald wieder geschlossen werden mußten, was die Unzufriedenheit und den Groll der Arbeiter nur erhöhte.

Zwölfte Vorlesung.

Louis Blanc's, Rochefort's, Millière's Halbcommunismus. —
Parteistellung in der socialen Frage in Deutschland. —
Schulze-Delitzsch.

Die Nationalwerkstätten des Jahres 1848 waren hauptsächlich nach
den Rathschlägen von Louis Blanc eingerichtet worden. Das sociale System
dieses Mannes bildet eines der Uebergangsglieder vom Communismus zur
Socialdemokratie. Wie fast alle Socialisten, sucht auch Louis Blanc seine
Lehre auf eine Art von Geschichtsphilosophie zu stützen. Es sind bisher,
sagt L. Blanc, in der Menschheit drei Entwickelungsformen hervorgetreten.
Zwei davon gehören der Vergangenheit, die dritte ist in der Entwickelung
begriffen für die Zukunft. Die erste war die der Autorität, in der
alten Welt vergegenwärtigt und geführt durch das Kaiserthum, in der
christlichen durch den Katholicismus und das Papstthum. Während der
Herrschaft dieses Princips gab es keine persönliche Freiheit. Es folgte,
durch die Reformation hervorgebracht, das Weltalter der Individualität,
die Freigebung des individuellen Rechtes im Glauben und späterhin in
der Volkswirthschaft und Industrie. Dieses Princip verkörperte sich religiös
im Protestantismus und wirthschaftlich in der Anarchie, in der Gesetzlosig-
keit des Waltens der Macht über die Schwäche. Nun soll das dritte
Zeitalter begründet werden, das Zeitalter der Brüderlichkeit, in dem allgemeine Harmonie und Versöhnung wie der Religion, so der Rangclassen
der Gesellschaft eintritt und besonders „Organisation der Arbeit." Es
ist die Aufgabe des Staates der Zukunft. Die Gesellschaft wird sich hie-

nach auf Grund der allgemeinen Arbeitspflicht gestalten, welche nach dem
Verhältnisse der Arbeitsfähigkeit zugemessen wird. Der Staat selbst hat
durch Herbeischaffung von Arbeitscapitalien durch eine Staatsbank mit
entsprechenden Vorschüßen die Durchführung der Arbeitspflicht in der Weise
anzubahnen, daß die Arbeiter sich nach genossenschaftlichen Gruppen gleich=
mäßig, je nach Befähigung, in die Arbeit theilen und produciren. Jeder
Bürger dieses Staates besitzt das Recht auf Arbeit. Das Decret der
provisorischen Regierung Frankreichs vom 25. Februar 1848 lautete ·
„Die provisorische Regierung der Republik verpflichtet sich, dem Arbeiter
seine Existenz durch Arbeit zu garantiren, sie verpflichtet sich, jedem Bür=
ger Arbeit zu verschaffen." Dieses Decret, in der gesetzgebenden Versamm=
lung von Louis Blanc und seinen Gesinnungsgenossen durchgesetzt, ist der
genaue Ausdruck seiner sogenannten „Organisation der Arbeit." Das Ge=
setz selbst behauptete sich freilich nur bis 18. September 1848, wo es
nach bitteren Erfahrungen, welche die junge Republik damit gemacht, mit
großer Majorität abgeschafft wurde. Schon durch diese zwei Aufstellungen
wird klar, welch ein ungeheuerlicher Mechanismus dazu gehörte, um von
Staatswegen sowohl Jedem Arbeit zu verschaffen, als auch den Einzelnen
oder den Genossenschaften das Arbeitsmaterial zu bieten. Freilich meint
L. Blanc, daß durch Solidarität, durch Zusammenstehen aller Genossen=
schaften zu dem Arbeiterstaate, nachdem einmal die Republik das Grund=
capital herbeigeschafft, die allenfallsigen Ausfälle am Ertrage und an den
Kosten der Arbeit wechselseitig gedeckt werden können. Zu diesem Ende
sollen von allen Gewerken je 25% des Reinertrages an die Staatscasse
abgeliefert, und von dieser aus den etwa zurückbleibenden Genossenschaften
das Fehlende ergänzt werden. Eine weitere Quelle für den Staat ist
durch die Abschaffung des Erbrechtes eröffnet. Auf diese Weise behauptete
L. Blanc, Jedem den Genuß nach der Individualität seiner Bedürfnisse
sichern zu können. Wo wäre aber in der Welt ein Regierungssystem,
welches die Weisheit und Kraft hätte, 1) zu ermessen, wie viel Jeder
zum Genuße brauchte, und 2) Jedem den Genuß zu verschaffen, ohne die
allerhäßlichste Knechtschaft und Beschränkung auch bei bestem Willen ein=
führen zu müssen?

Noch näher an die Socialdemokratie, ohne gerade die Hauptsätze
des Communismus aufzugeben, sind die in allerjüngster Zeit von Roche=
fort und Millière gestellten Forderungen gerückt. Rochefort redigirte
mit und neben Millière mehrere auf einander folgende Journale während
der letzten Jahre des zweiten Kaiserreiches (la Marseillaise, le Réveil, la
Lanterne), und er ist es, welcher die Brandfackel des Aufruhrs durch
seine Presse vorbereitet hat, lange zuvor, ehe der preußische Krieg ausbrach.

Soweit sich seine Hauptsätze formuliren lassen, geben sie ungefähr folgenden
Reformplan: Die gegenwärtige Gesellschaft ist derart, **daß ohne ihren**
völligen Umbau an **Hülfe für** die leidenden und arbeitenden **Claſſen** nicht
gedacht werden kann. Der Umbau aber muß ſowohl auf dem Gebiete des
Steuerweſens **als auch des Eigenthumsrechtes** vorgenommen werden. Es
darf keine indirecte Steuer mehr **geben, denn dieſe wird von den armen**
Leuten beim Kaufe der nothwendigſten Lebensmittel bezahlt, während der
Luxus theils die Steuer nicht empfindet, theils davon vollſtändig frei bleibt.
Alles Einkommen des Staates flieſſe aus directen Steuern, und zwar aus
progreſſiver Beſteuerung des Capitals; jede erhebliche Vermehrung des Ca-
pitalbeſitzes vervielfacht die Verpflichtung zur Steuer. Erbrecht darf vorläufig **nur** zwiſchen Vater und Kinder und zwiſchen Onkel und Neffe bei-
behalten werden. Alle übrigen Erbverlaſſenſchaften, neben einer erheblichen Erbſchaftsſteuer bei **den noch** beibehaltenen Inteſtaterbfolgen, bilden
einen gemeinſamen Schatz für die ganze Nation. Aus dieſem Schatze vorzüglich ſind die agrariſchen Verhältniſſe durch Umwandelung des Privateigen-
thums in Collectiveigenthum zu ändern. Social am ſchlimſten wirkt der
Unterſchied zwiſchen **Stadt und Land, zumal den** großen Städten und den
kleinen Dörfern. Dieſen Unterſchied muß die Regierung aufheben und zwar
durch Zuſammenziehung mehrerer kleineren Dörfer in einen einzigen größeren
Ort, und durch Vertheilung der Bevölkerung der Großſtädte in dieſe
künſtlich gebildeten mittleren — nach deutſcher Redeweiſe Landſtädte und
Märkte. **Denn Grundeigenthum** muß jedem Staatsbürger zugewieſen
werden. Es erhält jede dieſer ſo gebildeten Gemeinden ihr unveräußer-
liches Grundeigenthum, **deſſen Bewirthſchaftung,** wie die Verwerthung
ſeines Ertrages unter die Leitung **eines** Staatscommiſſärs geſtellt wird.
Alle ſtehenden Heere ſind abzuſchaffen, die Volkswehr nimmt deren Stelle
ein und behauptet ſich als freie Gemeinde. (So hat alſo in dem jüngſten
Kampfe der Armee gegen die Commune von Paris erſtere um ihre Exi-
ſtenz gekämpft. Denn ein Sieg der ſocialdemokratiſchen Commune würde
die Aufhebung des ſtehenden Heeres zur Folge gehabt haben.) Der Staat
ſorgt **ferner** für unentgeltliche und gleichmäßige Erziehung. Nur beſonders
talentvolle **Kinder werden zu** geiſtiger Arbeit vorgebildet und auf
Staatskoſten an **die höheren** Schulen der Departements-Städte geſchickt.
Es müſſen demzufolge **ſolche** höheren Schulen vervielfacht und auch die
bisherigen Hochſchulen dieſem Syſteme gemäß reformirt werden. Aber
nicht bloß den Männern, ſondern auch den Frauen gebührt das gleiche
Recht in der Gemeinde **und im Staate.** Wenigſtens für die inneren,
communalen Angelegenheiten iſt den Frauen ſofort das gleiche Stimmrecht
mit den Männern zu ertheilen; ſpäter, wenn ſie die nöthige Bildung er-

langen, auch für die **Haupt-** und Staatsangelegenheiten. (Die Weiber in
Paris, soferne sie die Stimme Rochefort's und Millière's **gehört** haben,
fochten auf den **Barricaden**, nicht zwar pro ara et focis, **wohl** aber pro
ore et votis d. h. für ihr zukünftiges Stimmrecht.) **Es fehlte** in den
jüngsten zwei Jahren nicht an energischer Bekämpfung dieser exorbitanten
Meinungen. Aber selbst die entschiedensten Gegner, wie unter Anderen
Bénard, glaubten Zugeständnisse machen zu müssen. Besonders war **es**,
— und dies ist auch für Deutschland wichtig — der Satz, daß alle indirecte Besteuerung aufgegeben und durch **directe** ersetzt werden müsse,
welcher bei verschiedenen Parteien Beifall fand. Auch die Freiheit des
Genossenschaftswesens, die Abschaffung **der** Monopole, die Unterdrückung
aller Privilegien und Sinecuren, stand im Programme der halben Social-
demokraten in Frankreich bis zum Ausbruche des letzten Krieges.

Wesentlich verwandte Meinungen repräsentirt eine andere Schule, die
der **belgischen** Socialisten, Jottrand, **Kats**, de Potter, Colins,
und neuestens **Hugentobler**. Sie hatten das auch **von Napoleon III.**
gebrauchte Zauberwort: „**Austilgung der Massen-Armuth** (Extinction **du**
paupérisme) auf ihr Banner geschrieben. Die Grundidee bleibt auch
hier: Umwandlung des persönlichen in **Gemeinde-**, in **Collectiv-Besitz**.
In jüngster Zeit ist nun zu diesen Bestrebungen ein **ganz seltsames** Element gekommen, das **russisch-slavische**. Wie bekannt, besteht in der
alten slavischen Gemeindeverfassung ungetheiltes Gemeindeeigenthum. Wie
sehr dieses beigetragen hat, die slavischen Völker auf **der** Stufe der Halb-
bildung zu erhalten, auf welcher sie gegenwärtig noch sind, muß in der
Geschichte und Volkswirthschaftslehre nachgewiesen werden. **Nun gehören**
seit Jahrzehnten auch Russen zu den eifrigsten und gefährlichsten **Ver-**
schwörern gegen die bestehende Gesellschaft **in** Europa, besonders russische
Flüchtlinge, wie Heinzen in England und Bakunin in der Schweiz. Auch
in Paris starben jüngst russische Communistenführer **auf den** Barricaden.
(Fürst Bagration.) Ihrer Ansicht zufolge ist kein **Heil** in den **Westlän-**
dern Europas, für die germanische und romanische **Race**, wenn nicht die
moskowitische Gemeindeverfassung mit **ihrem** Collectiv-Eigenthume auch in
diesen Nationen, in denen **von jeher das** Privateigenthum, allerdings
neben einigem Gemeindeeigenthume, Volksrecht gewesen, zur Durchführung
gelangt ist.*) Es **sind** also tief angelegte, vielverzweigte Fäden, **aus**
welchen Communismus und Socialdemokratismus ihre Pläne **zum Um-**
sturze der gegenwärtigen Dinge gewebt haben. Betrachten wir sie näher
für unsere deutsche sociale Frage!

*) Vgl. Schedd-Ferroti, Etudes sur la Russie; c. 9. »Le patrimoine du
peuple«, und **Julius Eckart**, drei russische Urtheile. **Lpz.** 1870.

Deutschland ist in der socialen Frage gegenwärtig in mehrere Lager geschieden. Um eine allgemeine Uebersicht zu geben, theilen wir die bestehenden und thätigen Parteien am besten in drei Hauptgruppen: erstens die liberale Social-Politik, geleitet durch das System, welches von seinem Gründer Schulze-Delitzsch den Namen trägt. Die zweite Hauptpartei, die mit der erstgenannten gründlich in Hader liegt, ist die Socialdemokratie, die Partei der Lassalleaner, gegründet von Ferdinand Lassalle. Eine dritte Richtung, unter welcher wir hier noch die katholischen wie protestantischen Vertreter zusammenfassen, kann als conservativer Socialismus bezeichnet werden und wird protestantischer Seits durch Persönlichkeiten wie Gerlach, Wagener, Lavergne, katholischer Seits durch den Bischof Ketteler und die allerdings sehr anerkennenswerthen christlich-socialen Blätter von Jos. Schings und durch Prof. Schulte in Münster vertreten. Zwischen diesen drei, von einander ziemlich klar abgegrenzten Richtungen, bewegen sich andere vermittelnd, von denen wir das System von Marlo und die Nationalökonomie des späteren Ministers Schäffle in Wien näher besprechen müssen.

Die liberale Social-Politik heißt mit Recht auch liberaler Oekonomismus. Der Gründer dieser Schule ist Hermann Schulze, geboren 1808 zu Delitzsch in Preußisch-Sachsen. Assessor des Kammergerichtes zu Berlin und seit 1848 Justizrath in Delitzsch, machte er sich zuerst 1848 als Abgeordneter der Nationalversammlung in politisch-socialer Richtung bekannt. Er betheiligte sich an der von der Linken dieser Versammlung beschlossenen Steuerverweigerung, ward darüber angeklagt, unter dem folgenden Ministerium aber wieder als Kreisrichter, freilich zu Wreschen in der Wasserpolakei, angestellt. Schulze-Delitzsch resignirte sein Amt (1852) und steht gegenwärtig als Generalanwalt des „Verbandes deutscher Genossenschaften" an der Spitze einer mächtigen und in vielen Beziehungen auch für die Besserung der socialen Lage erfolgreichen Schule und Partei. Aus dem Jahre 1849 stammen die ersten Erfolge dieses immerhin denkwürdigen Mannes durch Gründung von Genossenschaften und Hülfsvereinen. Die Schriften Schulze's sind ziemlich zahlreich, theils Vorschläge, theils Berichte über bereits durchgeführte Hülfen und Reformen. Seit 1861 erscheinen die „Blätter über Genossenschaftswesen", die wichtigste Quelle zur Beurtheilung des Systems und seiner Ergebnisse. Seine Anhänger ermangelten nicht, ihn in entsprechender Weise zu feiern. Er erhielt den Namen eines „Arbeiterheilandes", und die abhängigen Journale priesen ihn als „König im socialen Reiche." Schulze mußte diese Ruhmestitel allerdings wieder durch die ätzende Lauge einer herben Kritik abgeschwächt sehen.

Die Hauptsätze, auf welche Schulze seine Thätigkeit begründete, gehen von dem leitenden Gedanken der liberalen Oekonomie und daher von der Anschauung aus, daß die Industrie ein ganz selbständiges Gebilde sei, in welches sich am wenigsten der Staat und die Gesetzgebung zu mischen haben. Sein Meister hierin ist der französische Nationalökonom Bastiat, welcher das Recht der absoluten individuellen Freiheit als das einzig richtige System in seiner „Harmonie" der Gesellschaft vertheidigt. Die Industrie-Bewegung brauche keine Intervention des Staates, die auch dem ehernen Gesetze der Industrie gegenüber nichts vermöge. Der Arbeiter selbst soll aber auch zu stolz sein, irgend ein Almosen, sei es vom Staate oder von Vereinen, anzunehmen. Der Arbeiter wirthschafte und spare! Schulze scheut sich auch nicht, das Sparen auf die Ehe und Familie auszudehnen und zwar in einer Weise, in welcher er nicht den christlichen Lehren, sondern eher den unseligen des Malthus das Wort redet. Viel verdienstvoller als jenes zweideutige Wort von Selbsthülfe der Arbeiter, sind die Anstrengungen, welche Schulze machte, durch Vorschüße und Creditvereine, durch Volksbanken, wenigstens für den kleinen Handwerker das nöthige Betriebscapital herbeizuschaffen. In dem praktischen Theile müssen wir erörtern, welches die Bedingungen dieser Volksbanken waren und sind. Vom Jahre 1849 an verkündigte Schulze auch das Princip der Genossenschaften. Es können und sollen diejenigen kleinen Meister, welche für sich in Beziehung auf Erwerb der Rohstoffe und Anschaffung der Werkzeuge, der Maschinen, und für Bezahlung der Werkräume neben der capitalreichen Großindustrie nicht aufzukommen vermögen, sich associiren, um das entsprechende Capital zum annähernden Großbetriebe sich selbst zu verschaffen. Mit diesen positiven Vorschlägen, welche deren praktische Durchführung in vieler Beziehung recht segensreich wirkten, verbindet Schulze die eifrigste Vertheidigung des Rechtes der gegenwärtigen industriellen Verhältnisse. Die Interessen des Großbürgerthums und der Arbeiter stehen sich, nach Schulze, in keiner Weise entgegen; sie dürfen sich also nicht anfeinden und bekämpfen. Ist das Capital durch die liberalen Principien, die Gewerbefreiheit und Freizügigkeit, mächtig geworden, so wird dieses auch dem Arbeiter, wenn er wirthschaftlich ist, zu Gute kommen. Die Heiligkeit des Eigenthums wird von Schulze-Delitzsch mit den eindringlichsten Gründen gewahrt; nur vergißt er in seiner Ueberschwenglichkeit, daß den Leidenschaften und Leiden der Menschen gegenüber das bloße Rechtsprincip nicht ausreicht, wenn nicht höhere Mächte, Gottesfurcht und Gewissenhaftigkeit, die nothwendigen Tugenden der Selbstverläugnung und Geduld hervorbringen. Wie viel Gutes auch schon gewirkt wurde, darin wird sowohl von katholischer wie protestantischer Seite durch den christlich-conservativen Socialismus die nur zu begründete Anklage erhoben, daß Schulze in Reden und Schriften die Religion, wie stets der gemeinste Liberalismus, nicht bloß in den Hintergrund drängt, sondern geradezu verschmähen lehrt. Der Menschengeist, lehrt er, sei autonom. Das wahre Menschenglück bestehe in der möglichsten Steigerung der Production, daß viel gearbeitet, und in Vermehrung des Luxus, daß viel verbraucht werde. Was darüber hinausliege, habe für den Arbeiter keinen Werth. Durch dieses irreligiöse Gebahren des so einflußreichen Führers kommt es, daß von Seite der Fabrikherrn wie der Arbeiter auf die allerschnödeste Weise die Heiligung des Sonntags umgangen, und so dem Arbeiter das Erhebendste und Heiligste, was er hienieden hat, der Trost und die Weihe der Religion, unzugänglich gemacht wird. Die Schulze-Delitzschianer sind Arbeiter, aber keine Christen. Durch Arbeiterbildungsvereine, Vorträge in denselben, Einrichtung von allerlei Unterhaltungen am späten Abend, will Schulze-Delitzsch den Mann der rauhen Arbeit für das, was die Religion zur inneren Heiligung ihm bisher geboten hatte, entschädigen. Aller Orten hat sich Schulze-Delitzsch als entschiedenen Gegner des christlichen Einflusses auf den Arbeiterstand gezeigt. Daß er damit freilich nicht das wahre Wohl des Arbeiterstandes, wohl aber das Interesse des Capitals beförderte, ist nicht einmal den nicht sehr scharf denkenden Arbeitern, noch weniger aber den gerechten Kritikern seines Systemes entgangen. Wir werden im nächsten Vortrage den Kämpen zeichnen, welcher dem Systeme Schulze-Delitzsch den Fehdehandschuh hingeworfen hat. Es ist Ferdinand Lassalle, der Gründer der eigentlichen Socialdemokratie in Deutschland.

Dreizehnte Vorlesung.

Ferdinand Lassalle. — Die Socialdemokratie. — Parteien der Lassalleaner.

Jahre lang hatte Schulze-Delitzsch auf dem socialen Gebiete in Deutschland alleinherrschend und mit Erfolg gewirkt. Die von ihm gegründeten Consumvereine, die Credit- und Vorschuß-Cassen, welche dem kleinen Meister gegen ziemlich hohe Procente Vorschuß zum Ankaufe des Rohstoffes ꝛc. gaben, zählten in Deutschland bereits nach Hunderten. Der „Arbeiterkatechismus" von Schulze-Delitzsch enthielt die wesentlichen Principien seines Systems. Er predigte darin Selbsthülfe des Arbeiters und den Ausschluß jedes Eingreifens von außerhalb der Industrie gelegenen, gesetzlichen Gewalten.

Es war im Jahre 1862, als diesem Agitator ein Gegner erstand, der ihn an Geist überragte und die Grundsätze seines Systemes erschütterte. Ferdinand Lassalle, geboren zu Breslau 24. April 1825, gehörte einer reichen jüdischen Kaufmannsfamilie an. Seine Bildung war gründlich. Auch lernte er zumal in Berlin frühzeitig Männer kennen, die von hoher Bedeutung für ihn waren. Selbst Fürst Bismarck war dem jungen, strebsamen Manne von jeher freundlich gesinnt. Das erste Jahr Lassalles nach Beendigung seiner Studien gab ihm eine etwas zweideutige Berühmtheit. Er war bei dem berüchtigten Cassettendiebstahl, der zum Vortheile der Gräfin v. Hatzfeld verübt worden war, betheiligt und wurde darüber in gerichtliche Verhandlung gezogen. Diese Gräfin Hatzfeld, (Sophie Prinzessin von Hatzfeld) blieb ihres Erretters und Vertheidigers

getreueſte und intimſte **Freundin.***) Wir werden ſie ſpäter als Haupt=
Vertreterin einer ſocial=demokratiſchen Richtung nennen **müſſen.** Auch
die demokratiſchen Bewegungen der **Jahre 1848/49** führten Laſſalle
auf ein halbes Jahr in's **Gefängniß.** Seine erſten Werke ſind ſtreng
wiſſenſchaftlicher Art.**) Hohen Ruf ſicherte ihm das berühmte Buch über
„Herakleitos den Dunklen". Seinen Kampf gegen das bisher ausſchließlich
herrſchende liberal=ökonomiſtiſche Syſtem eröffnete er durch eine glänzende
Rede am 12. April 1862, der ſofort das ſcharfſinnige und einſchneidend
gefaßte „Arbeiterprogramm" (1863) folgte. Darüber mit der preußiſchen
Polizei verſtrickt, vertheidigte ſich Laſſalle in einer ſeiner denkwürdigſten
Schriften, „die Wiſſenſchaft und die Arbeiter", Zürich 1863; kurz dar=
auf in einer zweiten, „die indirecte Steuer und die Lage der arbeitenden
Claſſen", ergänzt durch die Streitſchrift „der Laſſalle'ſche Criminalproceß."
Bald hernach wendete ſich Laſſalle direct gegen Schulze=Delitzſch. Die
kleine, mit durchgreifender Ironie verfaßte Schrift „Herr Baſtiat—Schulze
von Delitzſch, der ökonomiſche Julian" (Berlin 1864), war die Kriegsan=
kündigung wider den bisherigen „Arbeiterkönig." „Baſtiat—Schulze" nennt
ihn Laſſalle im Titel ſeiner Schrift, ſoferne Schulze die Hauptlehren ſeines
Arbeiterkatechismus einem franzöſiſchen Socialiſten, dem von uns früher
genannten Baſtiat, entlehnt hatte. „Oekonomiſcher Julian" aber fügt er
hinzu, inſofern er jetzt dem Agitator Schulze eine ähnliche Behandlung
zu Theil werden ließ, wie er kurz vorher dem Literar=Hiſtoriker Julian
Schmidt eine völlige Vernichtung des literariſchen Rufes zu bereiten ver=
ſucht hatte.***) Bald ſchuf und begeiſterte Laſſalle ſeine Arbeitercon=
greſſe, und der Ruf dieſes Mannes ſtieg binnen Kurzem gewaltig hoch,
ſo daß er als „Meſſias, der von der Höhe der Zufriedenheit und des
Wohlſtandes in das Proletariat herabgeſtiegen ſei", der Gegenſtand faſt
abgöttiſcher Verehrung wurde. Am 31. Auguſt 1864 endete ein Piſtolen=

---

*) Der Gemahl der Gräfin Hatzfeld hatte ſeiner Maitreſſe, einer Baronin von
Meyendorff, das Erbtheil ſeines zweiten Sohnes Paul mittels Aushändigung der be=
züglichen Leibrenten=Contracts=Urkunde zugewendet. Dieſe Urkunde befand ſich in einer
Caſſette der Meyendorff. Auf Laſſalle's Anrathen entwendeten Freunde der Gräfin
Hatzfeld, Dr. Mendelſohn und Aſſeſſor Oppenheim, dieſe Urkunde der damals in Köln
ſich aufhaltenden Meyendorff und retteten dadurch das Erbe für den Sohn der Gräfin
Hatzfeld. Der berühmte Proceß wurde in Köln (Aug. 1848) verhandelt, und Laſſalle
von der Anklage der intellectuellen Urheberſchaft nach glänzender Selbſtvertheidigung
freigeſprochen.

**) So die große rechtsphiloſophiſche Unterſuchung „das Syſtem der erworbenen
Rechte." Lpz. 1861; früher „Fichte's politiſches Teſtament" u. A.

***) „Herr Julian Schmidt, der Literarhiſtoriker mit Setzerſcholien." Berl. 1862.

schuß im Duell mit dem walachischen Bojaren Racowitza das Leben dieses geistvollen und in der Geschichte des Socialismus unvergeßlichen Mannes. „Uns stirbt er nie, der mächtige Titan", rief ihm eine Dankesstimme nach, „der uns von Finsterniß und Wahn das Licht gebracht in unserer Zeiten Oede!" —

Was war es nun, was Lassalle binnen dieser wenigen Jahre zu solchem Einflusse erhoben und ihn auch jetzt noch als den bedeutendsten im Socialdemokratismus fortlebenden Träger der Arbeiteragitation wirksam sein läßt? Die Stärke Lassalles äußert sich vorerst in der vielfach richtigen Kritik, die er dem liberalen Oekonomismus entgegenstellte. Sie war keine leichte Aufgabe, da eine Unzahl von Zeitungen, das ganze Capital, die hohe Finanz und die gesammte Bureaukratie durch einen Angriff auf dieses von allen Mächten des Tages hochgetragene System in Mitleidenschaft gezogen werden mußte. Hatte Schulze=Delitzsch die Arbeiter auf Selbsthülfe hingewiesen, so enthüllte Lassalle schonungslos das Unwahre, weil Unmögliche dieser Berechnung. In seiner Ausführung über das Verhältniß von Capital und Lohn ist er hauptsächlich von Karl Marx abhängig, aber er verwerthet dessen Ideen und Nachweise mit ungemeiner Lebendigkeit und Kraft. Mochte die Selbsthülfe bei den noch selbständigen, kleinen Arbeitern einigen Sinn haben: für den Fabrikarbeiter, der ja mit dem geringsten Lohne sich begnügen muß, ist dieselbe geradezu unmöglich. Schulze=Delitzsch hatte wirklich in diesen Kreisen nur durch künstliche Agitation und förmliche Täuschung der Einbildungskraft und des auch im Proletarier schlummernden Hochmuthes geduldige Hörer und Anhänger gefunden. Als Lassalle diesen Vorhang vor dem mit Phrasen aufgeputztem Trugbilde hinwegriß, waren es wieder die Massen der Fabrikarbeiter, die ihre bisher nicht erkannte Täuschung schnell und mit um so größerer Entrüstung einsahen und um so entschiedener sich Lassalle zuwandten. Der „Arbeiterkatechismus" Schulze's hatte weiterhin als Grundsatz eingeprägt, daß Jeder das sei, wozu er sich mache. Dabei erzählte er in seinen Ansprachen gerne einzelne Beispiele von armen Arbeitern, die sich zu Millionären aufgeschwungen hatten. Es gibt solche Beispiele; aber nicht dem Fleiße und Talente allein, sondern im glücklichsten Falle wird eine solche Selbsterlösung unter Millionen Einem und nur durch die Gunst der außergewöhnlichsten Umstände zu Theil werden können. Lassalle dagegen wies nach, daß Selbstverantwortung für das eigene Schicksal allerdings auf juridischem Gebiete, und selbst da nicht vollständig, angesprochen werden könne, wie nicht minder auf dem sittlichen Gebiete, da Jeder für ⸗s verantwortlich werde, was er thue und gethan habe. Denn darin liege seine Willkür, ob er Gutes oder Böses thue. Aber auf dem socialen und volkswirthschaftlichen Boden, sagt mit Recht und beweiskräftigst Lassalle, verhält es sich gerade umgekehrt. Hier hat der Mann gerade das zu tragen und zu verantworten, was er selbst nicht gethan. Hier herrschen Mächte, über welche er allein nicht zu verfügen vermag. Lassalle führt dieses in einer Reihe von überzeugenden und glänzenden Beispielen durch. Die einzige überreiche oder geringere Ernte der Baumwolle bedingt in England das Schicksal von Hunderttausenden; ob sie nämlich Arbeit haben oder hungern werden? Sind diese Spinner, Weber, Kattundrucker ꝛc. dafür verantwortlich? Die Entdeckung einer neuen Goldmine macht den Werth des Goldes sinken. Der bisherige Lohn vermindert sich im gleichen Maaße; heißt dies Selbstverantwortung? Conjuncturen sind es, von welchen, wie das Capital durch Speculation seinen höheren oder geringeren Gewinn zieht, auch das Loos der vom Capital abhängenden Bevölkerung bestimmt wird. Wenn ein Arbeiter durch mühseligste Sparsamkeit vielleicht ein Geringes sich zurückgelegt hat, die nächste Erschütterung der Finanz- oder Capital-Conjunctur nöthigt ihn, in wenigen Wochen seine Ersparnisse aufzuzehren. Mit vernichtender Kritik erhebt sich Lassalle gegen den ferneren Hauptsatz Schulze's, daß der Staat, die Gesellschaft, die Gesetzgebung sich in das Gebahren der Industrie nicht zu mischen habe. Dem Staate weist der liberale Oekonomismus der Arbeitsherrn nur die Aufgabe zu, darüber zu wachen, daß das Capital ungestört arbeite, die Arbeiter aber sich mit ihrem Lohne begnügen und keinerlei Störung verursachen. Lassalle nennt dieses die „Nachtwächter-Idee" vom Staate. Ihm ist die Polizei, der Rechtsstaat, wenn er blos die berechtigten Interessen schützt, nichts als der Hort der Ungerechtigkeit. Die Aufgabe des Staates sieht Lassalle in der erziehenden, entwickelnden und organisatorischen Thätigkeit. Darum ist es oberster Grundsatz in der Socialdemokratie, daß der Rechtsstaat in den ordnenden, beziehungsweise in den Arbeiterstaat übergehen müsse. Mit Feuer und Klarheit vorgetragen, entzündeten diese Lehren auf den Arbeitercongressen die lebhafteste Begeisterung und Hoffnung. Nun mußten folgerichtig auch die Principien gesucht werden, nach welchen die Arbeiter nicht sich hülflos überlassen bleiben, sondern, durch den Staat geschützt und geleitet, ihre Zukunft sichern und bessern sollten. In dem merkwürdigen Schriftchen „über die indirecte Steuer" erörtert Lassalle vor allem die Unbilligkeit des finanziellen Haushaltes nach den gegenwärtigen Besteuerungsnormen. Er weist nach, wie von 96 Millionen Thlr. Steuerertrag in dem damaligen Preußen (vor 1866) nur 12 Millionen Thlr. an directen Steuern erhoben werden, die übrigen nahezu 83 Mill. flossen aus indirecten Steuern, also aus de

Besteuerung des Salzes, Mehles, überhaupt der meisten Artikel des täg=
lichen Verbrauches, mithin aus dem Säckel der Armen. So zahlen, sagt
Lassalle, die Aermsten am meisten in den Staatsschatz, damit die Reichen
sicher leben können. Wurde von anderer Seite behauptet, daß ja auch
die Reichen diese auf Verbrauchsartikel des Haushaltes gelegte indirecte
Steuer bezahlten, so war Lassalle nicht verlegen. Es ist klar, und er
weist es ziffermäßig nach, daß die reichste Familie bei Weitem nicht den
Verbrauch an gewöhnlichen und indirect so hoch besteuerten Nahrungs=
mitteln und Getränken hat, als die gemeinhin zahlreiche Proletarierfamilie.
Eine fürstliche Familie braucht vielleicht nicht den zehnten Theil jenes
Salzes, das der arme Arbeiter mit seinen Kindern zu den täglichen Kar=
toffeln essen muß. Die kostbaren Speisen und Getränke des Reichen
zahlen keine indirecte Steuer, höchstens, wenn sie aus dem Auslande
kommen, geringen Eingangszoll. Unbestreitbar lastet hier die größte
Wucht der öffentlichen Abgaben auf den Armen, also gerade auf jener Volks=
classe, welche nach der bisherigen Staatsverfassung nicht den geringsten
Einfluß auf die Gesetzgebung üben konnte. Nach dem Wahlcensus von
1863 für die preußische Kammer rechnet Lassalle, daß von der gesammten
Einwohnerschaft Preußens, diese zu 13 Mill. angenommen, kaum eine
halbe Million bei dem activen Wahlrechte sich betheiligen konnte. So hoch
war der Census für die active Wahlfähigkeit, für die passive begreiflicher
Weise noch höher. Und diese Wahlen waren überdies indirecte Wahlen
und sind es bei uns noch. Der Proletarier, der kein Besitzthum hat als
seinen Lohn, sah sich bei dieser Verfassung von activem wie passivem Wahl=
recht ausgeschlossen. Der vierte Stand hatte keine Vertretung in den
gesetzgebenden Körpern. Darum ward in den Lassalleanischen Vereinen
und Arbeitercongressen die Forderung der directen Wahlen ohne jeden
Wahlcensus erster und stetiger Artikel im Agitations=Programme. Der
vierte Stand will und soll sich seinen Sitz in jenen Bereichen des
Staatslebens erkämpfen, von wo über das Wohl und Wehe der Menge
berathen und gesetzgebend entschieden wird, also in den Volks=, wenn nicht,
auch in den Herrnhäusern. Indem die Socialdemokratie dem Staate
die Aufgabe überweist, ordnend und den Schwachen schirmend in das in=
dustrielle Gebahren einzugreifen, nicht bloß Wache stehend und zuschauend,
hat sie auch die Mittel in's Klare zu stellen, durch welche es dem
Staate möglich würde, der besitzlosen Menge gegen die Ausbeutung durch
das Capital hülfreiche Hand zu bieten. Schulze=Delitzsch hatte dem Ar=
beiter zugerufen: Hilf dir selbst und schäme dich, von Andern dir helfen
zu lassen! Lassalle aber verkündete das andere Evangelium: Die Gesell=
schaft und der Staat haben die heilige Pflicht, dir zu helfen und eine

Organiſation zu treffen, wodurch nicht bloß der beliebige Taglohn, ſondern der volle Ertrag der Arbeit dem Arbeitenden zu Gute kömmt. Dieſes
bleibt aber nur zu hoffen, wenn der Staat es als ſeine Pflicht erkennt,
auch der arbeitenden Claſſe materielle Hülfe und zwar nicht blos als
Almoſen zu bieten. Wie der Staat, ſagt Laſſalle, nachdem die Feudal-
herrſchaft untergegangen war, durch die Ablöſung dem dritten Stande das
gegeben hat, was er dem zweiten entziehen mußte, gerade ſo iſt er verbunden, dem vierten Stande aufzuhelfen und denſelben in einen wohlgeordne-
ten Mittelſtand umzuwandeln. Wiſſenſchaft und Geld hat der Staat dem
bisher Hülfloſgelaſſenen zu bieten, Unterricht, damit der Mann des Volkes
befähigt werde, in politiſchen und ſocialen Fragen in Wahrheit Rath
und Stimme abzugeben; Freiheit des Unterrichts für Alle, dabei
aber immerhin Schulzwang, damit Keinem geſtattet ſei, in der für
das Ganze nothwendigen Bildung zurückzubleiben. Dann aber müſſen
die Geſetzgebungen den Arbeitern aus öffentlichen Mitteln Capitalien zur
Verfügung ſtellen, durch welche es ihnen möglich wird, mit dem Privat-
Capital zu concurriren, beziehungsweiſe als Arbeitgeber und Arbeitnehmer in Einer Perſon den vollen Ertrag ihrer Arbeit ſich anzu-
eignen. Mit ungefähr 100 Millionen Thlr., hatte Laſſalle gemeint,
könnte der preußiſche Staat die Leiden der Induſtriearbeiter und des
ſinkenden Kleingewerbſtandes geradezu enden. Hier iſt es nun, wo Laſſalle's
Syſtem ſich ſehr dem Communismus nähert. Wenn wir eine einzige
Genoſſenſchaft uns denken, wie etwa der Schuhmacher, Schneider, ſo
daß 30 oder 40 Meiſter Eine Körperſchaft bilden und mit ihrem vereinten Geld und vereinten Kräften arbeiten und ihre Erzeugniſſe auf ge-
meinſame Rechnung verwerthen, ſo müſſen dieſe Genoſſenſchaften zweierlei
fürchten: erſtens, daß derjenige, welcher durch größeres Capital und durch
Talent und Geſchicklichkeit hervorragt, am Ende doch wieder der eigentliche
Arbeitsherr und die übrigen ſeine Geſellen werden; zweitens kann ſich
daneben entweder ein großes Capital aufthun, das dieſelbe Arbeit übernimmt, oder eine andere Genoſſenſchaft, die reicher und geſchickter iſt;
dann ſinkt die erſtere herunter und verliert ihre Arbeit und damit ihr
Capital in Folge der Concurrenz. Um nun dieſes Riſico zu vermeiden,
ſpricht Laſſalle die Idee aus, daß vorerſt die ſämmtlichen gleichen Gewerke
einer Stadt, dann eines Landes in Eine Aſſociation ſich zuſammenfaſſen,
im Vereine arbeiten und den Ertrag wie die Koſten gleichmäßig unter
ſich theilen. Wir würden alſo z. B. Eine bayeriſche Schuſter-, Schnei-
der-, Tiſchler-Gewerkſchaft haben, je in einer Stadt als Productivaſſociation
und wieder mit den andern Gewerken gleicher Art in verſchiedenen Städten
auf gegenſeitige Abrechnung verbunden. Hier fühlt ſich, daß Laſſalle an

denselben Klippen scheitern mußte, wie Louis Blanc und seine Gesinnungs=
genossen. Denn eine so ungeheuerliche Maschine ist, auch wenn ihr die
Capitalien zur Verfügung stehen, ohne die äußerste Despotie und
ohne die strengste Redlichkeit der sie Leitenden gar nicht zu
führen. Die individuelle Verschiedenheit, die vielen bösen Leidenschaften,
Versuchungen und Gelegenheiten zu Veruntreuungen, zu Müßiggang und
zur Genußsucht gestatten einem solchen Mechanismus keine ruhige, gleich=
mäßige und verläßige Bewegung. Noch mehr. Um dem „Risico" zu ent=
gehen, soll nothwendiger Weise jeder Arbeiterverband eines Landes, sobald
wie möglich, auch Weltverband oder wenigstens durch höchstmögliche
Schutzzölle gesichert werden. Denn wenn z. B. die sämmtlichen Schuh=
macher gewissermaßen Eine Werkstätte im ganzen Lande bilden, so werden
sie offenbar auch den Preis ihres Fabrikates den Käufern zu machen
haben. Solange man bei ihnen kaufen muß, wird der gebotene Preis
bezahlt werden. Wenn aber im Nachbarlande, z. B. in Böhmen einzelne
Fabriken wohlfeiler arbeiten, so wird man die Fabrikate von dorther be=
ziehen, und die bayerische Productivassociation ist wieder außer Geltung
gebracht. So müßte sich das nationale Productiv=System zu einem inter=
nationalen entwickeln, und hier eben knüpft der Communismus seine Be=
strebungen an. Ersichtlich bildet dies den schwächsten Punkt Lassalle's,
welchen er, in Allem scharfsinnig, bei längerem Leben allerdings in seiner
Schwierigkeit erkannt und erprobt, nimmer aber überwunden haben würde,
wie geistvoll er auch die Idee der universalen Association zu befürworten
verstand. Am glänzendsten ist Lassalle dort, wo er die schwachen Seiten
der gegenwärtigen Gesellschaft, die Rechtlosigkeit der Arbeit, den stetigen
Krieg, welchen die Macht des Capitals gegen die Kraft und Gesundheit
der Arbeiter führt, mit den grellsten Farben zeichnet, und in Vielem hat
er leider Recht. Seine Geschichtsphilosophie ist nicht ohne Interesse.
Er erkennt in dem katholischen Mittelalter viel Würdiges und Herrliches
an. Es ist ihm die Zeit der Gebundenheit, in welcher das Individuum
nicht zu seiner gänzlichen Kraftentfaltung und Freiheit gelangte, aber durch
die Gebundenheit vor dem Elende geschützt war, welches die schrankenlose
Freiheit jetzt über Millionen gebracht hat. Das Mittelalter schließt er
mit der französischen Revolution. Das Jahr 1789 gab das Individuum
frei und zerschlug die Gebundenheit der Gesellschaft. Während hiedurch
allerdings unzählige Kräfte sich entfalteten, geriethen sie durch das all=
mählige Ueberwuchern des Capitals in neue Knechtschaft, die nur den
Namen Freiheit beibehält. Mit 1848 läßt Lassalle die Befreiung durch
die Idee auftreten, daß Freiheit Aller und Solidarität mit gleichen Rechten

und Verbindlichleiten das Schicksal der künftigen Geschlechter erleichtern und zu großem Wohlstande und Frieden führen werde.

Seit dem Auftreten Lassalle's ist eine mächtige und für ihn hoch begeisterte Partei durch ganz Deutschland auf die Bahn seiner Tendenzen übergegangen. Der Lassalleanismus überwiegt gegenwärtig weitaus den Einfluß der verschiedenen Palliativvereine von Schulze=Delitzsch. Er ist eine politische Macht geworden, die durch eine Menge Zeitschriften in allen deutschen Gebieten und der Schweiz theils die Hauptlehren des gefeierten Meisters predigt, theils durch Aufnahme communistischer und noch radicalerer Ansichten und Bestrebungen alterirt hat.

Der Stand der Parteien ist folgender: Im Anfange des Jahres 1870 hatte die Schule als Arbeitergenossenschafts=Verbände nach Lassalle's Ideen drei Hauptrichtungen, die sogenannten Schweizerianer, die Hatzfeldianer und die reinen Lassalleaner. Wo sie sich begegnen, prügeln sie sich auch und werfen sich nach alter Handwerksburschensitte zur Thüre hinaus.

Die Schweizerianer sind eine fast abgedankte Partei, denn ihr Führer hat sie verlassen und ist aus dem deutschen Arbeitervereine ausgetreten. Ihre Haupttendenz war, für preußische Politik unter den Arbeiterclassen zu wirken, dann aber von der preußischen Gesetzgebung die Durchführung wesentlicher Forderungen der Socialdemokratie zu erreichen. Die Gräfin Hatzfeld bildete nach dem Tode ihres Freundes einen Mittelpunkt, der fast einen mystisch=demagogischen Anstrich hatte, indem die Person Lassalle's messianisch verehrt wurde. Der Hauptsitz war Leipzig, und Mende, Fritsch, Försterlin sind die Wortführer dieser demagogischen Partei, deren Endzweck ebenfalls auf die politische Verwirklichung des Programms Lassalle's gerichtet ist, ohne specifisch preußisch zu sein. Die reinen Lassalleaner aber, die vorzüglich in Süddeutschland und Bayern thätig sind, wollen von einer eigentlichen dynastischen und Völkerpolitik gar nichts mehr wissen. Die Republik nur hat Werth für sie und die Aufgabe, den Arbeitern zu dienen, und ihr Programm ist daher die Arbeiterrepublik, der Arbeiterstaat, während die Schwestervereine mit Bismarck und Preußen bis zur Stunde gut standen und stehen. Augsburg, München und Nürnberg sind die Hauptsitze jener Arbeiterpolitik. Sie ist es, welche sich nicht gescheut hat, den Mordbrennern der Pariser Commune ihren Beifall auszusprechen und den deutschen Staaten ein ähnliches Auftreten der verbündeten Arbeitermassen seiner Zeit in Aussicht zu stellen.

Vierzehnte Vorlesung.

Lassalle und die Religion. — Agrarischer Communismus. — Marlo-Schäffle. — Christlich-sociale Richtung: die innere Mission, katholischkirchlicher Socialismus; Altconservatismus. — Der Handwerkerbund.

Ferdinand Lassalle wirkte in religiöser Hinsicht ebenso destructiv wie sein von ihm hart bekämpfter Gegner Schulze. Nur der Unterschied besteht: Lassalle war Jude und hatte als solcher kein christliches Dogma zu verläugnen, was bei Schulze-Delitzsch der Fall ist. Die Anerkennung, welche Lassalle den mittelalterlichen Instituten zollte, hinderte ihn keineswegs und noch weniger die ihm folgenden Wortführer, in der Kirche und dem Priesterthume nicht die Beschützer der Armen, sondern die Helfershelfer und Schutzredner des Capitals und der bevorzugten Classen zu erblicken und zu befehden. Deßhalb geht auch durch die Schule Lassalle's die Anschauung, daß dem Proletarier drei Feinde gegenüberstünden: das Großbürgerthum, der Priesterstand und die bestehende anarchische Verfassung der Gesellschaft überhaupt.

Lassalle trat vom Schauplatze ab in Mitte der lebhaftesten Agitation, deren Durchführung sich nun viel energischere und rücksichtslosere Charaktere bemächtigten. Die sociale Frage, von Lassalle mit Vorzug in eine politische verwandelt, wurde sofort in Angriff genommen und zwar zur Gründung einer alle Gebiete der Arbeiter-Welt, also auch das agrarische Leben umfassenden Universal-Republik oder eines „Volksstaates". Die Congresse,

welche unter Einfluß Rochefort's, Bakunin's, Mazzini's, Eccarius' u. A., in
Deutschland durch Bebel und Liebknecht vertreten, an verschiedenen Orten,
in Paris (1868), Lausanne, Genf, Basel (Sept. 1869) und London
(8. Sept. 1868) während der Jahre 1867—69 stattfanden, haben die
Umwälzungspläne wesentlich erweitert. Nicht blos die Arbeiter der Industrie, sondern auch die ländlichen Arbeiter sollen jetzt aufgefordert
werden, den bisherigen „Classenstaat" der Grundeigenthümer und Bürger
zu zertrümmern und dafür den reinen Volksstaat zu ihrem Besten aufzurichten. Die Hauptlehren dieser agrarischen Revolution sind folgende.

Vor Allem organisiren sich alle besitzlosen Industrieproletarier, dann
die landwirthschaftlichen Taglöhner und Feldarbeiter in einen Bund,
dessen Schwur jedes Mitglied verpflichtet, wo immer Aufstände sich
erheben, dieselben zu unterstützen.*) Denn, sagt Karl Marx, „die Gewalt ist der rechte Geburtshelfer der alten Gesellschaft, welche eine neue
im Schooße trägt." Unter Leitung der „Internationale" begründeten sich
Gesellschaften des Widerstandes in England, Frankreich, Belgien, in der
Schweiz und auch in Deutschland. Diese „Gesellschaften des Widerstandes"
haben den Beruf, zunächst durch Arbeitseinstellungen höheren Lohn zu er-
zielen, dann aber besonders für den Augenblick des politischen Umschwunges
insgeheim sich zu waffnen. Auch das Grundeigenthum ist unrechtmäßiger
Besitz in den Händen der Einzelnen. Das Capital ist nach dieser Anschauung nur das Ergebniß der Anhäufung unbezahlten Lohnes
von längst vergangenen Zeiten her. Was aber in der Wurzel unrecht-
mäßig ist, bleibt es für immer. Daher kann ein Capitalist mit diesem
unrechtmäßigen Gute niemals Anspruch auf hiedurch erworbenes Grund-
thum behalten. Der Grund und Boden ist Gemeingut der ganzen
Gemeinde. Die agrarische Umwälzung kann etwa in folgender Weise
angebahnt werden.

Vor Allem legen die kleinen Besitzer jedes Dorfes ihre liegende und
fahrende Habe, Aecker, Gärten und agrarischen Werkzeuge zu einer Productivgenossenschaft zusammen und theilen sich in den Ertrag, je nach dem
Verhältnisse in Form einer Jahresrente oder Jahreszinsung. Ein Theil
des Reinertrages muß für Erweiterung und Bewirthschaftung des Gemein-
grundeigenthumes vorbehalten bleiben. Taglöhner, Knechte und Mägde
werden gleichberechtigte Mitgenossen und verlangen und erzwingen den
gleichen Unterhalt mit ihren Herrn. Diejenigen Mitglieder, welche selber
kein Grundeigenthum haben, schließen sich in einen „Feldarbeiterverein"

---

*) Vgl. Aufruf an die Landarbeiter; 16. Nov. 1869. (London.)

zusammen. Sie verlangen und bewirthschaften jenes Grundeigenthum, welches bisher der Gemeinde oder den Stiftungen des Staates und der Kirche gehört hat. Die Taglöhner auf großen Gütern erzwingen wenigstens einstweilen einen Antheil am Reingewinne, bis die autokratische Herrschaft der großen Grundbesitzer durch politische Katastrophen für immer beseitigt ist. — Dies ohngefähr ist das offen gelegte Programm, nach welchem für die Zukunft, und zwar für nicht sehr ferne, der Gesellschaft in Städten und auf dem Lande, besonders in bevölkerten Gegenden, die größten Gefahren und Erschütterungen drohen.

Eine Art Vermittelung oder Uebergang zwischen dem grundstürzenden Communismus und dem noch bestehenden Organismus der Gesellschaft versuchen die Theorien der sog. Weltökonomie und des Ausgleiches zwischen Capitalismus und Socialismus. Ein bedeutendes Werk, herausgegeben von Marlo, einem schon verstorbenen Nationalökonomen (sein Familienname ist Winkelblech) bildet die Grundlage, auf welcher das tief durchdachte Buch von A. E. Schäffle gearbeitet ist.*)

Marlo's Ansichten sind gemäßigt, reichen aber doch in vielen Beziehungen den socialistischen und communistischen Ideen Lassalles und seiner Vorgänger die Hände, ein Beweis, daß auch in den vorgenannten nicht wenig Richtiges und Wahres anerkannt werden muß. Vor Allem, lehrt Marlo, muß die Bevölkerung immer im Gleichgewichte mit dem bleiben, was die Natur (der Naturfactor) zu deren menschenwürdigen Erhaltung hervorbringen und bieten kann. Dies kann aber nur dann geschehen, wenn Erwerb, Familien- und Eherechte diesem Gleichgewichte entsprechend gestaltet sind. Der Grundgedanke ist also auch hier: Die Willkür, die der Liberalismus entfesselt hat, muß gesetzlich wieder beschränkt werden.

Die bisherigen Einrichtungen für die Landwirthschaft und Großgewerbe haben aus der Vereinzelung in die societäre Geschäftsform oder professionelle Association überzugehen. Marlo wünscht ganz besonders für die Landwirthschaft ein Zusammenlegen der kleineren Güter in gemeinsame Wirthschaftscomplexe, er fordert sogar, daß die Güter, welche von ihren Besitzern nicht selbst bewirthschaftet werden, sondern verpachtet sind, von Staatswegen expropriirt, d. h. auf Kosten der Gemeinschaft dem Besitzer abgelöst und der unmittelbaren Bewirthschaftung zurückgegeben werden.

Recht bedeutsam und erwägenswerth ist, was über die Verpflichtung

---

*) Marlo, Untersuchungen über die Organisation der Arbeit oder System der Welt-Oekonomie. 4 Bde. Lpz. 1850—59. — A. E. F. Schäffle, Capitalismus und Socialismus. Tübing 1870.

des Familienhauptes und Vaters für die Familie gesagt wird. Die alten ökonomischen Systeme enthielten alle, wie früher erwähnt worden, die **Lehre: Je mehr Hände, desto** wohlfeiler die Arbeit und die Production, **desto größer mithin der Gewinn des Capitals.** Von diesem unseligen Principe aus ist das Proletariat gewuchert, und mit der Uebervölkerung das Elend und die **Armuth in** Masse hervorgegangen. Marlo stellt nun als unerläßliche Forderung: Jeder, der **eine** Familie gründen will, muß durch die Gesellschaft gezwungen werden, mittels persönlicher Versicherung sich gegen Verarmung und gänzliche Mittellosigkeit von vornherein zu decken. Durch Ersparnisse und geringe Einlagen von dem Arbeitslohne können die Prämien an solchen Versicherungsgesellschaften und Banken ohne schwere Opfer ermöglicht werden. Im Falle der Noth oder zeitweiliger Arbeitsunfähigkeit haben und vermögen die Versicherungsgesellschaften ihre Mitglieder zu sustentiren. Desgleichen hat jeder Vater für den Unter-halt seiner Kinder fürzusorgen. Ehen dürfen nicht anders als **auf** solchem Wege **der** Hypothecirung der zukünftigen Familie zugelassen werden. Die Eltern, welche einem Wesen das Dasein geben, sind auch ver-pflichtet, auf dieser Basis für dessen Zukunft Sorge zu tragen. Energisch **wendet** sich Marlo gegen die Obrigkeiten und Gesetze, welche den unehelichen Vater nicht im geringsten verpflichten, für den Unterhalt seines Kindes zu sorgen, so daß dieses und die Mutter dem Verderben und der Armuth überlassen bleiben.

Was Ferdinand **Lassalle** so beharrlich gefordert hatte, daß der **Staat die** Gesellschaft organisire, wird auch hier und zwar sehr energisch als erste **und unentbehrliche Schutzwehr gegen den** Verfall oder den gewaltsamen Umsturz **der** Gesellschaft verlangt. Außerdem will dieser Schriftsteller die Arbeit durch Abgrenzung der Erwerbsgebiete, mittels einer Art von Zünften oder Innungen, sohin mittels Wiederaufnahme eines mittelalterlichen Princips in moderner Umbildung und weiterhin durch Schutzzölle und Führung des Handels im Staatsbetrieb geschützt **sehen.** Die großen Fabrikstädte, **in** welchen die Masse der Arbeiter in **schlechten** Wohnungen und hiedurch in Elend und mit allen Gelegenheiten zur Verführung zusammengedrängt ist, sollen decentralisirt, und die Fa-briken mit zahlreichem Personale wo möglich in's offene Land verlegt werden, wo **die** Wohnung leichter herzustellen, der Aufenthalt ungleich ge-sünder, und die Lebensmittel billiger zu erlangen sind. Der so oft aus-gesprochene Gedanke, durch möglichste Verbindung **mit** Landwirthschaft, wenn auch nur auf kleinem Acker- oder Gartenland, den Industriearbeiter über den Hungerlohn hinaus zu bringen, ist auch von Marlo angelegent-lichst befürwortet.

Noch entschiedener ist in solchen Vorschlägen der Verbesserung das Werk A. Schäffle's. Auch er weist dem Staate einen außerordentlich großen socialen Beruf zu, nicht bloß nach der „alten Nachtwächteridee", wie Lassalle sagte, zur Hut und Bewahrung des Bestehenden, sondern zu wirklichem Eingreifen, Ordnen und Fördern behufs einer gesetzlichen Heilung der kranken und schwer bedrohten Gesellschaft. Die Staatsgewalt hat nach ihm durch ihre Gesetzgebung die Concurrenz zu reformiren, die Familienrechte zu ordnen und das Vermögen der professionellen Genossenschaften unter ihre Garantie zu nehmen. Im ausgedehntesten Maaße ist es Aufgabe des Staates, für das geistige Gedeihen und für eine die Rechte und die Gesundheit der Arbeiter schirmende Fabrikgesetzgebung zu sorgen. Schulwesen, Versicherungen und Sparcassen bedürfen ebenfalls fortwährend der gesetzlichen Regelung, ebenso die Errichtung von Schiedsämtern zwischen Arbeitgeber und Arbeitnehmer. Das Uebel der Uebervölkerung muß eingedämmt werden. Die leitenden Mächte im Staate, der Unterricht, die Schule, wie die Gesetzgebung, thun daher wohl daran, wenn sie der freiwilligen Ehelosigkeit und ebenso der Bewahrung des Wittwenstandes jede mögliche Auszeichnung zukommen lassen.

Gewerbefreiheit bestehe fort, aber die Erlaubniß zum Heirathen knüpfe sich an den Nachweis einer Genossenschaftsactie, also einer bereits geschehenen Eingliederung in eine Versicherungsgesellschaft. Jeder Hausvater ist zwangsweise anzuhalten, für seine Hinterlassenen, besonders für die Wittwe, eine Rentenversicherung und obligates Kindergut durch Hypothekbanken anzulegen. Man frägt nun: ist das auch möglich? An der Möglichkeit wird nur derjenige zweifeln, der keine statistischen Nachweise gelesen hat, wie durch im Anfange geringe Einlagen Vieler in der That ein gewaltiges Versicherungscapital angelegt werden kann. So niedrig ist selten ein Arbeiter bezahlt, daß er nicht, und sei es auch durch einiges Entbehren von gewohnten, aber nicht nothwendigen Genüssen, Woche für Woche und Monat für Monat den Quartal-Beitrag von etwa einem oder zwei Thalern für eine solche Versicherungsprämie beibringen könnte. Und wenn noch der Staat und verständige Wohlthätigkeit hülfreich eingreifen, um diese Versicherungs-Banken zu unterstützen, dann läßt sich an eine wirkliche Durchführung des Systems in allem Ernste glauben. Dasselbe Maaß von Verpflichtungen ist auch bei unehelicher Vaterschaft anzuwenden, und der uneheliche Vater zu belasten, so weit als Eigenthum und Person es möglich machen, damit für die Mutter seines Kindes und das Kind selbst genügende Sicherung des Unterhaltes für die Zukunft beschafft werde.

Vergleicht man damit nun die gegenwärtigen Verhältnisse, so ist der von den Socialisten bitter hingeworfene Vorwurf, die Gesellschaft lebe in voller Anarchie, und kümmere sich nur um den Schutz für wirklich schon vorhandenen Reichthum, keineswegs um die Armuth und deren Ursache, doch nicht so ganz unbegründet. Es sind dies Dinge, welche, einmal ausgesprochen, nicht mehr vergessen werden, obgleich deren Durchführung noch ferne liegt und jedenfalls das treueste und angestrengteste Zusammenwirken aller sittlichen Mächte und namentlich auch der Kirche erheischen wird.

Von diesen Uebergängen, in welchen sich Liberalismus und Altconservatismus begegnen, wenden wir uns nun zu den eigentlichen conservativen Richtungen in der socialen oder Arbeiterfrage. Hier wollen wir zunächst nur von Deutschland sprechen. Die Bemühungen der christlichen Männer und Vereine Frankreichs treffen im Wesentlichen mit den sach- und geistesverwandten Anstalten und Anstrengungen in unserem Vaterlande ohnehin zusammen. Die conservative Thätigkeit in der Arbeiterfrage ist für uns Deutsche durch drei bedeutende Gruppen repräsentirt. Zwei derselben sind confessionell, die dritte vereinigt die edleren Bestrebungen beider Confessionen.

Seit Jahrzehnten besteht, von K. Wichern in Hamburg gegründet, die „innere Mission.“ Ihr Hauptsitz ist das „rauhe Haus“ in Hamburg. Ihre Einrichtung ist, trotz erhobenen Widerspruches, eine Art protestantischen Mönchthums. Die Zwecke der inneren Mission sind theils religiöse, theils charitative und sociale. Das Institut des „rauhen Hauses“ mit seinen zahlreichen Filialen bemüht sich, in letzterer Hinsicht durch Herstellung von Spar- und Vorschußcassen, durch Einwirkung auf die Fabrikgesetzgebung, durch Ueberwachung der Fabriken, selbst mittels „entsendeter Brüder“, durch Vertheilung von guten Schriften und durch Anleitung der Arbeiterfamilien zu guter, christlicher Gesittung und Bildung, auf das Loos der unteren Bevölkerungsclassen vielseitigst einzuwirken. Die „innere Mission“ hat seit 30 Jahren in und außer Deutschland, selbst im Oriente, Vieles und Preiswürdiges geleistet. Aus ihrem Geiste ist dann auch Ein besonders großartiger Versuch hervorgegangen, nämlich die Association für gemeinsamen Großbetrieb in der Industrie und zwar, wie auf gemeinsame Rechnung, so auch auf gemeinsamen Ertrag und in Form gemeinschaftlichen Lebens. Es sind die Anstalten Gustav Werner's in Würtemberg, von welchen später eigens die Rede sein wird.

Einer der lebhaftesten und edelsten Förderer der inneren Mission in socialer Beziehung war der vor wenigen Jahren verstorbene Victor Aimé Huber. Seine Schriften, so vielseitig und so erfolgreich, werden in der

That für alle Zeit eine der denkwürdigsten und lehrreichsten Quellen für Gestaltung und Entwickelung der schönsten christlich-charitativen Ideen bleiben.

Die zweite confessionell-sociale Partei gehört unserer Kirche an. Die katholisch-kirchlich-sociale Partei ist wohl in dieser Form die jüngste von allen ihren Schwestern. Wir dürfen aber hoffen, daß vermöge ihrer hohen Herkunft und in Anbetracht der Reinheit und Segensfülle der ihr, wie keiner andern, zu Gebote stehenden Mittel, sie bald den übrigen vorankommen, und ihr Einfluß für alle Zukunft der entscheidende sein werde. Auch sie widmet ihre Thätigkeit zuerst der charitativen Fürsorge für Institute, für Alter und Jugend, für Kinderbewahr- und Rettungsanstalten, Hospitäler ꝛc., dann aber auch den eigentlich socialen Aufgaben der Gegenwart. Hier sucht sie mittels der Presse und der freien Rede auf die öffentliche Meinung, wie auf die Staatsgesetzgebungen, namentlich zur Schaffung eines Arbeitsrechtes einzuwirken, um der Anarchie im industriellen Bereiche Schranken zu setzen. Die katholisch-sociale Partei entlehnt von allen bisherigen Ideen und Anträgen, was mit ihrer christlichen Anschauung und Bestrebung geistesverwandt und praktisch vereinbar ist, beispielsweise in Anrufung der Staatshülfe für ein Arbeitsrecht, und nicht minder den Gedanken und die Aufgabe der Association, der distributiven und der consumtiven. Seit einigen Jahren hat sie auch schon an manchen Orten mit großem Segen Einlag- und Sparcassen, Credit- und Vorschußvereine für den kleinen Bürger und Arbeitsmann begründet.

Es sind zum Theil sehr bescheidene Männer*), einzelne eifrige Seelsorgspriester und Capläne in Crefeld, Elberfeld, Cöln, Aachen ꝛc., welche seit etlichen Jahren dieses große und edle Werk betreiben. Die literarische Vertretung führen die „christlich-socialen Blätter" von S c h i n g s in Aachen (seit dem März 1868.) Begeisterte Redner, wie der hochw. Bischof Ketteler in Mainz und Professor Schulte in Münster, haben für diese sociale Richtung in immer weiteren Kreisen um Erfolge und neue Zutritte geworben und sie auch errungen.

„A l t c o n s e r v a t i v e Partei" nennt sich eine dritte Gruppe, welche sich hauptsächlich an die preußische Bureaukratie anlehnt und an die großartig verwirklichte Idee des Nationalliberalismus. Auch sie war von Anfang entschlossen und bemüht, auf dem Wege der Gesetzgebung der arbeitenden Bevölkerung den ersten Schutz und ausgiebige Hülfe

---

*) „Nicht viele Mächtige, nicht viele Hochgeborne", darf man auch hier mit dem Apostel (I. Kor. 1,26) sagen.

zu ermöglichen. Es sind Männer, wie Otto Gerlach, Hermann Wagener, Lavergne-Peguilhen 2c., theils Mitglieder von gesetz=gebenden Körperschaften, theils Schriftsteller, welche die Rettung der Ge=sellschaft vorwiegend von der Wiederaufnahme älterer und selbst katho=lisch=mittelalterlicher Principien und Einrichtungen hoffen. Die Staats=fürsorge steht, wie eben gesagt, hier geradezu in vorderster Linie: Arbeiter=recht, Schaffung und Regelung von Innungen, freilich in zeitgemäßerem, also großem Style, ferner Ueberwachung und Beschützung der theils von Privaten, theils vom Staate zu gründenden Cassen für Credit und Vor=schuß; Stiftungen und Anstalten für Pflege der Schwachen, Verlassenen und Alten bilden Hauptzwecke in den von den „Altconservativen" ent=worfenen Plänen der Verbesserung unserer traurigen socialen Zustände. Dabei liegt durchweg etwas Ritterliches, wir möchten sagen, auch Mittel=alterliches in dem Auftreten des Altconservatismus, dessen vorzüglichstes Organ seit langen Jahren bekanntlich die „Kreuzzeitung" in Berlin ist. Ihr besonders verdankt auch der „deutsche Handwerkerbund" sein Entstehen. Wenn im Anfange die Erfolge desselben allerdings sehr bescheiden waren, so sehen wir doch gerade in ihm ein leuchtendes Bei=spiel, wie nach den Wirrsalen, Versuchen und Träumereien während so vieler Jahrzehnte, wieder die christlich-katholische Idee, welche die Zünfte hervorgerufen, als Helferin und Retterin der neuen Gesellschaft er=koren wird.

Der Handwerkerbund, im Jahre 1863 von Gerlach und Wagener gestiftet, hat seit diesem Jahre zu Hamburg, Frankfurt und Berlin seine Tagessatzungen abgehalten. Er beruht vorzüglich auf dem Bestreben, Ar=beitsrecht in dem Sinne wiederherzustellen, daß das Handwerk nur dem zustehe, der dazu persönlich befähigt ist, also Handwerksurkunde und Meister=schaft besitzt. „Nicht das Geld, sondern die eigene Persönlichkeit begründet das Recht auf Betrieb eines großen oder kleinen Gewerbes." Würde dieser Grundsatz durchgeführt, so wäre natürlich die Plutokratie, die ge=taufte und ungetaufte Judenschaft, vom eigentlichen Arbeitsgebiete so ziem=lich ausgeschlossen.

Ein Zweites, was dieser Handwerkerbund in Anspruch nimmt und durch das Gesetz vom Staate fordert, ist die Beschränkung der Freizügig=keit, also Abgrenzung des Erwerbsgebietes, wie bei Marlo schon befür=wortet ist. Wer sich einmal niedergelassen, soll, wenn auch nicht nach Weise des alten Zunftzwanges, doch gewissermaßen durch Schutzrechte in seinem Nahrungsstande gesichert sein. Der deutsche Handwerkerbund nimmt damit einen Haupthebel des liberalen Oekonomismus hinweg. Denn gerade auf der Freizügigkeit ruht ja immerhin für's Großcapital die Möglichkeit, wenn irgendwie Arbeiter sich den Lohnbedingungen nicht fügen, sie aus andern Gebieten herbeizuziehen.

Im Jahre 1863 legte der deutsche Handwerkerbund diese Haupt= forderungen dem jetzt entschlummerten deutschen Bunde zur Begutachtung und gesetzlichen Durchführung vor. Es blieb beim guten Willen. Die Politik riß den deutschen Bund für damals auseinander. Die sich feind= lichen Strömungen der großdeutschen österreichischen Politik einerseits, der preußischen Unionspolitik andererseits entzweiten auch hier die Führer und entkräfteten so den weiteren Fortgang dieser auf guter Grundlage sich er= bauenden Institution.

Indem wir hiermit den geschichtlichen Theil der Vorträge schließen, gehen wir nun daran, in dem praktischen Theile die einzelnen, von ver= schiedenen Parteien vorgeschlagenen und theilweise schon durchgeführten Hülfen näher zu prüfen, sowohl in dem, was sie bereits erreicht haben, als auch wofür sie weiter fortbildbar sind, Jegliches treu und wahr und nach den Licht= und Schattenseiten.

Dritte Abtheilung.

Fürsorgen und Abwehren in der Arbeiter=Frage.

Fünfzehnte Vorlesung.

Vorsorgen. — Consum-Vereine. — Volksküchen. — Sparvereine.

Die dritte und Schlußabtheilung dieser Vorträge sei, wie gesagt, den praktischen Versuchen und Leistungen gewidmet, durch welche die Lebenslage der arbeitenden Classen erleichtert werden soll und kann. Diese Versuche und Anstalten sind theils für, theils durch die Arbeiter geschaffen.

Es ist bei diesem Ueberblicke vorzüglich beabsichtigt, die Freunde der Armen und Arbeiter in den Stand zu setzen, gegebenen Falles wenigstens sicheren Rath ertheilen zu können, sollten sie auch nicht selbst Hand anlegen können oder wollen. Auch möchte jüngeren Männern, welche noch reisen können und werden, dringend zu empfehlen sein, sich an den eben deßwegen hier namhaft zu machenden Hauptorten nach dergleichen Einrichtungen und nicht etwa nur nach den Schönheiten der Landschaften und den Kunstschätzen der Städte, Schlösser und Kirchen umzusehen; denn, wie das Beispiel von Paris gezeigt hat, die gebildete Welt würde ihrer Kunstschätze nicht lange mehr sicher sein, wenn es ihr nicht gelänge, durch werkthätige und christliche Hülfe die aufgehetzten, zum Theil auch mit Recht zürnenden Massen des niederen Volkes zu begütigen und dessen Lage zu erleichtern.

---

*) Vgl. Emil Laurent, der Pauperismus und die Vorsichts-Anstalten. L. 1868.

11*

Es kann nun den Armen und sohin auch der Massen-Armuth auf doppeltem Wege Erleichterung verschafft werden: entweder durch Ver= minderung ihrer Ausgaben oder durch Vermehrung ihres Verdienstes. Nach beiden Richtungen vertheilen sich die gemachten Ver= suche und bestehenden Anstalten. Sie bezwecken als Palliative, als Aus= kunfts= und Beruhigungsmittel zunächst, die Lebensführung der Armen billiger zu machen. Sodann aber gehen die Arbeiter selbst darauf aus, den Ertrag ihrer Arbeit, also ihr Einkommen, gewinnreicher zu machen.

Durch Schulze=Delitzsch in's Leben gerufen oder befördert, stehen unter den Vorsichtshülfen die sogenannten Consumvereine an erster Stelle. Es gibt deren in Deutschland nach dem jüngst ertheilten Ausweise gegen dritthalbhundert. Die Consumvereine sind durch zusammengelegtes Capital entstanden oder werden mittels regelmäßiger Vorschuß=Einlagen erhalten, um die nothwendigsten Lebens= und Haushaltsbedürfnisse, beson= ders die Gegenstände des täglichen Verbrauches in Nahrung, Holz, Kohle rc. in größeren Quantitäten, aus erster Hand und zu günstigster Zeit zu kaufen. Durch diese drei Bedingnisse kann beziehungsweise Billigkeit er= reicht werden. Denn der arme Mann kauft gewöhnlich nur aus dritter und vierter Hand und mithin theurer. Wer wäre z. B. von den Ar= beitern im Stande, an den großen Auctionen in Amsterdam oder London, von der Reis= oder Kaffee=Ernte unmittelbar einzukaufen?

Ferner muß der Arme in den kleinsten Quantitäten bei dem Krämer holen. Er kauft auch deßhalb verhältnißmäßig theurer und kann selbst dann nicht vorsorgen, wenn er bestimmt voraussieht, daß gewisse Lebens= mittel oder das Beheizungsmaterial demnächst viel theurer werden müssen, als zur gegebenen Zeit noch ihr normaler Marktpreis ist.

Was also der reichere Haushalt durch seinen Einkauf im Großen und zur günstigen Zeit sich verschaffen kann, will der Consumverein als ein Gesammthaushalt seinen Mitgliedern gewähren. Sollen sich nun diese Vereine behaupten, so müssen sie allerdings recht wirthschaftlich zu Werke gehen. Sie dürfen von den Einlegern ihres Capitals keine Opfer fordern und auch keine Geschenke erwarten, sie sollen vielmehr ihr Anlage= capital verzinsen, wenigstens zu 4%.

Gut geleitet vermögen Consumvereine allerdings einen Gegendruck auf die übrigen Kaufleute zu üben, indem sie dieselben hindern, zu hohe Preise zu fordern; sie können sogar ihre Waaren billiger geben, als selbst der nicht gewinnsüchtige Krämer.

Indessen ist der Nutzen der Consumvereine, soferne sie den Detail= handel mit Lebensmitteln und Beheizungsmaterial treiben, weder ganz

sicher noch auch sehr groß. Am meisten kömmt er den mittleren Haushaltungen zu Gute, daher denn auch kleine Beamtenfamilien an den Consumvereinen gerne sich betheiligen. Dagegen richten sich die Löhne des
Fabrikarbeiters ohnedies nach dem Preise der nothwendigsten Lebensmittel,
und es werden Concurrenten seiner Hände sich um billigeren Preis vermiethen, sobald sie billiger ihre Nahrung einkaufen.

Ferner bleibt die voraus angenommene Billigkeit des Einkaufes
doch nicht stetig gewährleistet. Wenn einmal eine große Anzahl von
Consumvereinen entstanden ist, steigert sich auf den großen Märkten für
Kaffee, Zucker, Reis ꝛc. leicht auch die Zahl der Groß-Einkäufer der Art,
daß schon die Preise aus der ersten Hand höher gehen.

Unleugbar widerstrebt ferner die Einrichtung der Consumvereine
der übrigen Ordnung und Arbeitstheilung im wirthschaftlichen Leben.
Auch der an sich gutmeinende Kaufmann wird auf diese künstliche
Weise benachtheiligt und sucht sich anderweitig schadlos zu halten. Nur
allzu leicht kommt hinwieder auch der Consumverein in mercantiler
Hinsicht zu Schaden. Denn seine Einkäufer, wie seine Ladenbediensteten
sind in vielen Fällen keine geschulten Handelsleute und Buchführer,
sondern Dilettanten des Geschäftes. Es kann der Gewinn von einer
Seite durch ungeschickte An- oder Verkäufe auf anderer Seite mit Einem
Male verloren gehen. Auch durch schlechte Magazinirung, durch Aufnahme von unbrauchbaren oder selten begehrten Artikeln gerathen Consumvereine in Verluste.

Dann mag wohl auch die Art von Einkaufszwang für die Mitglieder, welche nur bei ihren Consumvereinen Laden-Gäste sein sollten, hie
und da Manchem lästig werden, zumal, wenn die Waare mit den
Waaren der anderen Kaufleute nicht von gleicher Güte ist. Die Erfahrung zeigte, daß nicht wenige Consumvereine in kurzer Zeit wieder
eingingen. Demnach steht, wie erwähnt, ein namhafter Gewinn für
das arbeitende Volk von diesen Anstalten nirgends auf die Dauer zu
erwarten.

Anders verhält es sich mit den **Volksküchen** und den an sie angeschlossenen möglichst wohlfeilen **Restaurationen** oder Speiseanstalten.*)
Solche Volksküchen sind seit mehreren Jahren an den bedeutenderen

---

*) Vgl. Lina **Morgenstern**, die Berliner Volksküchen. Eine culturhistor.
Darstellung nebst Organisationsplan. Berl. 1868.

Industrieplätzen, vorzüglich in Berlin, Dresden, Leipzig und in den Industriestädten Frankreichs errichtet worden. Die „philanthropische Gesellschaft" in Paris und die St. Vincentius-Vereine in Frankreich bemühten sich recht eifrig, diese Erleichterung dem armen Volke zu gewähren. Die katholischen Wohlthätigkeits- und socialen Vereine übertragen dann solche Speiseanstalten gern an geistliche Frauengenossenschaften, wie z. B. an die Schwestern des heiligen Vincenz von Paul, oder des hl. Karl Borromäus, wobei freilich darauf zu sehen ist, daß die Beauftragten wirklich gute Haushälterinnen seien.

Diese Volksküchen versorgen nun ihre Gäste auf zweierlei Weise, entweder in den Localen selbst, indem dort einfache aber angemessene Speiseräume hergerichtet werden, oder außer Haus, indem Suppe, Fleisch und Kost überhaupt gegen möglichst billigen Preis den Abholenden verabreicht wird. Sind diese Küchen durch Wohlthäter unterstützt, so können sie an ganz Arme unentgeltlich (am besten durch Vereins-Marken) abgeben. Man rechnet in Berlin und annähernd auch in Paris $\frac{1}{5}$ Zollpfund gekochtes Fleisch mit etwa drei Quart Fleischbrühe auf 6—8 Kreuzer. Bei uns würde es immerhin noch viel wohlfeiler kommen, etwa auf 5 kr.

Recht vortheilhaft sind die eigentlichen Restaurationen, wie solche durch Actiengesellschaften an größeren Etablissements längst eingerichtet sind. Es gibt dort eine Auswahl zwar weniger, aber nahrhafter Gerichte, um Preise, welche der Gesellschaft nur ihre Kosten ersetzen. In großartigstem Maaßstabe ist das in Mühlhausen eingerichtet; ähnlich in Gebweiler und an den Hauptplätzen der elsässischen Industrie.

Endlich haben auch Eisenbahngesellschaften für ihr Personal solche Restaurationen gegründet, oder sie halten für selbes wenigstens Magazine mit Lebensmitteln, in welchen aber Nichts auf Credit, sondern Alles nur gegen baare Bezahlung verabreicht wird. Darauf hat wohl jedes solche Institut zu halten, nicht so fast um seiner selbst willen, sondern mehr deßhalb, weil der Arbeiter und arme Mann, wenn er einmal in Schulden gerathen ist, sich kaum mehr heraus zu helfen weiß.

Es sind aber diese Volksküchen und Speisehäuser zunächst nur für einzelne ledige Personen als nutzbar zu empfehlen. Sie können und dürfen den Familientisch auch der Armen und selbst der Aermsten, wenigstens für gewöhnliche Zeiten, in denen nicht außerordentliche Noth und Theuerung herrscht, durchaus nicht ersetzen. Denn — und das müssen namentlich auch Vorsteher von charitativen Vereinen sich gesagt sein lassen — keine Wohlthätigkeitsanstalt darf irgendwie dazu beitragen, daß die Familienglieder einander noch mehr entfremdet und aus der Ge-

meinschaft herausgerissen werden, als dieses ohnehin schon übergenug und
unvermeidlich durch die Fabrik-Industrie geschieht. Wenn die Familienglieder
nicht einmal mehr beim Mittag- oder Abendessen zusammenkommen, wie
sollen sie einander im eigentlichsten Sinne des Wortes noch angehören?

Ueberdies kömmt für eine auch noch so kleine Familie die Volks-
küche verhältnißmäßig theurer als die Haus-Mahlzeit. Wenn eine einzelne Person für 8—9 Kreuzer (bei uns) zu Mittag sich satt ißt, so
würde dieses für eine Familie von nur 4 Personen schon 32 Kreuzer
und mehr betragen. Um diesen Preis aber kann eine verständige Hausmutter für eine in der Wahl der Speisen genügsame Familie ihr Mittags-
mahl ganz gut richten, ja sie wird noch dabei ersparen.

Sehr wohlthätig wirken bei großem Arbeiterpersonal Bäckereien.
Diese sollen das Brod den Arbeiterfamilien um den Ankaufspreis abgeben.
Sie vermögen es auch, wenn sie verständig und zu rechter Zeit Getreide
einkaufen, und namentlich, wenn sie auch bei dem Mahlen des Mehles
ökonomisch zu Werke gehen. Hat ein solches Institut zu günstiger Zeit
vorgekauft, so kann es ein zahlreiches Arbeiterpersonal für Wochen oder
Monate selbst bei einer ungewöhnlichen Höhe des Getreidepreises um
den vorherigen wohlfeilen Brodpreis glücklich durchbringen. Als Beispiele
hiefür dienen die Jahre 1847 und 1854. Es gab verständige Fabrikbesitzer, welche in jenen Theuerungsjahren von früher her Getreide vorräthig
hatten und so im Stande waren, ihr Arbeiterpersonal um den alten
Brodpreis zu ernähren.

Um Vorurtheile zu vermeiden, ist es immerhin zu rathen, den Arbeitern selbst Einsicht und, wo thunlich, sogar Einwirkung in das Geschäftsverfahren zu gestatten, damit sie von der Redlichkeit desselben sich überzeugen. Denn die ärmeren Leute sind gar mißtrauisch und wollen selbst
zusehen, daß ihnen nicht auch auf diesem Wege von dem Arbeitsherrn
ein Extragewinn abgepreßt werde.

Ein sehr fataler Tausch vollzieht sich nicht selten bei den Arbeitern,
wenn sie Geld zu Brod und Nahrung erhalten. Sie verwandeln es in
Geld — für Schnaps. Um dieses zu verhüten, gibt man an manchen
Orten nur Brodmarken, deren Werth dann am Lohne abgerechnet wird,
und für welche nichts Anderes als Brod genommen werden kann. Nur
darf dieses Verfahren nicht in das verhaßte und unbillige „Trucksystem" ausarten.

In ähnlicher Weise kann auch für Beheizung und Bekleidung vor-
gesorgt werden. Hiebei sind besonders diejenigen Männer und Frauen,
welche sich persönlich und im Auftrage charitativer Vereine mit der
Armenpflege beschäftigen wollen, auf Einen Umstand aufmerksam zu

machen, welcher an gar manchen Orten den armen Leuten außerordent=
lich hart fällt. Nur allzu häufig findet man nämlich, daß in den Woh=
nungen der armen und ärmsten Leute nichts schlechter ist als der Ofen
und der Heerd. Während der reiche Miethbewohner schon um seines An=
sehens willen den Hausherrn veranlaßt oder zwingt, ihm die Wohnung
stattlich herrichten zu lassen, geschieht für die Armen in der Regel hierin
wenig oder nichts. Unsere Arbeiter und Armen in den Städten hausen
nicht selten mit Oefen, welche noch vom vorigen Jahrhundert herstammen,
aus einer Zeit, welche mit ganzen Scheitern und Blöcken schüren konnte,
weil das Holz die niedrigsten Preise hatte. Gegenwärtig ist das Be=
lassen solcher Ofen=Monstra in den Stuben der Armen geradezu ein
Verbrechen an der Armuth. Denn was auch diese armen Leute sich zu
Holz ersparen oder erbetteln, verzehrt ein solches Ofen=Ungethüm, ohne je
eine entsprechende Wärme zu verbreiten. Hier ist möglichste und schleunige
Abhülfe des Uebelstandes geboten, entweder dadurch, daß man aus Barm=
herzigkeit einen neuen kleinen Ofen selbst neben dem alten herbeischafft,
oder daß verständig und ernst auf den Hausherrn eingewirkt wird,
dieser armen Leute sich zu erbarmen und ihnen sparsamere Heizvorricht=
ungen zu verschaffen. Sogar von Sanitäts= und Polizeiwegen könnte und
sollte gegen derartige Hartherzigkeit gewinnsüchtiger Hauseigenthümer ein=
geschritten werden.

Eine dritte Fürsorge sind die Sparvereine, als Vorsichtsanstalten
von großer Bedeutung (Associations de l'épargne). Die finanzielle
Lage des Lohnarbeiters ist besonders dadurch beängstigt, daß er fast
nicht einen Tag vor Unterbrechungen seiner Arbeit sicher ist. Er kann
krank, oder die Arbeit selbst eingestellt werden. Ferner kömmt der Tag=
löhner in Theuerungszeiten oder bei Familienunfällen mit seinem Tag=
oder Wochengelde gar nicht zurecht. Der Credit eines Arbeiters und
Kleinbürgers ist dabei sehr beschränkt, und gelingt es ihm wirklich,
Schulden zu machen oder herausgenommene Waare vorläufig sich auf=
schreiben zu lassen, so kann eine solche Schuld nachmals nur durch
äußerste Entbehrungen getilgt werden. Diesen Bedrängnissen vorzubeugen,
ist der Zweck der Sparvereine. Deutschland hat allerdings schon lange
seine Sparcassen. Anderwärts bestehen sie erst seit kürzerer Zeit, in Frank=
reich seit 1818. Die Sparcassen bewahren bekanntlich kleine Baarein=
lagen und mehren sie durch Zinsen und Zinseszinsen.

Doch für den Taglöhner ist es bei der dürftigen Wochenzahlung,
welche er erhält, nicht leicht und noch weniger reizend, für solche
Sparcassen=Einlagen sich Abzüge zu machen. Ja, sollte er auch einige
Wochen oder Monate für eine künftige Einlage gespart haben, dann

wird ihn ein geringer Anlaß häufig und leicht bewegen, das Ersparte doch wieder auszugeben. Sparcassenvereine für Lohnarbeiter müssen daher in Manchem anders eingerichtet sein als die gewöhnlichen Sparcassen.

Es geschieht dieses auf verschiedene Weise. Am häufigsten bildet sich die Anlage einer Fabrifsparcasse dadurch, daß sie die Einlagen des Arbeiters durch einen kleinen Lohnabzug Woche für Woche zurückbehält. Man rechnet in Frankreich gewöhnlich 2% vom Wochenlohne zu Gunsten eines solchen Abzuges für die Sparcasse, wogegen dann die Einlage mit wenigstens 5% verzinst wird. Doch selbst dies würde sich der Arbeiter nicht geradezu gefallen lassen. Er sagt nur allzu oft mit Selbstgefühl: Wenn ich dies wollte, könnte ich's selbst thun. Es muß daher noch ein anderer Reiz auf ihn ausgeübt werden.

Daher fügen fast überall, wo solche Sparcassen bestehen, die **Arbeits-herrn** oder irgend wohlthätige Gesellschaften noch eine **Prämie als in-directe Erhöhung des Lohnes** zu diesem Einlagsabzug. Nehmen wir z. B. an, der Fabrikbesitzer ziehe 12 Kreuzer **wöchentlich vom Lohne** ab, so zahlt er selbst oder ein wohlthätiger Verein weitere 12 Kreuzer an die Sparcassa darauf, so daß der Arbeiter 24 Kreuzer Einlage ermöglicht. Diese Zugaben sind es, welche die Theilnahme an der Art Sparcassen beleben, ja oft unwiderstehlich machen. Kommen dann noch, wie es gute Bewirthschaftung der Sparcassen vermag, 5% Zinsen und weitere Zinseszinsen hinzu, so wird bei glücklichem Verlaufe auch mit verhältnißmäßig kleiner Einlage bald eine hübsche Summe erwachsen, aus welcher für Fälle der Noth Vorschuß gegeben werden kann.[*)

Eine zweite Art des Verfahrens besteht darin, daß eigene Vereine sich um Erzielung von Sparcassen-Einlagen bemühen, wenn die Fabrik es nicht selbst thut. In Verbindung mit dem Vincentius- oder Elisabethenvereine lassen sich solche Sparvereine nicht allzuschwer bilden. Nur muß ein solcher Verein dasselbe Verfahren, wie die Fabriken, einhalten, d. h. er muß zu der Einlage des Arbeiters oder der Arbeiterin selbst noch etwas aus seinen eigenen Beiträgen als Prämie darauflegen. Die Noth macht erfinderisch. Die sociale Frage hat dies Sprüchlein schon vielfach bewährt, und man ist ihm zufolge gerade mit diesen Sparvereinen bis in's Kleinste heruntergestiegen. So

---

*) Die „Handelskammer für Aachen und Burtscheid" beantragte (1865) die Errichtung von „Rentencassen mit natürlichen Beiträgen der Arbeitgeber, der Arbeitnehmer und der Gemeinden" (vgl. Arbeiterfreund 1866. IV, 35 f.) und zwar zwangsweisen Beitritt.

gibt es in Fabrikstädten, auch in Berlin, durch wohlthätige Vereine geleitete Wintersparvereine. Wie das? Diese Vereine verständigen
sich mit den Arbeitern und Arbeiterinnen dahin, daß die letzteren
während der Sommermonate, in denen die Ausgaben für die Lebenshaltung stets geringer sind, wöchentlich eine kleine Einlage dem Sparvereine zubringen. Der Arbeiter gibt z. B. dem Vereine zwei Groschen
wöchentlich; der Verein seiner Seits legt aus eigenen Mitteln noch je
einen oder zwei Groschen darauf, von Woche zu Woche, bis der No-
vember kömmt. Nun ist schon eine hübsche Summe, für jede Person etliche Thaler, beisammen. Jetzt kaufen diese Sparvereine Reis,
Mehl 2c., besonders aber Feuerungs-Material im Großen. Eine Familie, welche den Sommer über eingelegt hat, erhält nun auf einmal
eine ordentliche Portion leicht aufzubewahrender Nahrungsmittel, Holz,
Kohlen u. dgl., ist also für die härteste Zeit des Winters mit dem Nothwendigsten versorgt. Das wäre nicht geschehen, wenn die einzelnen
Personen die an sich stets wenigen Groschen selbst in Händen gehabt
hätten. Aehnlich können Hausmiethzinse durch Sparvereine aufgebracht
werden.

Unleugbar dürfen solche Fürsorgen als wohlthätig und preiswürdig
empfohlen werden. An manchen Orten würde durch derartige Vereine
Vieles an eigentlichem Almosen erspart und den Armen dennoch ergiebi-
gere Hülfe geboten werden. Entnehmen wir aber auch hieraus wieder,
daß man in Armensachen nicht gleichgültig und müßig sein darf.
Auch geht es nicht immer ohne Verdruß ab. Es kostet Mühe und Geduld,
Einzelne und Familien anzuhalten, daß sie richtig ihre kleine Einlage
bringen. Ohne genaue Ordnung aber scheitert bald jedes solche Unternehmen.

Fast die meisten Industriezweige, besonders aber die Spinnereien,
Webereien, Blumen-, Portefeuille-, Parfüm-, Papeterie-Fabriken, Gold-
schlägereien 2c., haben eine bedeutende Anzahl von jungen Leuten, halb-
gewachsenen Kindern, Mädchen, und einzelne Frauenzimmer in Beschäftigung. Hier ist der Fürsorge ein überaus weites Gebiet geöffnet, welches aber schon für den Anfang des Wirkens meist größere Opfer
in Anspruch nimmt. Denn die beste Fürsorge besteht hier in Schutz-
häusern (patronats), in Pensionen und Asylen für einzelne Kinder
und Frauenspersonen.

An manchen Orten ist es der Fall, daß ganze Schaaren von halb-
gewachsenen Kindern nur für einen Theil des Jahres einer Fabrik
oder einem Industrieunternehmen, z. B. einem Torfstiche, zuziehen. Während dieser Zeit sind sie völlig heimathlos, auch dann, wenn sie für

den Winter wieder zu den Ihrigen zurückkehren. Für diese, namentlich
für die Arbeiterinnen, haben nun ebenfalls und vorzüglich in dem hierin
recht preiswürdigen Frankreich die Vincentiusvereine zum Theil sehr an-
sehnliche Patronate geschaffen. Es bestehen solche in Nancy, Lyon, Mühlhausen, Lille und in Paris. In Bayern blüht unseres Wissens erst ein
einziges, das Pensionat in Kaufbeuren bei der dortigen Spinnerei. In
der Schweiz und in Böhmen haben die Schwestern des hl. Karl Borromäus neben den Fabrikschulen an den meisten größeren Etablissements
einige Patronate errichtet.

Die Einrichtung solcher Schutzhäuser muß selbstverständlich dem
Geschäftsgange der Fabrik entsprechen. Geht, wie in den meisten
Spinnfabriken und Webereien, die Arbeit Tag und Nacht hindurch, so hat
das Patronat in seiner Tag- und Nachtordnung dafür zu sorgen, daß
die darin zur Wohnung und Pflege Aufgenommenen zur rechten Stunde
finden, was sie bedürfen, Reinlichkeit, Nahrung und Ruhe.

Die Patronate bieten namentlich den unvergleichlichen Vortheil und
Segen, daß durch sie die einzelnen Frauenspersonen vor Unsittlichkeit und
Verführung, wenn sie nur irgendwie guten Willen haben, gesichert sind.
Es werden dieselben auch in ihrer Arbeitskraft und Gesundheit bewahrt.
Denn sie finden nach ihren mühseligen Arbeitsstunden ihre Nahrung
und auch die Gelegenheit sich zu reinigen und in menschenwürdiger
Weise sich zur Ruhe zu legen. Es muß bei solchen Anstalten immer auch
für Wasch- und Badegelegenheit gesorgt sein. Ferner sind dies auch
diejenigen Anstalten, in welchen Frauenspersonen von ihrem Arbeitslohne Ersparnisse machen und für spätere Zeit anlegen können. Denn
in einem solchen Patronate wird eine einzelne Person ganz leicht um
die Hälfte dessen unterhalten, was sie allein wohnend für sich ausgeben
müßte; denken wir nur an die Wohnungen. Für Miethzimmer, welche
sonst 1 — 2 fl. monatlich kosteten, werden hier jetzt 5 — 6 fl. gefordert;
wie bedenklich sind „Schlafstellen", deren Miether bei uns „Bettgeher,"
anderwärts „Einlieg'" genannt werden.*) Die Verpflegerinnen, Ordensschwestern, werden um verhältnißmäßig geringen Preis besser für Alles
sorgen, was die Arbeiterin bedarf. Gewöhnlich sind mit solchen Pensio-
naten auch Sparvereine verbunden.

Die Schwestern werden auch verhüten, daß die Arbeiterinnen un-
nützen Luxus treiben. Bei vielen Arbeiterinnen gewahren wir fast durch-

---

*) Vgl. Ryan, the great sin of great cities. — Laspeyres über den Einfluß
der Wohnung auf die Sittlichkeit. 1869 — Le Play les ouvriers des deux mondes.
Par. 1857—63 voll. 4.

gehends, daß ihr Anzug an Sonntagen von jenem der reichen und vor-
nehmen Damen kaum zu unterscheiden ist. Es liegt dies ganz in
der Natur des Menschen. Wer keine bessere Quelle geistiger Erhebung
kennen gelernt hat, putzt sich wenigstens an Einem Tage möglichst heraus, um an den andern wieder in Staub und Schmutz zu waten. Bietet
das „Patronat" auch nicht jeder einzelnen Bewohnerin den häuslichen
Heerd, so doch der Gesammtheit. Sie kennt ein „Heimwesen," das sie
nicht verlassen soll, wenn sie nicht einen eigenen Haushalt zu gründen
vermag. Und — daß nicht voreilig und unbesonnen Ehen gesucht werden, dafür kann das beziehungsweise Wohlbehagen, das im Patronate geboten wird, heilsam wirken. Dergleichen Patronate zu fördern ist eine
der schönsten Aufgaben für die katholische Charitas.

Sechszehnte Vorlesung.

Die Wohnungsfrage. — Zustände der Wohnungen der Armen. —
Ursachen und Folgen der schlimmen Behausungen. —
Abhülfen: Bausysteme; Baugesellschaften.

———

Ein nicht geringer Theil des socialen Uebels und seiner Gefahren
hat seinen Grund in der Wohnungsnoth der kleinen und der armen
Leute. Was die Poesie als „traute Heimath" (sweet home) feiert, ist
für Tausende und aber Tausende unserer Mitmenschen ein unbekanntes
Ding, ein nie empfundenes Gut. Geboren in den Höhlen des Jammers,
verbringen nur allzuviele unserer arbeit= und kummerbebürdeten Zeitge=
nossen ihr Leben lang die wenigen Stunden ihrer Ruhe in Aufent=
haltsorten, welche kaum minder traurig sind als die gefürchteten Verließe
des Mittelalters, und die jeder Mitleidige selbst für seine Nutzthiere zu
grausam und verderblich hielte.

Die Wohnungsfrage ist zumal in größeren Städten unter den
brennenden Fragen die „brennendste" und dies in mehr denn Einem
Sinne.

Wo wohnen denn der Mehrzahl nach die Arbeiter und die
Armen? Natürlich denkt man bei dieser Frage zuerst an die Vor=
städte (faubourgs). Wie in den verschlossenen Städten des Mittel=
alters das arme und „unehrliche" Volk seine Hütten gerne an die innere
Seite des Mauer=Ringes unter dem „Wehrgange" vogelnestartig anklebte,
so haben seit Jahrhunderten auch außerhalb Wall und Graben neben den
Landhäusern der Reichen die kleinen Leute und Arbeiter sich niederge=

laſſen und die Vorſtädte geſchaffen und bevölkert. Hier konnte noch
und zwar bis zur neuerer Zeit ſelbſt in der Umgebung der Groß=
ſtädte manche ärmere Familie ihr eigenes „Heim“ behaupten, oder
auch zwei bis drei zuſammen, gemäß dem in unſern Vorſtädten noch
von Alters her bewahrten „Herbergeſyſtem.“ Ein ſolches Heimweſen be=
ſtand und beſteht freilich meiſt nur in einem Erdgeſchoſſe, höchſtens
mit etlichen Gelaſſen in einem erſten Stockwerke, aber umgeben von
einem Vorgärtchen und kleinem, freiem Hofraum bietet es, wenn auch
winzige, dennoch helle, luftdurchzogene Zimmer, zumal dann, wenn die
Häuschen, wie dies früher durchweg der Fall war, in einiger Entfernung
von einander abſtehen.

Nun aber wandert ſeit lange ſchon ein mächtiger Theil der Groß=
ſtädte ſelbſt in die Vorſtädte hinaus. Der Mittelſtand, durch das An=
wachſen der reicheren und luxuriös wohnenden Claſſen und der in Folge
deſſen unerſchwinglich hoch geſteigerten Miethpreiſe aus dem Centrum
der Großſtadt hinausgedrängt, ſiedelt in die Vorſtädte über und nimmt
den Raum in Anſpruch, welchen zuvor die kleinen Leute mit Behagen
und unbeneidet inne gehabt. Bald verändert die bisherige Vorſtadt
ihr Ausſehen. Sie wird ſelbſt zur Stadt und nicht ſelten zu einer
bedeutenden und ſchmucken Nebenbuhlerin ihrer alten und alternden Me=
tropole. In weitem Ringe verſchwinden die Kleinwirthſchaften, die be=
ſcheidenen Anweſen des Gärtners, Wäſchers und des Bauhandwerkers und
die zwar unanſehnlichen, aber vergleichungsweiſe noch recht wohnſamen
Hütten des Lohnarbeiters. Vorgärtchen und Höfe räumen ihren Platz
der Straſſen langer und prunkender Zeile — und wieder fragen
wir bei dem Blicke auf dieſe Eroberungen der bevorzugten Stände: Wo
wohnen denn nun die kleinen und die armen Leute?

Wir müſſen ſie jetzt faſt ausſchließlich neben dem von jeher in
den engen und ſchmutzigen Gäßchen der Großſtadt ſeßhaften Proletariate
aufſuchen, in den Hinterhäuſern ihrer alten und neuen Straſſen, in den
Dach= und Kellerwohnungen der Häuſer=Kaſernen und in deren von der
Licht= und Luftſeite abgewandten Zwiſchengängen. Im Sommer die
Qualen der berüchtigten Bleikammern Venedig's erprobend, ſind die Be=
wohner der Dachkammern während des langen, nordiſchen Winters der
Unbill des Froſtes um ſo mehr preisgegeben, als die ſonſtigen Schutz=
mittel, wie Fenſter, Thüren, Oefen, in den Wohnungen der Armen,
wie wir bereits erwähnt haben, in der Regel von der allerſchlechteſten
Beſchaffenheit ſind, Dank der Rückſichtsloſigkeit der Hauseigenthümer, welche
gegen die Anträge und Bitten der dürftigſten Miether am undurchdring=
lichſten gepanzert ſind.

Was der Aufenthalt in einer Kellerwohnung bedeute, muß man mit eigenen Augen gesehen haben oder dem Arzte und einem wahrhaft menschenfreundlichen Seelsorger abfragen? Hier sind die Behälter, aus denen die Würgengel der Armen, Cholera, Typhus, ihre Opfer unerbittlich und unaufhörlich sich holen. Aus dem feuchten, kalten Erdreiche des Kellers haucht das Siechthum ein oft langsam, aber peinvoll tödtendes Gift in den zarten Organismus der beklagenswerthen Kleinen; die Scropheln, die Rhachitis, die Gicht und die Legion der Hautkrankheiten haben hier in der Tiefe „unter den Schritten der Luftwandelnden" ihre Brutstätten. Sind es aber Viele, welche aus der freundlichen Tageshelle hinweg und hinabwärts einen Samariterblick „jenen Unterirdischen," zusenden mögen, welche es in einer dunklen Stunde denn doch gelüsten könnte, an's Licht der heiter Lebenden heraufzukommen; und das „Wozu?" o, dies haben die Mai-Tage des Jahres 1871 in Paris mit greller Flammenschrift in die Geschichte der Vergangenheit eingeschrieben zur Warnung für die Zukunft.*)

Aber wir sind mit diesem Gemälde der Wohnungsnoth noch keineswegs zu Ende. Die Civilisation hat zu Stande gebracht, daß, was die Natur keinem lebenden Wesen versagt, einer anwachsenden Classe von Menschen von der Kindheit bis in's Greisenalter gänzlich fehlt, ein Obdach, eine Zufluchtsstätte für die Stunden der Nacht und gegen die Härte des Winters!

London rechnet gegen achtzig Tausende, welche im Bereiche dieser Riesenstadt kein stetiges Plätzchen wissen, wo sie Abends ihr Haupt niederlegen sollen; und darunter sind zarte Kinder, sind Mütter und Greise. Meist schon in den ersten Abendstunden füllen sich die traurigen Zufluchtsorte, und die später Kommenden werden deßhalb abgewiesen. Auch für Paris wurde bis zu den jüngsten Katastrophen die Zahl der „Wilden" d. h. der Heimathlosen im Durchschnitte auf 20—30,000 geschätzt. Berlin besitzt seit etlichen Jahren Asyle für Ausquartierte und Unterkunft Entbehrende. Sie werden von Hunderten jede Nacht aufgesucht.

Es mag unter dem milden Himmel Italiens und Andalusiens, in den vielbesungenen „Zaubernächten" Granada's und Neapel's sich wohl

---

*) Berlin zählt Tausende von Kellerwohnungen; Lille, Rouen, Rheims, Amiens ꝛc. sind in diesem Bezuge der Gegenstand amtlicher Nachforschungen geworden, und die Protokolle liefern entsetzliche Ergebnisse. Ueber Hamburg und Bremen haben wir die Berichte der „inneren Mission" (von Wichern und den „Brüdern des rauhen Hauses"). Für Großbritannien liegen die Schilderungen der Parlamentscommissionen vor; vgl. B. A. Huber Janus 1845; dess. „Reisebriefe" (1854), „Concordia" (1862); die Literatur sehr genau bei Wagner, die Wohnungsfrage (1869).

ruhen auf den Steintreppen einer Kirche oder in den Myrthen eines Lust-
gartens; aber wehe den Aermsten, welche „im kalten Norden", während
feuchte Nebel über den düsteren Straßen lagern, oder die glitzernden Sterne
des winterlichen Firmamentes das Steigen des Frostes ankündigen, keine
andere Zuflucht finden als die dunkle Wölbung eines Thor= oder
Brückenbogens oder hinuntersteigen müssen in die schrecklichen Höhlen der
Abzugskanäle und der Cloaken! Das übercivilisirte Europa hat seine
Troglodyten, wie die Märchenwelt der Vorzeit, nur mit dem Unterschiede,
daß jene nicht so harmlos und so unwirklich wie diese sind.

Wodurch aber, müssen nun wir weiter fragen, sind diese Zustände
hervorgerufen und bis zu einem so äußersten Grade der Noth für nur
allzu Viele gesteigert worden?

Wie bei allen socialen Erscheinungen lassen sich auch hier die Ursachen theils als solche erkennen, welche die traurige, aber naturnoth-
wendige Folge der gesellschaftlichen Bewegung sind, theils als solche,
welche durch Willkür und Härte der Einen entstehen und durch Nach-
läßigkeit und Gleichgültigkeit der Anderen fortbestehen.

Notorisch häuft sich in allen europäischen Ländern durch Einströmen der Landbevölkerung in die Städte deren Einwohnerzahl in
verhältnißmäßig kurzen Fristen.*) Die Klagen über Abnahme der landwirthschaftlichen Dienstboten und Taglöhner verlauten immer stärker. Indeß die Aermeren und das junge Volk industrielle Beschäftigungen und
nebenher frühzeitige Unabhängigkeit in der Stadt aufsuchen, wählen
auch die reichen Familien des Geburts= und die pilzartig aufwuchernden
des jüdischen und christlichen Geldadels die gewinn= und lustverheißenden
Großstädte wenigstens zu ihrem Winter=Aufenthalte. Der herrschende
Luxus gebietet und enormes Vermögen gestattet diesen Schooßkindern des
Glückes, die ausgedehntesten und glänzendsten Räume zu miethen oder zu
erwerben. Gerade aus diesem fortschreitenden Wohnungsluxus der Wohlhabenden erklärt sich die sonst auffällige Thatsache, daß Städte, welche
vordem geschlossen und bewehrt waren, dennoch im Laufe des Mittelalters im Vergleiche zu heute nicht selten die doppelte Zahl von Einwohnern, und darunter nicht wenige von hohem Range und großen
Einkünften, zu beherbergen vermochten, ohne daß eine Wohnungsnoth im
gegenwärtigen Sinne des Wortes empfunden und beklagt wurde. Man

---

*) Die Einwanderung in Berlin z. B. erhöht dort die Bevölkerung wöchentlich
um mehrere Hunderte!

behalf sich bescheiden und genügsam, und wir Aelteren vermögen uns noch den Unterschied zu vergegenwärtigen zwischen einem Kramlädchen zur Zeit unserer Kinderjahre und den jetzigen Prachtmagazinen und Schauläden, welche ganze Erdgeschosse palastähnlicher Häuser einnehmen. Genau so verhält es sich mit den Gast= und Kneipstübchen von ehedem und den Cafés und Restaurants von heute. Die Welt macht uns die Welt zu enge.

Die Concurrenz um die kleinen Wohnungen mehrt sich durch einen weiteren Mißstand. Der Sinn für ein kluges, friedsames Zusammenwohnen und Zusammenwirken besteht fast gar nicht mehr. Frühmöglichst trennen sich die Kinder von den Aeltern, um für sich selbständig hauszuhalten. Tausende von Halb=Armen darben und betteln lieber, nur um als vereinzelte Personen eine eigene Wohnung zu haben und eigenen Haushalt zu führen. Eine verständig und wohlwollend geleitete Verbindung solcher Stadt=Einsiedler und Einsiedlerinnen zu einer Art zwar künstlich, aber auf gemeinsames Interesse und in christlicher Liebe gegründeten Familien würde unzählige Almosen ersparen und Hunderte von kleinen Wohnungen anderweitiger Bewerbung zurückgeben.

Nach dem jetzigen Sachverhalte stellt sich der Preis einer Arbeiter=Wohnung, Ein Wohnzimmer für Eine Familie, im Durchschnitte auf 42 Kreuzer bis zu 1 Gulden die Woche; in Frankreich zahlt man 1—2 Franken, in Berlin $\frac{1}{2}$— 1 Thlr. für die allerdürftigsten Wohnräume. Die im Verhältniß zur Concurrenz große Seltenheit der kleinen Behausungen reizt den Wucher der Hausbesitzer zu Steigerung der Miethe, und ermuthigt bei ausbleibender oder verzögerter Miethzins=Erlegung zu den schonungslosesten Maaßregeln der Meubelpfändung und Ausquartierung, da ein Nachfolger nicht lange auf sich warten läßt.

Die Folgen dieser Zustände sind für die armen Leute, wie sich leicht ermessen läßt, Verderben an Leib und Seele, und Nährung des Hasses und Neides zwischen den verschiedenen Classen der Gesellschaft. Wer Armenwohnungen viel gesehen hat, erklärt es sich bald, warum einerseits die Sterblichkeit der Kinder und andererseits der Keim der abscheulichsten Krankheiten schon in den frühesten Jahren durch ungesunde, feuchte, licht= und luftlose Wohnungen in die Generation gelegt wird.

Die ohnedies so gesundheitsgefährliche Beschaffenheit der Armenwohnungen wird durch die fortwährende Unreinlichkeit der meisten dieser Räume noch mehr verderbt. Eine fleißige Hausfrau könnte wohl Vieles abwehren. Aber kann die Hausfrau fleißig sein, wenn sie, um das Brod zu verdienen, selbst 10, 12, ja 14 Stunden vom Hause abwesend sein muß? Und wird sie nicht sogar den Muth und dadurch auch die Kraft verlieren, wenn alle die schädlichen Umgebungen und die häßlichen Einflüße, mit denen sie zu kämpfen hat, stets auf's Neue und in kürzester Frist ihre Anstrengungen für Reinlichkeit vereiteln.

Noch weit überwiegender sind aber die Gefahren für die Sittlich= keit der so schlecht beherbergten Familien. Enges Zusammenwohnen der Kinder mit den Aeltern, der Erwachsenen mit den Un= und Halberwach= senen läßt — ohne daß wir sie des Weiteren zu nennen brauchen — genugsam die Folgen ahnen, welche so furchtbar sind für die heiligsten Güter der Kindheit und der Jugend! Das Laster in seiner greulichsten Gestalt schleicht wie ein Engel des Verderbens fast unabwehrbar durch die dunkeln, dumpfen Räume.

Wie sehr eine wohnliche Heimath den Menschen anzieht, wissen wir Alle. Wenn nun den Hausvater nach seiner schweren Arbeit zu Hause nichts erwartet als die ungesunde, dunsterfüllte, oft durch kranke Kinder unruhig gemachte und verpestete Kammer, wird er nicht lieber in dem nächsten Wirthshause bis in die spätesten Stunden der Nacht sein Standquartier aufschlagen? Bald folgt ihm dahin auch die Mutter, folgen die erwachsenen Kinder. Endlich, was wohl zu beherzigen, durch jede schlechte Wohnung wird der Arme noch ärmer. Er hat ein Bett und in wenigen Wochen ist es ihm durch die Feuchtigkeit zerstört. Noch hat er einige Hauseinrichtung, Tisch, Kasten, Stühle, zusammen gehalten. Die Kellerwohnung raubt sie ihm; denn sie vermodern.

Es sind ungefähr dreißig Jahre, daß ein würdiger Mann (Dr. Ludwig Merz) in München die Frage angeregt und den Bau von Arbeiterwohnungen geplant und betrieben hat. Doch Niemand hat uns damals hiezu ernstlich die Hand geboten. Jetzt sind es die Lassalleaner unter den Arbeitern, die sich als Genossenschaft constituiren, um ihrerseits dieses Unternehmen durchzuführen. Indeß die Noth hat da, wo sie über= groß war, allerdings schon schöpferisch gewirkt. Es haben sich in England, Frankreich, Preußen, Belgien und Holland seit etwa zwanzig Jahren Baugesellschaften gebildet, und ihre Wirksamkeit ist sowohl für die, welche bauten, als für die, zu deren Gunsten gebaut wurde, laut statistischer Nachweise äußerst günstig ausgefallen. *)

*) Von den englischen Baugesellschaften sind besonders thätig die »Benefit buil-ding societies«, ferner (1844) die »Society for improving the conditions of the labouring classes« und (1833) die »Metropolitan association for improving the dwellings of the industrious classes«, letztere gegründet mit einem Capital von 1 Million Gulden. Die Leiter sind Architekten, wie Robertson, Fabrikbesitzer (Salt, Ackroyd) und Mitglieder des Adels rc.; über Paris (Cité ouvrière von E. Girardin und Napoleon III.) vgl. Müller habitations ouvrières. Par. 1856, u. Foucher de Careil les habitations ouvrières. Par. 1869.

Wie ſoll und kann nun ein ſolches Unternehmen in's Werk geſetzt
werden? Die Baugeſellſchaften befolgen verſchiedene Syſteme. Bei jedem
derſelben aber muß der Bauplan für Arbeiter= und Armen=Wohnungen
ſorgfältigſt darauf berechnet ſein, die oben geſchilderten Uebelſtände zu
vermeiden und wo möglich um billigen Preis, ja ſogar mit der Aus=
ſicht, daß die gemiethete Wohnung allmälig Eigenthum des Miethers
werde, zu bauen. Reinlichkeit, friſche Luft, Fürſorge für Sittlichkeit durch
entſprechende Eintheilung der Räume, ſachgemäße Anlagen von Waſch=,
Bade= und Kochgelegenheit, wenn irgend thunlich, Gärtchen oder doch
Spielplätze für Kinder ꝛc., müſſen bei allen dieſen Bauten im Auge be=
halten werden. Hauptſächlich kommen zwei Bauſyſteme in Anwendung.
Vorerſt der Bau von Familienhäuſern, ſogenannten „Arbeiterkaſernen.“
In Frankreich, Belgien, England und in Nord=Amerika ſind ſolche für
100 bis 130 und mehr Familien eingerichtet. In Städten bleibt in
der Regel wirklich keine andere Auskunft.

Man hat am beſten daran gethan, wenn ältere Häuſer mit den
dazu gehörigen Hofräumen angekauft und zweckmäßig umgebaut wurden.
Es iſt damit ſchon recht viel geholfen. Immer aber werden ſich dabei
Uebelſtände ergeben, theils für die Sittlichkeit, theils für die Fried=
fertigkeit ſo vieler kaſernirter Familien. *)

Das zweite Syſtem befürwortet den Bau je einzelner Familien=
wohnungen. Dieſes kann bei ausgedehnten Bauplätzen in den Vorſtädten
oder Vordörfern, vorzüglich aber dort ſtattfinden, wo die Fabrik auf dem
Lande ſich befindet.

Die Elberfeldergeſellſchaft z. B. baute 4 bis 6 Häuſer nebeneinander
unter Einem Dache; doch kam dieſe Bauart zu theuer. Die meiſten Geſell=
ſchaften haben ſich entſchloſſen, für 2—3, oder bis zu 6 Familien Arbeiter=
häuſer zu bauen. Es iſt dies das ſ. g. „Herbergſyſtem.“

Dieſes Syſtem iſt in England im „Cottage=Syſtem“ ausgeartet.
Die Fabrikherren bauten dort allerdings Arbeiter=Häuschen, überhäuften
ſie aber ſo mit Einwohnern, daß dieſelbe Mißwirthſchaft, Ungeſundheit
und Unreinlichkeit, daraus hervorging, wie ſie in den ſelbſtgewählten Wohn=
ungen der ſchlimmſten Sorte gefunden wurde. Die Hauptaufgabe einer
ſolchen Geſellſchaft iſt die Ausfindigmachung eines möglichſt wohlfeilen Bau=
grundes. Der Baugrund wird dann getheilt und verlooſt, und nun baut
die Geſellſchaft entweder ſelbſt oder ſie vermittelt Baudarlehen an die
kleinen Leute; Letzteres iſt vorzüglich bei engliſchen Baugeſellſchaften der
Fall; ſo bei den Benefit building societies.

---

*) Das Familiſtère von Godin=Lemaire in Guiſe (Picardie) beherbergt 700
Familien (Eiſen=Arbeiter); vgl. V. A. H u b e r Sociale Frage. IV. Nordh. 1866.

Eine andere Gesellschaft ging vorzüglich auf Reparatur von alten Häusern aus, um sie wohnlicher und reinlicher zu gestalten. Die Erfahrungen in England, Amerika und Holland haben gezeigt, daß mit verhältnißmäßig geringer Miethe dennoch die Capitalien der Gesellschaft sich zu 5, jedenfalls 4 pCt. verzinsen.

Was die Kosten betrifft, so haben wir hierüber genaue Angaben. Die kleine Arbeiterstadt des Herrn Dollfuß zu Mühlhausen (cité d'ouvriers), welche zu Anfang des Jahres 1870 830 Häuser zählte, verausgabte für den Bau jedes solchen Hauses im Durchschnitte 1800—2800 Francs. Die Miethe wird wöchentlich erhoben und so eingerichtet, daß der Arbeiter nach Umlauf von etwa 15 Jahren Eigenthümer des Hauses oder Hausantheils ist. Aehnliche günstige Ergebnisse weist Birmingham auf. Hier wurden in 17 Jahren 9000 Arbeiterfamilien Eigenthümer der ihnen gebauten und vermietheten Wohnungen.

In Lille bestanden (1860) gegen 2000 solcher Häuser mit je 3 Zimmern für Eine Familie. Hier betrugen die Baukosten 12—1500 fl. Die Miethe stellt sich auf 120 Francs jährlich; das Baucapital verzinste sich zu $4^1/_2$ pCt.

Aus Amerika berichtet man über eine Gesellschaft, die u. A. bei der Pacific Mill in Lawrence 4000 Arbeiter durchweg mit eigenen Wohnungen versorgt, und zwar zu dem für Amerika sehr geringen jährlichem Miethzinse von 52—150 Dollars.

Auch Berlin hat für diesen Zweck mehrere gut organisirte Baugesellschaften. Eine jüngste, vom Jahre 1870, stellte sich die Aufgabe, die Miethbewohner der von ihr erbauten Häuser nach Ablauf von 15—20 Jahren durch Annuitätszinsen zu Eigenthümern zu machen.

In Preußen hat namentlich auch der Adel sich bei solchen Unternehmungen betheiligt. So machte sich Graf Schlippenbach hochverdient durch den Bau vieler Arbeiterwohnungen in der Nähe von Berlin zwischen Schönhausen und dem Hamburgerthore. Eine Stiftung der Prinzessin Alexandrine ist ebenfalls ausschließlich dazu bestimmt. Die Preise solcher Wohnungen in und um Berlin gehen mit Annuitäten auf ungefähr 40 Thlr. Werkstätten, eine große Wohlthat für Kleinmeister und Genossenschaften werden mit den Maschinen um 30 Thlr., mit Dampfmaschinen bis zu 100 Thlr. vermiethet.*)

---

*) Sehr günstiges Zeugniß für die Wohlthätigkeit verbesserter Arbeiter- und Armenwohnungen liefern aus allen Ländern die statistischen Nachweise der Sanitäts-Commissionen; so verringerte sich die Sterblichkeit, welche in London 21 : 1000 beträgt, in den Häusern der Metropolitan-Society bis zu 10: 1000; in Kopenhagen ergab sich während der Cholera in den neu angelegten Arbeiterwohnungen nur Ein Sterbfall auf 180 Bewohner.

Siebenzehnte Vorlesung.

Arbeiter-Selbsthülfe. — Productiv-Association. — Gustav
Werner. — Theilhaberschaft (Partnership.)

Nachdem versucht worden, darzuthun, wiefern zur Verbesserung oder
Erleichterung des Looses der arbeitenden Classen Fürsorgen durch Andere
getroffen werden könnten, gehen wir daran, zu zeigen, in welcher Art die
Arbeiter selbst ihre Interessen fördern, beziehungsweise aus dem bloßen
Lohnverhältnisse in einen angemessenen Antheil am Vollertrage ihrer Arbeit einzutreten sich bemühen. Es sind hiefür drei Wege eingeschlagen
worden, welche wir nun näher zu zeichnen haben. Den ersten derselben
bildet das productive Genossenschaftswesen, die cooperative
oder Gesellschaftsarbeit; der zweite Weg gestaltet sich als Anbahnung
eines Vertrages zwischen Arbeitsherrn und Arbeitsnehmern für einen
Antheil am Gewinne der Arbeit, sog. Theilhaber-System (Partnership). Der dritte Weg endlich geht mittels der Arbeitercoalitionen über in das System der Gewerkschaften oder den Gesammt-
bund der Arbeiter eines Faches oder mehrerer hiezu verbundenen Ar-
beitszweige zur Vertheidigung der gemeinsamen Interessen, zur Schaffung einer geschlossenen und gerüsteten Streitmacht gegenüber der ausschließlichen Herrschaft des Capitals.

1. Die gesellschaftliche Arbeit.

Durch Zusammenlegen von kleinen Capitalien mittels regelmäßiger
Einlagen, vor Allem aber durch Vereinigung der Arbeitskräfte kann unter

günstigen Umständen ein Gegengewicht geboten und eine selbständige, zum vollen Ertrage der Arbeit berechtigte Cooperation gebildet werden. Gesellschaften mit diesem Zwecke führen den Namen „Productivassociationen", zum Unterschied von den distributiven, zumal den Consumvereinen, deren nächste Aufgabe, wie wir gesehen, darin sich erschöpft, durch Ankäufe im Großen die Abgabe der Waaren des täglichen Verbrauches an die Einzelnen billiger zu machen. An vielen Orten aber sind Consum-Vereine oder distributive Genossenschaften nur die Vorbereitung für die Entwicklung productiver Associationen gewesen.

Am entschiedensten und frühesten ist hierin die e n g l i s c h e Arbeiterschaft vorausgegangen. Als Muster gilt in der ganzen hieher gehörigen Reihe der Erscheinungen mit Recht die im Jahre 1843 gestiftete Gesellschaft der Pioniere von Rochdale. (Society of Equitable Pioneers) Der Name Pioniere bedeutet Bahnbrecher. Das Städchen R o c h d a l e gehört zu der industriereichen Grafschaft Lancashire.*)

Man muß sich zur Würdigung der bezüglichen Thatsachen erinnern, daß die Spinnereien und Webereien Englands Hunderttausende von Arbeitern zählen, und allein die Baumwollespinnerei eine halbe Million Arbeiter und Arbeiterinnen beschäftigt. Nun verlangten im Jahre 1843 einige Flanellweber von ihren Arbeitsherrn Lohnerhöhung. Diese wurde verweigert, und eine Arbeitseinstellung fruchtete nichts. Darum entschlossen sich etwa drei Dutzende fleißiger Arbeiter zu einem Versuche, auf eigene Gefahr hin ein Geschäft zu gründen. Es geschah, anscheinend mit lächerlich kleinen Capitalien. Es waren kaum 40 Flanellweber, die sich durch einen Beitrag von wöchentlich 2 Pence, also ungefähr jährlich 1 Pf. St. Einlage, vornächst verbanden, aus ihrem eigenen Kramladen (Store) ihre Lebensmittel wohlfeiler zu erwerben. Dieses Geschäft sollte nur die täglichen Verbrauchsartikel vorräthig haben, nur zu festen Preisen und nur baar verkaufen, und schließlich, nachdem das kleine Einlagecapital zu 5% verzinst worden, den noch weiteren Ertrag vierteljährig an die Mitglieder abgeben. Schon im nächsten Jahre war das Capital auf 2000 Gulden gestiegen. Die Summe des Umsatzes betrug gegen achttausend, der Reingewinn etwa dritthalbhundert Gulden.

Durch den Beitritt neuer Mitglieder stieg das Capital auf 1194 Pf. Sterling und in den folgenden Jahren bis 1868 bereits auf 123,000 Pf. Sterl. Vom Jahre 1855 an ging diese distributive Genossenschaft in die productive Association über. Sie kaufte sich mit Aufwand von 4000 Pf.

---

*) Vgl. P f e i f f e r Gesch. des Genossenschaftswesens. Lpz 1863. — Der Arbeiterfreund 1864, S. 265 ff. Die Zeitschrift: The cooperator. London, 1866.

St. sechsundneunzig mechanische Webstühle und betrieb das Geschäft nach dem sogenannten Cooperativsystem mit 42 Familienhäuptern, so daß nach fünf Jahren das Einlagecapital bereits eine Dividende von 40⁰/₀ abwarf. Actionäre waren zu ⁹/₁₀ Arbeiter, also zugleich Arbeit=Nehmer und Arbeit= Geber. Sie bezogen zu ihrem Lohne demgemäß auch den Ertrag des Capitales durch dessen Umsatz in der Arbeit. Dieses Vorbild ermuthigte. Es folgten in den nächsten Jahren in mehreren Grafschaften und Indu= striebezirken Englands ähnliche Verbindungen.*)

Wo Arbeiter nicht im Stande waren, ein ganzes Fabrikgeschäft zu gründen, da erwarben sie einzelne Theile einer Fabrik, Säle und Webstühle, und arbeiteten hier mit ihrem eigenen kleinen Capitale, durch welches sie den Arbeitssaal dem Fabrikherrn förmlich abgekauft hatten.

Die Genossenschaft von Rochdale hat nach den jüngsten Berichten eine noch steigende Blüthe. Sie besitzt außer der eigenen Fabrik eine Ge= treidemühle, Metzgerei, Baugesellschaft, eine Versicherungsanstalt für Wittwen und Waisen und selbst eine Begräbnißcasse.

Bald nach der Februarrevolution (1848), die das unglückliche Experi= ment der Staatswerkstätten geschaffen hatte, ergriff man auch in Frank= reich lebhaft die Idee der freien Association.

Es waren vorzüglich diejenigen Handwerker, welche in alter Zeit nur auf Kundschaft und nicht auf Vorrath gearbeitet hatten, die jetzt, nach= dem die kleinen Gewerbe überall dem Großgewerbe gewichen waren und nun auf Vorrath und Verkaufsläden arbeiteten, daran gingen, sich frei und vom Staate unbeeinflußt zu verbinden. Im September 1849 ent= stand in Paris die Association der Schneidergehülfen, die mit 4000 Actien zu je 50 Frcs. ihr eigenes Geschäft gründeten. Ihnen folgte die Vergesellschaftung der Blechschmiede, Brillenschleifer, Pianoforte= macher 2c.

Die Association wurde wesentlich in Form der sog. Commandit= geschäfte eingerichtet. Sie haben einen Geschäftsführer (Gérant), der, weil er alle Zeit auf sein Amt verwenden muß, auch besoldet wird. Die Mitglieder sind entweder Associés in dem Sinne, daß die eigentlich ein= gegliederten wirklich im Geschäfte arbeiten, oder entferntere Mitglieder, die s. g. angeschlossenen (Adhérents), welche nur in die Gesellschaftscasse einen monatlichen Beitrag einzahlen (3 Francs) und dafür das Recht haben,

---

*) Die englische Gesetzgebung verleiht kraft der Limited Liabilities Act diesen Gesellschaften die Rechte von Corporationen. Nach dem Muster der Rochdaler-Gesell= schaft wurde zu Hareholm die Rawtenstale Cotton Manufacturing Company ge= gründet, die New Church Cotton spinning and weaving Company etc.; vgl. Reports of the Inspectors of Factories. Lond. 1860.

im Falle der Noth von der Gesellschaft unterstützt zu werden und in den Angelegenheiten derselben berathende Stimme abzugeben. Nur der engere Kreis arbeitet auf gemeinschaftlichen Ertrag.

Der Grundfehler bei der eigentlich communistischen Verfassung der Arbeiter ist der, daß Jeder ohne Unterschied seines Fleißes und Geschickes gleich verdienen und genießen soll. Die freie Association kann darauf nicht eingehen; daher haben die französischen wie die englischen Arbeiterassociationen, soviel nur möglich, die Bezahlung nach Stücklohn eingeführt. Hier kann auch in den beziehungsweise vollen Ertrag der Arbeit derjenige mit größerem Rechte eintreten, welcher fleißiger, mehr oder gediegener arbeitet, als derjenige, welcher nur nachläßig und schlecht arbeitet.

Einzelne dieser Gesellschaften hatten bis zum Anfang des jüngsten Krieges ihre Capitalien schon sehr vermehrt. Die Pianofabrikarbeiter von Paris konnten einen jährlichen Umsatz von 200,000 Frcs. nachweisen, und die optischen Arbeiter besaßen 600,000 Fr. Betriebscapital. Aehnlich günstig sind Bandweber=Verbände in Lyon gestellt, und ist der Weber=Verein von St. Etienne schnell zu ziemlicher Blüthe gelangt.

Das deutsche Genossenschaftswesen ist jüngeren Datums. Die Darstellung des deutschen Productiv=Genossenschaftswesens hat darin einige Schwierigkeiten, daß verschiedene Schattirungen auseinander gehalten werden sollten, die sich aus dem Unterschiede der socialen Parteien, nach deren Ideen sie begründet worden und geleitet sind, ergaben.

Der „allgemeine deutsche Genossenschaftsverband", nachher bezeichnet als „deutscher Arbeiterverein", welcher nach den Grundsätzen von Schulze=Delitzsch und seiner Jünger (Schweitzer, Hirsch, Dunker) eingerichtet ist, verfolgt als Hauptzweck, durch Zusammenlegung des Klein=Capitals der Kleinmeister und Gehülfen den Rohstoff im Großen billiger einzukaufen, mit gemeinsam erworbenen oder gemietheten Maschinen zu arbeiten, den Rohstoff=, Credit= und Vorschuß=Verein allmälig in eigentlich productive Association umzugestalten und so in dieser Weise statt Taglohnes endlich den vollen Ertrag der Arbeit erringbar zu machen. Solche Genossenschaften des deutschen Arbeiterverbandes sind in den letzten Jahren ziemlich viele geworden. Namentlich ist nach den Ausweisen von 1869 der Arbeiterverein der Maschinen= und Metallarbeiter mit 6000 Mitgliedern und 60 Ortsvereinen am stärksten vertreten. Dann kommen die Fabrik= und Handarbeiter mit etwa 5000 Mitgliedern, die Gold= und Silberarbeiter mit 3—4000, Steinhauer 3000, Tischler 1500 ꝛc. Diese Vereine sind in der Regel blos Localvereine.

Im Ganzen hält sich diese Richtung innerhalb sehr bescheidener Grenzen, indem sie alles schroffe Ankämpfen gegen die Ausschließlichkeit des

Capitals, zumal soferne gewaltsame Maaßregeln durch Arbeitseinstellungen herbeigeführt werden, als volkswirthschaftliche Verirrung darstellt und verpönt.

Eine ganz eigene Episode, richtiger vielleicht eine Idylle, bildet in der Geschichte des deutschen Genossenschaftswesens das Institut von Gustav Werner in Würtemberg. Von kleinsten Anfängen aus hat sich G. Werner, ein ermuthigendes Musterbild social=charitativen Wirkens, zum Gründer und Leiter einer sehr merkwürdigen christlich=socialen Ge- nossenschaft emporgearbeitet. Geboren 1808, war Werner im Jahre 1837 Pfarrvicar zu Walldorf im Gerichtsbezirke Tübingen. Hier eröffnete der hochherzige Mann seine sociale Wirksamkeit damit, daß er etliche ver- waiste Kinder in sein eigenes Pfarrhaus aufnahm. Mit Zuschuß der Gemeinde baute er bald auf das Gemeindehaus ein Stockwerk und schuf so eine Rettungsanstalt für verwahrloste Kinder. Am 10. Febr. 1840 siedelte Werner mit 10 Kindern, ohne Geld und mit Lebensmitteln nur für einen Monat versorgt, nach Reutlingen über.*) Die Kinder strickten, und was sie nicht verdienten, schaffte ihr Pflegevater als Wanderprediger, in- dem er für sein kleines Institut predigte und sammelte. Die Erwerbung der ersten Kuh war ein Freudenfest.**) Das Jahr darauf verschaffte ein Jungfrauenverein, dessen Mitglieder einige Stunden in der Woche für die Anstalt arbeiteten, eine zweite Kuh. Werner kaufte jetzt Grundstücke und beschäftigte die Kinder auch mit Landwirthschaft. Einige Jungfrauen traten als Arbeitsmeisterinnen und Lehrerinnen in die Anstalt, und nun konnte sie im Jahre 1842 bereits ein einigenes Haus, wenn auch mit Schul- den, erwerben. Dreißig Acker Landes, zwanzig Stück Vieh und die Ar- beit von achtzig Pfleglingen stellten die Anstalt auf eigene Füße. Jetzt entschloß sich Werner, von der Landwirthschaft zur Industrie überzugehen. Mit echtem Glaubensmuthe und christlicher Opferliebe strebte er nach der Erwerbung irgend eines Etablissements.

Er kaufte (1850) eine seit Jahren leer stehende Papierfabrik in Reutlingen um 40,000 fl., großen Theils mit Schulden. 40,000 fl. kostete die Instandsetzung der Maschinen, und erst 1851 kam die Fabrik in Gang. Durch eine Wanderpredigt hatte Werner einen tüchtigen Maschinenmeister in Zürich gewonnen, was er später selbst als eine Fügung Gottes bezeichnete.

Kinder und Erwachsene arbeiteten jetzt als Familie einzig und allein

---

*) Vgl. Orlich, die Gust. Werner'schen Rettungsanstalten in Reutlingen. Bonn 1870. — G. Werner's Sendbriefe. — Fliegende Blätter aus dem rauhen Hause; 1846. III., 177; 1861. XVIII. 16. — Die Novelle „Auguste" von Ottilie Wildermuth ist von Interesse für die Werner'schen Anstalten.

**) „Eine Kuh deckt alle Armuth zu."

gegen freie Verpflegung ohne Lohn. Denn sie beschlossen, den Ertrag zur
Gründung weiterer Anstalten zu verwenden. Außer der Fabrikarbeit wurde
den Mädchen in häuslichen Arbeiten, im Nähen und Stricken Unterricht
gegeben. Die dort herangezogenen Kinder sollten nicht, wie die meisten
jugendlichen Fabrikleute, zu lebendigen Arbeitsmaschinen, sondern auch für
die Hauswirthschaft gebildet sein.

Wer Papierfabriken gesehen hat, weiß, daß darin auch sehr wider-
wärtige Arbeit vorkömmt. Das Sortiren der Lumpen mit Staub und
sonstiger Einwohnerschaft ist eine peinliche Beschäftigung. Dieser Theil
der Arbeit mußte von Werner eine Zeit lang bezahlt werden. Endlich
entschlossen sich auch hiezu Anstaltsgenossinnen, und nun war die Gesellschaft
für sich eingegrenzt und konnte Alles, was sie verdiente, ausschließlich zu
ihrem Zwecke verwenden.

Zwei Jahre später erwarb Werner eine Mühle zu Fluoren und dazu wieder 40, bald darauf 200 Tagwerk Ackergrund. Zweigvereine wurden gegründet und für geistesschwache Kinder, die sonst nichts arbeiten
konnten, eine Ziegelhütte eröffnet. Nach dem Generalberichte von 1861
waren in Reutlingen 460 Erwachsene und 124 Kinder angemessen verpflegt und unterrichtet; in Fluoren fünfzig Erwachsene und zwanzig Kinder.
Nach nicht ganz zwei Jahrzehnten seines Wirkens hatte Werner in Würtemberg unter seiner Leitung 24 Anstalten mit 789 Erwachsenen, 414 Kindern und 1095 Morgen Landes. Zur Papierfabrik in Reutlingen waren
die übrigen nothwendigen Hülfswerkstätten, eine Erzgießerei, Tuch-, Filz-
und Bandweberei, Gravier-Anstalt ꝛc. gekommen.

Nach dem Berichte von 1869 ist der Mittelpunkt des Gewerbes jetzt
in Dettingen mit einem Besitzwerthe von circa 200,000 fl. und einem
Ertrage von 18%. In der Anstalt, in welcher Werner mit seiner Familie selbst lebt und wirkt, ist eine Art von gemeinschaftlichem Leben
eingeführt. Die Verheiratheten haben selbstverständlich jedes seine eigene
kleine Wohnung. Aelternlose Kinder und einzelne Personen sind angemessen
untergebracht und von Vorstehern geleitet. Bei dem gemeinsamen Mittags-
und Abendtische präsidirt der Hausvater und Arbeitsherr, so daß wir hier
(freilich mit Ausschluß des Cölibats) eine Art protestantisch-christlicher
Mönchsgenossenschaft (Cönobium) haben, ausgerüstet nach den Bedürfnissen
der Industrie der Gegenwart mit allen möglichen Werkzeugen, Maschinen
und Getrieben der Dampf- und Wasserkraft.

Die Productivassociationen der Arbeiter erheischen selbstverständlich
einen ehrenhaften Gemeinsinn, der als nächstes Ziel das Interesse des
Ganzen sich vorsteckt. Deßhalb können Arbeiterassociationen nicht wohl
auf die Dauer sich erhalten, ohne daß Sittlichkeit und christliche Gesinn-

ung in ihrer Mitte gepflegt wird. Ist dieses auch bis jetzt bei der Bildung der wenigsten Associationen zur Grundlage gemacht worden, so haben
gleichwohl bereits einzelne derselben die traurige Erfahrung gemacht, daß
ohne Gewissenhaftigkeit und Gottesfurcht ebenso wenig ein industrielles,
wie ein staatliches Gemeinwesen, auf die Dauer sich erhalten kann.

2. Das Theilhaber-System.

Das zweite System, von welchem die Ueberführung des bloßen
Lohnertrages zu einem Antheile an dem eigentlichen Werthe oder Preise
der Arbeit vermittelt werden soll, ist das Theilhabergeschäft. Das Wesen
desselben besteht darin, daß in Folge eines freiwilligen oder rechtlich fest-
gestellten Uebereinkommens der Arbeitsherr seinem Arbeiter zu dem Tag-
oder Stück-Lohne auch einen Theil vom gesammten Reinertrage des Geschäftes, eine Dividende, überläßt. Ist das Theilhabergeschäft abhängig von
dem guten Willen des Arbeitsherrn, so erscheint der Antheil, welchen er
den Arbeitern am Reingewinne läßt, als eine Art von Prämie oder
Gratification, wie dieses auch bei anderen Dienstleistungen der Fall ist
(bénéfice du travail). Wird aber die Arbeit nur übernommen in Folge
eines Vertrages, daß zu dem Stück oder Taglohne bei Schluß der Jahres-
oder Vierteljahrsabrechnung noch eine Dividende aus dem Gesammter-
trage zugewiesen wird, so ist dieses die eigentliche Theilhaberschaft.

Vor Allem kommt es hier darauf an, die Natur des Reinertrages
festzustellen. Denn es ist klar, daß das Capital in der Industrie nicht
bloß ein erwerbendes ist, sondern daß es auch manche Gefahren, manches
Risico läuft. Der Arbeiter, welcher einen beziehungsweise hohen Lohn
erhält, wäre in mancher Hinsicht besser daran, als ein Capitalist, dessen
Geschäft nie ganz von den Erschütterungen des Marktes, der Concurrenz
und neuen Erfindungen unabhängig ist.

Daraus folgt, daß, vom Bruttoertrage eines Geschäftes abgerechnet
werden muß: 1) Jede Ausgabe, die das Geschäft selbst unerläßlich
macht, also Unterhalt der Gebäude, der Maschinen, Ankauf des Roh-
materials und die Summe, welche der regelmäßige Stück= oder Taglohn beträgt. 2) Muß jedes größere Geschäft auf einen Reservefond be-
dacht sein, der für die Zeit bereit liegt, in welcher, sei es durch ungünstige
Conjecturen des Handels, durch politische Unruhen oder auf andere Weise,
die Verwerthung des Arbeitsproductes verhindert, der Verkehr eingestellt
ist. 3) Ist es auch gar nicht unberechtigt, daß der Arbeitsherr für das
größere Maaß von Bildung und Intelligenz, für die Sorge und Arbeit,
die er aufzuwenden hat, sich einen bestimmten größeren Antheil an dem

Ergebnisse seines Geschäftes sichert. Dieses zusammengerechnet läßt erst den Rest als reinen Ueberschuß erscheinen, auf den unter Umständen die Arbeiter als Theilhaber am Geschäfte Anspruch machen können.

Es hat ein ansehnlicher Theil von großen Arbeitsherren, in Berlin z. B. die Borsig'sche Fabrik, dann mehrere Etablissements in Elsaß und Frankreich in einer oder der anderen Form, nämlich entweder als Prämie oder als Dividende (Bonus) sich auf ein solches Uebereinkommen mit den Arbeitern eingelassen. Im Ganzen gestaltet sich der Vortheil, welcher den Arbeitern daraus zukommt, nicht sehr erheblich. Denn auch bei recht an- erkennenswerthem Wohlwollen hat sich die Dividende im Verhältnisse zum eigentlichen Lohne ziemlich gering herausgestellt; 8, 10, 15, höchstens 18% waren die Ergebnisse der Theilnehmerschaft.

Achtzehnte Vorlesung.

Die Theilhaberschaft. — Arbeiter-Coalitionen. — Strike oder Ausstand. — Berathung und Gefahren.

Der Vertrag auf Theilhaberschaft, auch Tantièmenvertrag, besteht bei einigen Gewerben schon von Alters her. Die Wallfischfänger im hohen Norden theilen den Ertrag ihres Fanges zwischen Schiffsherrn, Capitän, und den unteren Bediensteten des Fahrzeuges in von Jahrhunderten her bestimmten Quoten. In der modernen Industrie ist dieses System, wie vorhin erwähnt, in doppelter Weise angewendet, entweder auf der Grundlage des Wohlwollens des Arbeitsherrn als freiwillige Prämie (Gratifi-cation) oder nach vorausbestimmten Normen.

Fast in allen großen Industrieländern sind bei einzelnen Fabriken derartige Versuche seit Jahren im Gange. Die moralischen Vortheile sind bedeutender als die materiellen. Das Bewußtsein, in glücklichen Umständen bei größerem Fleiße auch mehr zu erwerben, als den ge-wöhnlich knapp bemessenen Lohn, ermuthigt den Arbeiter. Ferner scheint wenigstens durch dieses Verfahren die so tiefe Kluft zwischen Arbeitsherrn und Arbeiter durch annähernde Gleichheit an Erwartung von Gewinn einigermassen ausgefüllt. Die Mitbetheiligung am Werke und an der Rechnungsführung erhöht auch das Interesse der Arbeiter an dem Ertrage.

Aber auch die Schwierigkeiten sind wohl in Anschlag zu bringen. Denn 1) Wenn ein wirkliches Recht der Arbeiter auf den Gewinn aner-kannt werden sollte, so müßte nothwendig nicht blos am Gewinne, sondern

auch am Verluste der entsprechende Antheil von den Mitbetheiligten ge=
tragen werden. Wenn eine Geschäftskrisis die Fabrik im Einkommen
schwächt oder dem Ruine nahe bringt, können und sollen dann auch die
Arbeiter, die zuvor am Gewinne Antheil hatten, die Opfer bringen,
um das Geschäft zu retten?

2) Ferner, wenn ein berechtigter Gewinn=Antheil gegeben wird, dann
muß die ganze Rechnungsführung allen Betheiligten offen liegen. Es ist
aber für den Ruf und Gang eines Geschäftes nicht immer gleichgültig,
ob Viele oder Wenige um die Gebahrung eines solchen Geschäftes wissen,
da durch unbefugte Ausplauderung ein Unternehmen nicht selten geradezu
zum Falle gebracht wird. Der wirkliche Stand eines Geschäftes darf
daher oft Monate und Jahre lang nur das Geheimniß Weniger sein.

3) Soll aber doch eine solche Controle bestehen, so können bei einem
großen Geschäfte von vielleicht 100—1000 Arbeitern nicht Alle gleich=
mäßig an der Buchhaltung betheiligt werden. Die Arbeiter werden also
aus sich eine Commission abordnen müssen, welche mitrechnet und die
Verbuchung führt. Ist nun zu hoffen, daß die Arbeiter immer die Bil=
ligsten und Einsichtigsten aus ihrer Mitte wählen werden? Und wenn
dann durch unbeabsichtigte Mißgriffe des Arbeitsherrn oder seiner Ge=
schäftsführer Verluste eintreten, welche sonst nicht eingetreten wären, sind
dann diese den Arbeitern für solche Einbuße an der erwarteten Tantième
verantwortlich?

Es ist sonach vorauszusehen, daß Unzufriedenheit und Zerwürfnisse
in Tagen der Stockung herbeigeführt werden, während, wie bereits dar=
gethan worden, auch in guten Zeiten der Gewinn=Antheil nicht so gewiß
und namhaft ist.

Endlich wird die Dividende schließlich doch wieder dazu führen,
daß der fixe Lohn um so kleiner wird, je größere Tantième in Aussicht
steht. Denn das Angebot von Arbeitskraft mehrt sich auch dort, wo Hoff=
nung auf bedeutenden Gewinn ist; daher werden für solche Etablissements
neue Arbeiter auch um billigere Lohn=Bedingungen sich melden.

Die liberale Volkswirthschaft erklärt sich bekanntlich auf's entschie=
denste gegen irgend welches Recht der Arbeiter auf Gewinnantheil. Der
Arbeitsherr kauft durch den Stück= oder Zeitlohn, sagt sie, jedem Ar=
beiter jeglichen Anspruch auf Reingewinn vollständig ab.

Auch von christlichem Standpunkt aus dürfen wir kein unbedingtes
Recht auf den Reingewinn vertheidigen. Denn es würde, folgerichtig
durchgeführt, ein solches unbedingte Recht die persönliche Freiheit über=
haupt und das persönliche Eigenthum aufheben. Wo der Arbeitslohn im
rechten Verhältnisse zur Arbeitsmühe und den Kosten menschenwürdiger

Lebenshaltung steht, bleibt eine Forderung auf Antheil am Gewinne unstatthaft. Die Ungerechtigkeit ist nur dort auf Seite des Arbeit= gebers, wo er statt gerechten Lohnes den sogenannten Hungerlohn gibt. Dagegen darf wohl jeder wahre Rathgeber sowohl der Arbeitsherren als auch der Arbeiter das System von Prämien angelegentlichst be= fürworten.

Die Erfahrung in Frankreich, England und Preußen hat eine solche frei verwilligte Zulage und Gratification als sehr aufmunternd dargethan. Doch hält man an bestimmten Beschränkungen fest. Entweder wird die Bedingung strenge gefaßt, unter welcher der Gewinnantheil eintritt, oder der Zweck festgesetzt, für welchen der Gewinnantheil, der aber nur auf dem Wohlwollen des Besitzers beruht, verwendet wird. Es ist unbillig, wenn ein Arbeiter, welcher erst eintritt, gleichen Antheil mit denen haben will, die schon länger in der Fabrik arbeiten. Daher wird meistens fest= gestellt, daß schon eine bestimmte Zeit, etwa zwei oder drei Jahre von Ge= schäftsbetheiligung vorausgegangen sein müssen, ehe nach dem fixen Lohne die Anwartschaft oder Aussicht auf die Gratification erreicht wird.

In vielen Fabriken wird die Gratification nicht an die Arbeiter be= zahlt, sondern als Pensionsfond für die Tage des Alters und der Krank= heit hinterlegt. Bei einigen Etablissements geben die Besitzer einen ge= wissen Procentsatz vom Rein=Ertrage in die Hülfscasse und einen anderen unmittelbar in die Hand des Arbeiters.

Die berühmte Maschinenfabrik von König und Bauer in Oberzell (bei Würzburg) behändigt den Arbeitern 16% Gewinn=Antheil von jeder fertigen Maschine. Sie ist dadurch, obgleich die Arbeitszeit von 12 auf 10 Stunden reducirt wurde, durch Fleiß und Genauigkeit der Arbeiter bis auf 40% Mehrproduction gelangt, im Vergleiche zum früheren Be= triebe vor Anwendung des Prämiensystems.

3. Die Arbeitercoalitionen.

Die mächtigste Waffe, welche von den Arbeitern selbst jetzt geführt wird, ist Arbeitsausstand, sogen. „Strike" (das englische Wort „Strike" ist von derselben Wurzel wie das deutsche „streichen"), französisch grève. Die Würdigung dieses Verfahrens bildet einen der interessantesten Punkte der Arbeiterfrage. Ehe wir aber dazu übergehen, ist es nothwendig, die Organisation der Arbeiter selbst zu zeichnen, durch welche ein solcher Ausstand überhaupt möglich wird.

Der Ausstand Eines Arbeiters würde natürlich ohne alle Folgen bleiben. Je mehr Arbeiter aber des gleichen Gewerbes sich bei einem solchen Ausstande betheiligen, desto mächtiger wird der Druck sein, den sie ausüben. Daher ist die Folge einerseits und andererseits die nothwendige Voraussetzung dieses volkswirthschaftlichen Krieges der Arbeiter gegen das Capital die Verbindung, die „Coalition der Arbeiter."

In diesem Punkte nun hat die neuere Gesetzgebung im Verhältnisse zur früheren einen geradezu entgegengesetzten Standpunkt gewählt. Die alten Gesetze verwehrten auf's strengste die Zusammenredung und Zusammenrottung von Arbeitern und Gewerbsgehülfen, welche hiedurch ihre Interessen gemeinschaftlich zu vertreten beabsichtigen. So verbietet beispielsweise ein Reichsgesetz vom Jahre 1731 die Zusammenrottung der Gesellen, „um diese oder jene vermeintliche Prätention zu verwirklichen." Solchen Gesellen darf keine Arbeit gegeben, an keinem Orte im Reiche ein Unterschluf ertheilt, ja sie sollen nicht einmal irgendwo mit Speise und Trank versehen werden. Bei den damaligen Verhältnissen der Gesellen konnte ein solches Gesetz, wenn auch hart, doch nicht schlechthin grausam genannt werden.

Ebenso verboten die meisten Zunftstatuten, am strengsten das französische Gesetz, und selbst noch das Gesetz des Nationalconvents von 1791, nicht minder das Gesetzbuch Napoleon's jede Verbindung der Arbeiter zur Wahrung ihrer Interessen. Allen diesen Verboten liegt die alt-liberale Feindschaft gegen Corporationen überhaupt zu Grunde. Noch im Jahre 1850 wurde das Verbot der Arbeitercoalition in Frankreich erneuert. Erst seit den letzten Jahren gestanden nach schweren parlamentarischen Kämpfen die Gesetzgebungen in Frankreich, England und 1865 auch in Preußen den Arbeitern die Freiheit der Verbindung zu Gunsten gemeinsamer Interessen zu.

Welches waren aber die Gründe, auf welche hin die neueste Gesetzgebung die Verbote gegen die Coalitionen fallen ließ? Der wesentliche Grund darf in dem Fortschritte der Zeit erkannt werden, welcher Gleichheit vor dem Gesetze fordert. Die Erfahrungen, welche die Staaten und die Volkswirthschaft mit den bestehenden Verboten machten, widerlegten den Nutzen und Erfolg der bezüglichen Verbote. Denn trotz derselben bildeten sich, gleich wie es bei den alten Gilden des Frühmittelalters geschehen, die Verbrüderungen nur um so enger und nachhaltiger. Die gegen sie geübte Gewalt stärkte die Parteinahme für sie auch bei Anderen und verwandelte die offene Coalition in eine um so gefährlichere geheime.

Wenn es den höheren Classen der Gesellschaft frei steht, sich zu den verschiedensten Verbindungen zu einigen, zu Vergnügungsgesellschaften, wie zu gemeinnützigen oder zu finanziellen Zwecken, so können ja die niederen Classen, deßhalb weil sie ärmer und schwächer sind, dieses Rechtes nicht schlechthin beraubt werden. Niemand verwehrt es den Arbeitgebern, z. B. den Eigenthümern eines und desselben Fabrikzweiges, ihre Fabriken gemeinschaftlich arbeiten zu lassen. Warum sollen dasselbe nicht die Arbeiter thun dürfen?

Nach dem bestehenden Rechte sind Arbeitgeber und Arbeitnehmer jeder für sich frei. Was dem Einzelnen Recht ist, kann für Mehrere nicht Unrecht werden, sofern sie sich verabreden, die Bedingungen festzustellen, unter welchen sie arbeiten und nicht arbeiten wollen.

Die Arbeiter sind Geschäftsleute wie die Andern. Nur haben sie eine einzige Waare zu verkaufen, die Kraft und Geschicklichkeit ihrer Hände. Es muß ihnen wie jedem Verkäufer freistehen, selbe so theuer zu verwerthen, als sie können, und unter Bedingungen, welche sie selbst stellen.

Der Congreß der deutschen Volkswirthe 1865, der Verein der deutschen Arbeiter und die verschiedenen volkswirthschaftlichen Journale haben diese Frage in die Länge und Breite erwogen. Alle sind zuletzt darin übereingekommen, daß Wissenschaft und Erfahrung die Aufhebung der Coalitionsverbote nicht blos rechtfertigen, sondern auch nothwendig machen.

Die Thatsachen aber waren diesen gesetzlichen Umgestaltungen längst vorausgegangen. Wieder hatte England das Musterbild gegeben.

Die englischen Arbeiterverbände bezeichnen sich als Trades-Unions. Im Deutschen entspricht jetzt in der Arbeiterwelt der Ausdruck „Gewerkschaft." Es einigen sich nämlich, wie einst in der Zunft Meister und Gesellen, so jetzt die Arbeiter vornächst Eines Gewerkes, dann in weiteren Kreisen die Arbeiter der etwa als Ergänzungs- und Hülfsgewerbe dienenden Fächer.

Die Aufgabe dieser Vereinigungen ist vorzüglich Schutz des Arbeiters in seinem Verhältnisse zum Arbeitsherrn, Unterstützung aus gemeinschaftlichen Cassen bei vorübergehender Arbeitslosigkeit, vor Allem aber das innigste Zusammenwirken für den Fall, daß die Arbeit eines Gewerkes, um bessere Lohnverhältnisse oder Arbeitsbedingnisse zu erzwingen, eingestellt, also Strike gemacht werden muß.

Die englischen Gewerkschaften umfassen in einzelnen Gewerben seit 1851 viele Tausende von Mitgliedern. Die gesammten Gewerkschaften Englands, wie sie im Jahre 1869 ungefähr ihren Ausweis gaben, hatten eine jährliche Einnahme von 5 Mill. Pfd. Sterling und einen Reservefond von 20 Millionen. Einzig schon die Gewerkschaft der Eisen-

arbeiter, welche seit 1851 besteht, zählte im Jahre 1867 300 Vereine
mit 30,000 Mitgliedern und hatte eine Jahreseinnahme von 75000 Pfd.
Sterl. Sie verausgabte in den genannten Jahren für Unterstützungen
und für Lohnzahlungen während der Strikes 5¹/₂ Mill. Thlr.

Nach Angaben von 1869 bestanden in den drei vereinigten Königreichen gegen 2000 Gewerkvereine. Diese Zweiggesellschaften suchen sich
nun naturgemäß enger aneinander zu schließen. Jede Gewerkschaft betrachtet ihr Vermögen als Gesammteigenthum und verwaltet es durch ge-
wählte Ausschüße. Außer dem Hauptzwecke, der Unterhaltung nöthig
erachteter Strikes, sind es vorzüglich Unterstützungen für Alter und Auswanderung, Ersatz für Verluste von Werkzeugen, Entschädigung bei Un-
glücksfällen, was diese jetzt verhältnißmäßig schon so reichen Cassen in
Anspruch nimmt.

Unter Leitung der Socialdemokratie haben sich nun aller Orten in
Deutschland Gewerkschaften mit ähnlichen Zwecken gebildet.

Es frägt sich vorzüglich für uns nach der rechtlichen Natur der Arbeitercoalitionen und der von ihnen aus möglich gewordenen und geleiteten
Strikes. Das Recht der Arbeitercoalitionen ist vom christlich-katholischen
Standpunkte, wie gezeigt worden, von vornherein nicht im mindesten an-
zufechten.

Anders dürfte man im ersten Augenblicke von dem Zusammenwirken dieser mächtigen Bündnisse zu einer Art von organisirtem Kriege gegen
Capital und Arbeitsherren in Form der Arbeitseinstellung denken. Was
ist die rechtliche Natur eines solchen Strikes? Einfach der „passive Widerstand", nämlich das „Nichtarbeiten". Die betreffenden Arbeiter entbehren
einstweilen den Lohn selbst ganz und gar, und dann wird ihr passiver
Widerstand selten lange dauern; oder sie sind auf eine Gewerkschaft
und deren Cassen gestützt; dann können sie freilich den passiven Widerstand Wochen und oft Monate lang fortsetzen. Die Lohnzahlungen, welche
die Gesellschaften in England an die strikenden Arbeiter gemacht haben,
betragen ungeheure Summen, welche sich in die Millionen belaufen.

Dieser volkswirthschaftliche Krieg ist ersichtlich um so erfolgreicher,
auf wie größere Kreise von Arbeitern er sich erstreckt, und je länger die
Arbeiter diesen passiven Widerstand fortsetzen können.

Zweck, also auch Veranlassung des Ausstandes ist gewöhnlich, aber
nicht ausschließlich, die Forderung höherer Löhne. Denn auch die Ver-
kürzung der Arbeitszeit, die Ausschließung von unberechtigten, nicht gelern-
ten Arbeitern, die Abschaffung unbilliger Strafen und anderer Mißstände
sollen und können durch solche Renitenz erzwungen werden.

Der Ausstand einer großen Zahl von Arbeitern oder auch des ganzen Gewerkes, wie dies z. B. bei den Droschkenkutschern in England und Paris geschah, bringt natürlich den Arbeitsherrn in bedeutende Verlegenheit und Verluste. Seine Maschinen und sein Capital bleiben unbenützt. Er kann die bestellte Arbeit nicht liefern, und die Kundschaft verliert sich. Auch auf die Consumenten erstreckt sich der Zwang, besonders wenn die Gewerkschaften sich mit Erzeugnissen abzugeben haben, welche für den täglichen Bedarf unentbehrlich sind. Lassen wir irgendwo in einer großen Stadt alle Müller und Bäcker auch nur eine Woche die Arbeit einstellen, und wir wollen sehen, wie es der Brod bedürftigen Bevölkerung geht!

Sieger ist in diesem Kampfe diejenige Partei, welche am längsten auszudauern vermag. Können die renitenten Arbeiter solange aushalten, bis dem Arbeitsherrn der Verlust zu groß wird, oder die Noth ihn zwingt, die ihm gestellten Forderungen zu bewilligen, so wird er unterliegen. Umgekehrt, wenn die Arbeiter nicht Geld genug haben, um Wochen lang feiern zu können, so müssen sie nachgeben oder mit billigeren Zugeständnissen sich begnügen.

In der nächsten und so einfachen Weise betrachtet, kann man gegen diese Art von Ausständen nicht schlechthin die Anklage auf sociale Verbrechen oder Sünden erheben. Denn, wo die Forderungen gerecht sind und alle anderen Mittel nichts verfangen, bleibt ja überall in der Welt der passive Widerstand erlaubt, namentlich da, wo freier Vertrag zwischen den Parteien besteht und wo keine Sklavenverhältnisse vorhanden sind. Aber, wie bei allen Kriegen, gilt es auch hier die Gefahren ernst zu erwägen.

Vor Allem nimmt der Arbeiterausstand, je umfangreicher er ist, desto größere Mittel in Anspruch. Selbst bei einer Genossenschaft, welche nach Tausenden zählt, wird der Unterhalt von Arbeitsgenossen einer oder mehrerer Fabriken die Capitalien ungemein rasch in Anspruch nehmen, und alle jene Mittel erschöpfen, welche vielleicht für Pensionsfonds und bessere Zwecke überhaupt gesammelt waren.

Der Ausstand geht ferner von der passiven Haltung nur zu leicht in die active über. Ein Arbeitsausstand vermag sich nur zu behaupten, wenn der Arbeitsherr sich außer Stand gesetzt sieht, die feiernden Werkleute durch andere zu ersetzen, welche um den alten Lohn und nach den früheren Bedingnissen arbeiten wollen. Daher muß die feiernde Gewerkschaft ängstlichst sorgen, daß nicht aus ihrer eigenen Mitte Andersgesinnte die Arbeit um billigere Bedingungen fortsetzen, als sie stellen will, und daß weiterhin keine Fremden herbeigezogen werden, um den Platz der Strikenden einzunehmen.

Aus dieser Ursache kam es schon bei nur allzuvielen Arbeitsaus= ständen zu offener Gewalt. Die abtrünnigen Mitarbeiter, sog. „Knob= sticks", wurden in England verfolgt, gezüchtigt, vertrieben. Man stellte förmlich, wie im eigentlichen Kriege, eine Reihe von Lauerposten vor der Werkstätte eines verfehmten Meisters aus; die Arbeiter, die um geringeren Lohn fortarbeiten wollten, wurden mißhandelt und ihre Häuser zerstört.

Schloß der Arbeitsherr die Fabrik, so ging der Tumult erst recht los, nicht selten bis zur Zerstörung der Fabriketablissements selbst. Auf dieser Stufe wird natürlich der Strike ungesetzlich und strafbar. Niemand darf und soll an der Freiheit des Handelns gehindert werden. Jeder mag das gegebene Wort halten; wer aber kein Wort gegeben hat, soll frei sein, Arbeit zu nehmen um welchen Lohn er will.

Da seit 1864 der Arbeiterbund geradezu die Gestalt eines Welt= bundes angenommen hat, als „Internationale", so haben diejenigen Ge= werkschaften, welche mit dieser allgemeinen Gesellschaft verbunden sind, einen mächtigen Hinterhalt. Unter Umständen könnte es kommen, daß die Ein= stellung der Arbeit durch e i n Gewerk ohne Weiteres durch die ganze industrielle Sphäre alle gleicharbeitenden Fabriken zur Unthätigkeit verur= theilen würde, wenn die Internationale das Gebot ausgibt und Geld ge= nug hat, die Feiernden einstweilen zu entschädigen.

Es ist auf dem Vereinstage (1870) der Antrag gestellt worden, jeden Gesellen, der an einem Ausstande sich betheiligt oder einer solchen Gewerkschaft angehört, auszuschließen. Mit Recht haben die Generalver= eine diesen Antrag zurückgewiesen, denn an sich ist der passive Widerstand berechtigt, sobald er durch ungerechtes Verhalten der Arbeitsherrn abge= nöthigt ist und keine andere Hülfe bleibt.

Die social=demokratischen Blätter haben in der jüngsten Zeit ernstliche Warnungen gegen muthwillige Ausstände ergehen lassen und zwar mit gutem Fuge. Denn es zeigte sich, daß die häufigen Arbeits= ausstände ihren Erfolg darum verfehlen, weil sie nicht lange genug auf= recht erhalten werden können, und die Mittel der Gewerkschaft sich da= durch unnöthig erschöpfen. Deßhalb hat auch die Internationale die Weisung ausgehen lassen, daß großartige Arbeitseinstellungen nur nach genauer Vereinbarung mit dem Hauptvereine und dem Generalrathe selbst organisirt werden dürfen.

Neunzehnte Vorlesung.

Die Sühn- und Schiedsgerichte (boards). — Arbeitsrecht und Fabrikgesetzgebung.

Der Kampf zwischen Capital und Arbeiter, von den Arbeitern durch den Ausstand geführt, wird häufig auf Seite der Arbeitsherren erwiedert durch das sogenannte Aussperren der strikenden Arbeiter oder durch Schließung der Fabrik auf einige Zeit, wenn nicht für immer, das sog. Lock-out. Der Ausstand der Arbeiter bringt dann in Bälde Drangsale über die Arbeiterfamilien und nöthigt sie zu Nachgiebigkeit oder Auswanderung.

Nachdem die Idee der Productivgenossenschaft in der socialen Frage bedeutende Zuversicht auf Verwirklichung gewonnen hat, haben in neuester Zeit die strikenden Arbeitermassen den Entschluß gefaßt, mit Hülfe ihrer Gewerbsgenossen an Stelle der durch ihre früheren Herren entzogenen Fabrik- und Hausarbeit nun selbständige Unternehmungen zu wagen. Freilich wird dieses Bestreben in den wenigsten Fällen auf raschen Erfolg rechnen dürfen.

Jeder Krieg bringt Waffenstillstand, zuletzt auch einen Friedensschluß. Um aber von vorneherein abzuwehren, ist auch in der Arbeiterfrage die Anstrengung gemacht worden, Friedens- und Schiedsgerichte zwischen Arbeitsherrn und Arbeitsnehmern auf billiger, Vertrauen einflößender Grundlage aufzurichten.

Schiedsgerichte gab es schon in alter Zeit. Das Zunftgericht des Mittelalters, beschickt von Seite der Meister wie der Gesellen, schlichtete

Streitigkeiten, welche über Lohn, Verpflegung und andere Handwerksförm=
lichkeiten in den einzelnen Werkstätten sich ergaben. Diese Zunftgerichte,
oder wie sie in Frankreich seit dem 14. Jahrhunderte genannt wurden,
»conseils des prud' hommes«, hatten nun allerdings eine viel leichtere
und im Wesentlichen verschiedene Aufgabe von dem, was die heutige sociale
Frage umschließt. Sie dauerten in mehreren Ländern Europa's bis in
das 19. Jahrhundert herein, und an einzelnen Orten sind noch Ueberreste
dieser Handwerkergerichte und Sachverständigen=Räthe vorhanden. Die
neue Gewerbeordnung läßt es den Gewerben frei, ob sie solche Gewerbe=
gerichte unter sich gründen wollen. Für Oesterreich sind sie durch das Ge=
werbegesetz vom 14. Mai 1869 gesetzlich vorgeschrieben.

In England führte das Handwerksgericht den Namen „Gerichtshöfe
der Arbeiter“ (justices of labourers). Allein sie vertraten bei Weitem
mehr die Interessen der Meister als jene der Gehülfen. Um nun die
Aufgabe eines solchen Schiedsgerichtes zu würdigen, ist es nothwendig,
den großen Unterschied im Auge zu behalten, der zwischen der alten
Werkstätte und den jetzigen Fabrikunternehmungen besteht. In der alten
Zeit war der Vertrag des Meisters mit einer verhältnißmäßig geringen
Zahl von Gesellen gewissermassen nur ein persönlicher. Auch war der
Gang des Geschäftes überall durch ein in der Hauptsache gleiches
Herkommen bestimmt. Jeder Geselle kannte auch die Statuten des Hand=
werkes und die Gebräuche der Innung und war darauf verpflichtet.

Ganz anders verhält es sich bei dem Großbetriebe. Einem Arbeits=
herrn mit seinem Capitale sind Hunderte, ja Tausende von Arbeitern
förmlich untergeben. Allerdings ist der Eintritt in die Fabrik frei, und
haben Arbeiter und Arbeitsherren das Recht der gegenseitigen Kündigung.
Aber dieser scheinbar freie Vertrag ist dennoch für die Arbeitermassen in
sehr wichtigen Punkten ein ganz unfreier. Denn vor Allem bleibt es doch
der Willkür des Arbeitsherrn und der Dirigenten seiner Fabrik anheim=
gestellt, wie sie die Fabrikordnung schaffen wollen in Bezug auf Arbeits=
zeit, Arbeitsbussen, Ersatzpflicht bei verdorbener Arbeit und so weiter.
Kurz, die ganze Codification geht wesentlich vom Arbeitsherrn allein und
ohne Beirath der Arbeiter aus, und es ist auch in den meisten Fabrikord=
nungen ausdrücklich vorbehalten, daß der Arbeitsherr die Ordnung ab=
ändern kann, wenn er es für gut findet. Der einzelne Arbeiter hat sich
also in die bestehende Fabrikordnung zu fügen und sich auch den Aender=
ungen zu unterwerfen.

Wir haben z. B. in den Zeitungen von den Scenen gelesen, die
in der schlesischen Gewerkschaft Königshütte vorgekommen, in welcher
die Arbeiter die Arbeit verweigerten, tumultuirten und durch Militärmacht

niedergeworfen wurden. Die Ursache war, daß die Directoren die Arbeits=
zeit ohne Lohnerhöhung von 8 auf 12 Stunden erhöht hatten. Dieser
willkürlichen Aenderung des früheren Arbeitsvertrages gegenüber empörten
sich die Arbeiter und schritten leider bis zu Raub und Plünderung.

Der einzelne Arbeiter gilt in solchem Massenverhältnisse gar nichts.
Daher drängt die Nothwendigkeit dazu, daß der andere Factor, die Ar=
beiterschaft, die Körperschaft der Arbeiter eines Etablissements, um nicht
zum Aeußersten hörig zu werden, doch eine Stimme oder eine In=
stanz sich bilde, welche zwischen der Forderung des Herrn und der von
ihm abhängigen Arbeiter eine Ausgleichung treffen könnte. Damit der
Herr nicht Herr im eminenten Sinne sei wie der Feudalherr, soll eine
Mittelbehörde auftreten, welche gegenseitige Billigkeit anstrebt, die Forder=
ungen der Einen und Ansprüche der Anderen auszugleichen vermöge.

In England, das überhaupt für die sociale Frage das bedeutendste
Land ist, bildete man in vielen Fabrikdistricten solche Sühneämter und
Schiedsgerichte. Sie heißen dort Boards, was dem Deutschen „Be=
hörde" entspricht. John Mundella in Nottingham hat das Verdienst, im
Jahre 1840 für die weitere Verbreitung dieser Schiedsgerichte gewirkt
zu haben. Arbeit=Geber und =Nehmer wählen zusammen einen Ausschuß,
dessen Vorsitzender ebenfalls vom Arbeitsdirigenten und den Arbeitern er=
koren wird. Mehrere Gewerke vereinigen sich nun zu einem größeren
Rathe, so daß auf je 2000 Arbeiter ungefähr ein Ausschuß von 10 Ar=
beitern und Arbeitsherrn gerechnet wird. Die Sitzungen sollen monat=
lich oder vierteljährlich sein, und die Anträge je einen Monat vorher
beim Arbeitsrathe eingereicht werden. Die meisten dieser Vereinbarungen
betreffen die Höhe des Lohnes nach Materialpreisen und Concurrenz, Um=
änderung von Fabrikstatuten, die dem Arbeitspersonale lästig sind, anderer=
seits auch Entscheidungen über Ansprüche, welche der Arbeitsherr von sich
aus nicht befriedigen kann und will. Diese Boards sind bereits eine Art
von socialer Macht geworden.

Sie erhalten ihre kleinen Beamten durch jährliche Beiträge und
haben jedenfalls soviel Einfluß, daß, wenn ein Arbeitsherr nicht den vom
Sühnegerichte festgesetzten Lohn zahlt, oder die unbilligen Forderungen,
wenn das Sühnegericht sie als solche bezeichnet, fallen läßt, er seinerseits
von den Arbeitern verlassen wird, und diese bei den anderen Arbeitsherrn,
welche Mitglieder des Sühnegerichts sind, aufgenommen werden.

Es ist zu den Eigenthümlichkeiten des deutschen Charakters zu rechnen,
daß er diese selbständige Verwaltung nur mühsam schafft, und um so
mehr auf das Eingreifen der öffentlichen Gewalt, der Staatsgesetzgebung

zur Besserung der Arbeiterverhältnisse und zur Schöpfung von Rechten für
die Arbeiter hinwirkt.

Ungefähr seit Jahr und Tag haben auch die christlich-socialen
Vereine unter dem Titel „Arbeitsrecht" ein sachdienliches, Frieden stiften-
des und beschützendes Eingreifen des Staates und seiner Gesetzgebung auf ihr Programm geschrieben. Der liberale Oekonomismus, auch
der des Schulze-Delitzsch, will von keinem Arbeitsrechte wissen. Er betrachtet Arbeit und Arbeiterkräfte als etwas rein Physisches oder Mechani-
sches, und es ist gleichsam nur zufällig, daß die Hand, welche mit den
Rädergetrieben zugleich wirkt, eine Hand von Fleisch und Blut und nicht
gleichfalls eine eiserne Maschine ist.

Maschinen aber können kein Recht fordern und besitzen. Die christlich-sociale Theorie dagegen stellt den Satz oben an: „Auch die Arbeiter
sind Menschen, und zwar kömmt zuerst die Menschenwürde in dem Arbeiter
in Betracht und nachher immerhin seine Arbeitskraft. Daher muß auch
dem Arbeiter die Möglichkeit gesichert sein, nicht gleich einem physischen
Werkzeuge bis zur Erschöpfung sich ausgebeutet und dann verstoßen zu
wissen, sondern als Mensch durch seine Mitmenschen und besonders durch
die geschützt zu werden, welche von Gott berufen sind, jedem Staatsan-
gehörigen sein zuständiges Menschenrecht zu wahren, also durch die Gesetzgebung und den Staat.

Man versteht daher unter Arbeitsrecht Normen zum Schutze der
Arbeiter gegen unbillige Ausbeutung ihrer Kraft und zur Herstellung von
Ordnungen zur Sicherung der Gesundheit, des Lebens und überhaupt eines
menschenwürdigen Daseins der durch das Großcapital so zahlreich gewor-
benen Arbeiterclassen. Das christliche Arbeitsrecht umfaßt weiterhin die
gesetzliche Einwirkung, je nach Beschaffenheit eines Gewerkes, die Arbeiter
in der Vertretung ihrer corporativen Interessen zu schützen, ihre Anstrengungen für entsprechende Lohnverhältnisse zu unterstützen und bei Streitigkeiten und unbilligen Zumuthungen durch staatliche Autorität den Privat-
krieg zwischen Arbeitenden und Arbeitsherrn unnöthig zu machen, beziehungsweise den ausgebrochenen Krieg zu beendigen.

Es frägt sich: ist die Staatsregierung befugt, sich in diesen Gang
des industriellen Großbetriebes zu mischen? Die Nationalökonomie der
liberalen Seite antwortet „Nein". Die Groß-Industrie ist eine Welt für
sich, in welche sich ohne Benachtheiligung des Capitals Niemand einzu-
mischen hat; Capital und Arbeit, Waarenpreis und Arbeitslohn folgen
eigenthümlichen Gesetzen, die sich nimmer durch eine positive Gesetzgebung
regeln lassen.

Dennoch ist diese Behauptung entschieden unwahr. Denn die Staatsgesetzgebung wirkt auch auf Verhältnisse ein, welche für sich ebenso selbständig sind und dennoch durch höhere Leitung in Schranken gehalten werden. Oder, wenn der Staat durch seine gesetzgebenden Körperschaften Wechsel-, Handels- und Hypothekenrecht schafft und durchführt, wenn er durch aufgestellte strenge Normen die Willkür der Einzelnen einschränkt, um Mißbrauch zu verhindern, warum gerade das arbeitende und arme Volk außer den Schutz des Gesetzes stellen? Als ob das Leben, die Gesundheit, die Freiheit und Sittlichkeit des Armen für den Staat weniger von Interesse wäre, als die Wohlfahrt des Kaufmanns oder Banquiers?

Entschieden muß behauptet werden, daß eine Zuständigkeit des Staates in Sachen der Industrie allerdings anzuerkennen und sehr zu wünschen sei. Es frägt sich nur weiter: was kann der Staat thun, ohne die Interessen der Industrie wirklich zu schädigen? Sagen wir mit Einem Worte: Der Staat schaffe unter Beirath der Einsichtsvollsten des Landes ein Arbeitsrecht, wie man auch ein Handelsrecht geschaffen hat, er gründe eine Fabrikgesetzgebung, welche die schreiendsten Mißbräuche im vorhinein unmöglich macht, und auf der anderen Seite der arbeitenden Bevölkerung Erleichterung gewährt, welche sie durch eigene Anstrengungen und ihren vereinzelten Kampf gar nicht oder nur durch die äußersten Opfer zu erringen vermag.

In manchen Punkten reichen sich die Forderungen des christlichen Socialismus der neuesten Form und die Ideen Lassalle's nahezu die Hände. So wird es eine erste Forderung der Fabrikgesetzgebung sein, die Arbeitszeit, die oft so maaßlos ausgedehnt wird, durch strenge Normen auf den richtigen, normalen Arbeitstag zurückzuführen. Wie hart ist es, wenn die Arbeiter sich durch Wochen oder Monate lange Ausstände die Reduction der Arbeitszeit von 16 und 14 Stunden auf 12 erst erkämpfen müssen!

Ist es ferner gleichgültig für das Wohl des Staates, wenn Tausende von Männern, Frauen und Kindern die ganze Woche hindurch vielleicht höchstens neun Stunden des Tages für die Nachtruhe und das Bischen Essenszeit haben, alle anderen Stunden aber der angestrengtesten Arbeit gewidmet werden müssen? Wenn noch dazu auch Sonntags gearbeitet wird? Können Geistliche, Beamte, Bürger gleichgültig zuschauen, wenn auf diese Weise eine Bevölkerung heranwächst, die man in den Fabrikdistricten gesehen haben muß, abgehärmte, schwächliche Gestalten, stumpfsinnig und verdrossen, oder wenigstens geistig roh und um so sinnlich ausgelassener, nicht selten ebenso schmutzig in Haus und Kleidung, und all diese Verkommenheit wesentlich dadurch herbeigeführt, daß diesen Aermsten jede Zeit gebricht, für ihr leibliches und noch mehr für ihr geistiges Wohl zu sorgen?

Die blos industrielle Gebahrung legt dem Arbeitsherrn seinem Arbeiter gegenüber nicht die mindeste Verpflichtung auf. Verunglückt einer, so kann er ihn unverpflegt liegen und verkommen lassen; wird der Arbeiter alt, so weist der Herr ihn aus und ebenso, wenn er krank wird. Und doch hat dieses Etablissement oft schon viele Jahre die Kräfte dieses Unglück= lichen überangestrengt, oder der Mann ist, durch die Maschinen verwundet, zum Krüppel geworden. Nun gilt in allen Gesetzgebungen der Welt, daß, wer an Jemands Schaden Schuld ist, nothwendig auch zum Ersatze ver= pflichtet ist.

Nur für den Arbeiter besteht ein solcher Schutz bis zur Stunde noch nicht. Das Arbeitsrecht und eine billige Fabrikgesetzgebung fordert daher mit Grund, daß der Fabrikherr es nicht ausschließlich den Arbeitern über= lasse, etwa aus verhältnißmäßig hohen Beiträgen vom kargen Lohne sich seine Kranken= und Pensionscassen zu bilden; sie begehren, daß, je nach Verhältniß auch das Großcapital vom Staate verpflichtet werde, aus einer gesetzlich normirten Quote des Reinertrages oder der Dividenden des Stamm=Capitals, solche Versorgungen für Kranke, Greise, Verstümmelte und Verunglückte zu gründen oder wenigstens wesentlich zum Unterhalte beizusteuern.

Die Arbeiter wollen sich selbst helfen. Sie wollen außer socialen Nebenhülfen, wie die Consumvereine, besonders auch durch Herstellung von Associationen sich den vollen Ertrag ihrer Arbeit sichern.

Wenn der Staat den großen Unternehmern von Eisenbahnen und andern industriellen Werken Garantien für die Zinsen ihres Capitals gibt, wenn er, wie noch bei uns vielfach geschieht, unverzinsliches oder gering verzinsbares Betriebscapital den Fabrikherrn als Förderung ihrer Industrie nach Tausenden zur Verfügung stellt: sollte es unbillig sein, wenn von Seite des Staates auch Arbeiter=Associationen, welche einige Hoffnung und Bürgschaft zu bieten haben, durch Vorschüße, durch Credite und Aehn= liches Aufhülfe geboten, und auf diese Weise, freilich in sehr wohl be= messener Art, Productivgenossenschaften gefördert werden. Viel allerdings darf der Staat nicht daran wagen; denn ganz anders arbeitet das Ca= pital in der Hand eines einzelnen, intelligenten Mannes, als wenn eine vielköpfige Genossenschaft die Arbeitspläne entwerfen, die Arbeiten ver= werthen, überhaupt die Verwaltung ihres Industriecapitales führen soll.

Indessen im Principe kann gegen eine solche Forderung nicht Ein= sprache gethan werden. Dann liegt es wieder in der gemeinsamen Pflicht aller Staatsbürger, daß das Familienleben in der großen Masse des Vol= kes vor der Zerstörung, welches über dasselbe gebracht ist, gerettet und für die Zukunft gesichert werde.

Frauen= und Kinderarbeit in den Fabriken ist, wie wir schon früher gezeigt, dem Familienleben todfeind. Nun ist aber gerade Frauen= und Kinderarbeit dem Capitale von größtem Nutzen, weil ihr Lohnsatz kaum die Hälfte des Mannslohnes beträgt, während fast das Gleiche geleistet wird wie von den Männern.

Der Staat, welcher den Schulzwang eingeführt hat, der das Vol mit heilsamer Wirkung anhält, die Kinder in die Schule zu schicken, dürfte wohl auch berechtigt sein, das Grundelement, so recht die Bau= steine seines ganzen Bestandes, nämlich das Familienleben, gegen die ihm verderblichen Zumuthungen der Industrie in Schutz zu nehmen, und, wenn nicht die Frauen= und Kinderarbeit geradezu zu verbieten, doch auf ein sehr geringes Maaß zu beschränken.

Nun wird man sagen: wenn Ein Staat, wie etwa das deutsche Reich, dieses thun würde, so könnten die Fabriken des gleichen Gewerbes mit denen des Auslandes nicht concurriren, wenn diese noch die Frauen= und Kinder=Arbeit uneingeschränkt zur Verfügung haben. Gewiß! Es müßte mithin in diesem Bereiche auf internationale Weise vorgegangen und die Industrie unter den Schutz des Völkerrechtes gestellt werden, um die Familien der Arbeiter aller Orten, wo die Herrschaft des Capi= tales und der Großbetrieb der Justndrie sie gefährdet, vor solchem Ver= falle zu bewahren.

Eine weitere und sehr wichtige Aufgabe des Arbeitsrechtes ergibt sich aus der Foderung, welche u. A. auch der deutsche Handwerkerbund schon gestellt hat: der Staat solle die Befugniß zum Betriebe eines Großgewerbes nur unter der Bedingniß ertheilen, daß die Inhaber zuvor nachgewiesen haben, daß sie selbst das Gewerk kennen und gelernt haben. Dadurch würde dem strebsamen Arbeiter einerseits die Aussicht auf Meisterschaft erleichtert und andrerseits die so schmerzliche Entfremdung zwischen dem arbeitenden Capitale und den Arbeitern, welche einer ganz anderen Menschenclasse anzugehören scheinen, wenigstens einigermaßen vermindert werden.

Sehr segensreiche Thätigkeit fiele fernerhin den vom Staate aufge= stellten Sanitäts=Commissionen und Fabrikinspectoren zu. Lange hat es in England gebraucht, und schauderhafte Zustände erzwangen es, bis die englische Gesetzgebung vom Staate aus besoldete Inspectoren bestellte, welche, die Grafschaften durchreisend, die Etablissements auf Grund der bestehenden Fabrikgesetzgebung prüfen und gegen dem Wohle der Arbeiter schädliche Einflüße und ungesunde Räumlichkeiten von Staatswegen ein= schreiten mußten.

Nachdem die Fabrikinspectoren die schrecklichsten Entdeckungen ge=
macht hatten, in welchen Räumen ein Theil der englischen Arbeiter ar=
beiten mußte, verbot es die Staatsregierung, solche Räumlichkeiten zu
benützen, und traf unter Anderem für die Folge besonders Anordnung,
daß der Rauch der Dampfmaschinen sich selbst verzehren und ungesunde
Ausströmungen mittels Ventilation durch Dampfmaschinen aus den Räu=
men entfernt werden mußten.

Darauf hin gestaltete sich das Mortalitätsverhältniß der Arbeiter
binnen weniger Jahre günstiger. Es ist ohnedies traurig genug, wenn
so manche Classen von Arbeitern schon von vornherein gemäß der Art
ihrer Beschäftigung die zweiflose Gewißheit haben, daß ihr Leben nicht
die mittlere Dauer erreichen werde. So gelangen z. B. von den Arbeitern
in den Quecksilberbergwerken und Bleischmelzöfen und von jenen in den
Zinnoberhütten nur sehr wenige in das 40te Lebensjahr. Sie wissen es
Alle, aber sie arbeiten dennoch, weil sie sich ernähren müssen! Aehnlich
verhält es sich mit der Mortalität in den Bleiweiß=, Stahlfedern= und
Nadelfabriken.

Kommen zu diesen ohnehin so traurigen Mortalitätsverhältnissen
aus Geiz und Habsucht der Fabrikinhaber noch ganz unnothwendige Uebel=
stände, so wird selbstverständlich die Sterblichkeit unter den Arbeitern noch
größer, weil geradezu durch Verbrechen gemehrt.

Die Staatsregierung bestelle also Aufsichtsbeamte und bekleide diese
mit der Vollmacht, entweder die aufgefundenen Mißstände selbst abzu=
schaffen oder bei der zuständigen Behörde darüber Klage zu stellen.

Wenn der einzelne Arbeiter über solche Drangsale sich beschwert,
wird er entlassen oder wenigstens roh und hart behandelt. Eine wei=
tere Aufgabe der Sanitäts=Commission werden dann vorzüglich auch
die Wohnungsverhältnisse der Arbeiter sein. In England ist nament=
lich auch das sogen. „Trucksystem,“ soferne, wie früher gezeigt worden,
hier den Arbeitern statt Geld nur Anweisungen auf Kramläden des Ar=
beitsherrn gegeben wurden, und dadurch die schmutzigste Ausbeutung der
Armuth durch den Reichthum statt fand, ebenfalls erst durch die kriti=
schen Berichte und das Einschreiten der Fabrikinspectoren nahezu beseitigt
worden.

Zwanzigste Vorlesung.

Die sociale Macht der Bildung. — Religion und Arbeiterfrage.

„Bildung ist Macht" (»Knowledge is power«) so lautet, von England ausgehend, jetzt der Wahlspruch durch fast alle Schichten der Bevölkerungen, von den Einen im richtigen Sinne verstanden, von den Andern, wie so Vieles, nur als Phrase mißbraucht.

Die Vereine, welche zur Hebung der arbeitenden Classen in dieser Richtung sich bethätigt haben, — Großbritannien steht hierin voran — suchen dieses Ziel durch Gründung von verschiedenen Unterrichtsanstalten, von Kunst- und Gewerbeschulen, von Lesecabineten und Bibliotheken zu erreichen. In Deutschland haben besonders Schulze-Delitzsch und Genossen dieses Wort sich angeeignet und in zahlreichen Versammlungen, Abendvorträgen, Arbeitercasinos und Aehnlichem in ihrer Weise die Bildung befürwortet und zu verbreiten sich bemüht.

Bald darauf aber gaben die radicalen Führer der Arbeiter das Wort aus: die Arbeiterfrage ist zunächst nicht Bildungs-, sondern ist zuerst eine Magenfrage. Was nützt doch dem Arbeiter die Bildung, wenn er hungert? Auch ein englischer Nationalökonom hat das wohl zu erwägende Wort gesprochen: „Die Summe des Elends steigert sich neben dem Ueberwuchern der Gewerbsamkeit und der Großindustrie vorzüglich durch die Schulen. Denn diese erschließen allerdings einen weiteren Bereich des Wissens, aber nur um denjenigen, welchen das Leben tief und arm gestellt hat, den Stachel seines Jammers um so tiefer empfinden zu lassen."

Politische Bildung vor Allem will die Richtung Lassalle's. Da nun allerdings zur politischen Agitation dem Arbeiter eine gewisse Bildung nothwendig ist, so trägt auch die Social=Demokratie außer den allen Gebildeten gemeinsamen Vorkenntnissen in erster Linie auf politische Aus=bildung der ihrer Leitung sich hingebenden Arbeiter an.

Des Weiteren tritt eine würdige und ernste Stimme in die Mitte und sagt: „Es kann die sociale Frage nur durch das Christenthum gelöst werden." Diesen Wahlspruch hat zumal Bischof Ketteler von Mainz auf das Banner der christlich=socialen Schule geschrieben und damit jenem wilden Rufe: „die Pfaffen sind mit den Aristokraten und Mastbürgern die geschworenen Feinde der Arbeiter," zu entkräften gesucht. Weit ent=fernt, daß wir der übrigen Bildung einen geringen oder gar schädlichen Einfluß beilegen, halten auch wir uns vornächst an diesen Wahlspruch: „die sociale Frage kann nur durch das Christenthum gelöst werden." Wenn wir bei Erörterung dieses Satzes in mancher Hinsicht ungewöhnlich auf=richtig sein müssen, so ist dies kaum möglich ohne die Furcht, in der gegenwärtigen Zeit gründlich mißverstanden zu werden.

Den Satz, „die sociale Frage kann nur durch das Christenthum gelöst werden," haben wir seit einigen Jahren oft von bewährter Autor=schaft vernommen und gelesen, vernehmen ihn aber auch nicht gar zu selten von solchen, welche weder selbst ernstlich darüber nachgedacht noch auch einen Finger gerührt haben, um die Verwirklichung dieses Satzes näher zu rücken. Denn unberechenbares Detail ist in diesen wenigen Worten eingeschlossen, und wahrlich, es ist noch erst wenig gethan, so all=gemein in die Welt hinaus zu predigen: „Nur das Christenthum kann die sociale Frage lösen." Man wird uns mit Grund und Fug hierauf fragen: Wie denn das? und warum hat es denn so gar lange gebraucht, bis Ihr zu dieser Erkenntniß gekommen seid?

Vor Allem schließen wir entschieden die Ansicht aus, als sei das Christenthum unmittelbar berufen, wie Lamennais gemeint hat, die sociale Revolution von sich aus zu wecken und zu betreiben, und, gleich=sam die Welt von Außen nach Innen umgestaltend, keine geringere Macht als die Kirche selbst an die Spitze der Arbeiterbewegung zu stellen.

Aufrichtig pflichten wir der von der Kirche entschieden ausgespro=chenen und wahrhaft apostolischen Anschauung bei, daß auch in dieser Frage der Weg des Christenthums nur von Innen nach Außen gehen und wirksam sein könne, daß Gottes Reich das erste, und das weltliche erst das zweite bleiben müsse. Doch wie kann nun selbst diese mittel=bare Thätigkeit des Christenthums die sociale Frage zweckmäßig lösen?

Der Herr selbst hat es uns nahe gelegt: Es ist die Wahrheit, welche frei macht und das Wort, welches die Welt überwindet. Daher stellen wir an den ersten Platz die christliche Predigt, soferne sie sich mit diesem Gegenstande befaßt. Eine Anklage, welche die Masse der leidenden Bevölkerung gegen die Bevorzugten der Gesellschaft oftmals erhebt, lautet dahin, daß die Macht des Reichthums die Kraft der Armen kaufe und schonungslos ausbeute, ohne sie an dem Glücke und Genuße, welche die Armen den Reichen verdienen müssen, irgendwie entsprechenden Antheil nehmen zu lassen. Diese Anklage ist in der That nicht unwahr, obgleich wir viele glänzende Ausnahmen mit Freuden anerkennen.

Das Erste also, was die christliche Predigt und auch die christliche Presse zu thun hat, ist, daß den Besitzenden wieder das Bewußtsein ihrer christlichen Eigenschaften und der damit verbundenen Pflichten und Verantwortungen eingeflößt werde. Die gottlose Industrie behandelt, eben weil sie gottlos ist, den Arbeiter rücksichtsloser als das Arbeitsthier, oder rechnet ihn als Maschinenrad, gegen welches sie sich keiner anderen Obliegenheit bewußt ist, als es zum Vortheile des Capitals so viel als möglich anzustrengen.

Der verewigte hochverdiente Victor Aimé Huber hat in seiner Zeitung „Janus," (1846) ein drastisches Gemälde entworfen, wie die Industrie etwa nach einem Jahrhundert, wenn sie so fortfährt, mit dem Menschenmateriale umgehen werde. Er zeichnet unter Anderm einen solchen Großindustriellen, der seine Arbeiter und Arbeiterinnen wie das Vieh numerirt und füttert und allenfalls auch nach Nummern Burschen und Mädchen gegenseitig verkuppelt, um die Arbeiter nicht aussterben zu lassen.

Das ist ein, wenn auch nur mit zornigen Dichterfarben gemaltes, Bild der Zukunft, welchem in der Gegenwart leider schon allzu Vieles allzu ähnlich sieht. In diesem Sinne gegen Mammonsdienst anzukämpfen, ist die Aufgabe der christlichen Predigt und Presse. Hier handelt es sich nicht (wir sprachen schon früher davon), wie der Armuth gegenüber, um Opferwilligkeit für Almosen, sondern es gilt Obliegenheiten kennen zu lernen, von denen Keiner sich ausnehmen darf; es gilt die Schärfung des Gewissens, daß es als Sünde und unchristliches Verbrechen wieder ermesse, wenn der Mitbruder, welcher uns um Lohn dient und arbeitet, nicht als Mensch und Christ, sondern nur als rohe Kraft angesehen und behandelt wird. Jeder Besitzende, jeder Arbeitsherr hat weiterhin aus dem ernsten Spiegel, welchen das Christenthum ihm vorhält, zu seinem eigenen Heile die Verbindlichkeit zu entnehmen, daß er seine Ansprüche auf Vermehrung des Reichthumes zu beschränken und unbeschadet seiner persönlichen Freiheit Fürsorge zu treffen habe, daß die, welche für ihn **arbeiten**, auch menschenwürdig versorgt werden und **zwar** nicht blos **während der Zeit** ihrer Arbeitskraft, sondern auch nachher, wenn er diese selbst nicht mehr zu benützen vermag.

Persönlichkeiten, wie die unermeßlich **reiche Miß Burdett in London** oder wie der Amerikaner **Peabody, haben diese** Christenpflicht **hochherzig** gewürdigt und nicht etwa ein flüchtiges Almosen, sondern **von ihren aller-** dings vielen Millionen wieder Millionen **für** Zufluchtsstätten des Alters **und der Krankheit,** der Armen und der Arbeiter verwendet. Auch bei uns hätte mancher stolze Luxusbau, wenn nicht erspart, doch einfacher geführt werden können, wenn man nebenher auch an die lebendigen Bau- steine des **Tempels** Gottes gedacht und ihnen von den vielen Millionen mit einem Theile irgend eine milde Stiftung gewidmet hätte. Gerade die höheren **Classen** sind durch das **Christenthum** in allererster Reihe zur **Abhülfe verpflichtet. Damit sie dies aber auch** wissen und erkennen, sollen sie einen Theil **ihrer gesellschaftlichen Ausbildung auf das** Studium der schwebenden **Frage** verwenden.

In England, Belgien und Frankreich sind wirklich Persönlichkeiten **aus den** höchsten Ständen seit Jahrzehnten mit glänzendem Beispiele vorausgegangen, und Deutschland ist nicht zurückgeblieben. Das Christen- thum **ist** in Wahrheit berufen, die sociale Frage zu lösen, **und es ist** auch **alt genug,** um in seiner eigenen Geschichte die Zuversicht zu finden, **daß es dies vermöge.** Der Geist der Brüderlichkeit hat die Gemeinden **der** erften drei Jahrhunderte zu einem selbst für die Heidenwelt entzückenden Wundergemälde gemacht. „Seht, **wie sie einander** lieben!" sagten Römer **und Griechen,** wenn sie **nähere Vertrautheit mit der** altchristlichen Gesell- schaft und Bruderliebe gemacht **hatten. Könnten sie jetzt** nicht fast um- gekehrt sagen: „Seht, wie sie einander **hassen und** gegeneinander sich verhetzen!"

Blicken **wir in's** spätere Mittelalter, so sind es die Zünfte, kirchlich geweihte Bruderschaften und Gilden, die nicht blos Gebetsgesellschaften **waren, sondern auch** gerne kräftige materielle Hülfe boten in Nöthen ihrer Mitglieder, **in Fällen der Krankheit, des Alters** oder vorübergehender Geschäftskrisen. Lange Jahrhunderte, von dem merowingischen Zeitalter an bis fast **zur Säcularisation,** bestanden derlei segensreiche Bruderschaften, neben ihren **Titeln und Zwecken für** katholische Andacht auch **der** socialen **und** charitativen Wirksamkeit mannigfaltig **beflissen.**

Läge es denn für **unsere Gegenwart so** unendlich ferne, an solche Bruderschaften, deren Reliquien wenigstens in vielen Orten noch übrig sind, ein Stück Socialismus im christlichen Sinne des Wortes anzuknüpfen, so **daß** etwa denen, welche als Mitglieder ihnen angehören,

selbst wenn diese keine Hypotheken zu bieten vermögen, in Zeiten des
Arbeitsmangels oder der Credit= und Hülflosigkeit, Unterstützung gewähr=
ten, oder auch durch Zusammenlegen von Beiträgen im **Kleinen denen,**
die im Schooß dieser Bruderschaften, ohne eigenen **Heerd und** Haushalt zu
haben, gealtert sind, noch eine Zufluchtsstätte bereiteten, wo sie **ihr** Haupt
hinlegen könnten, die Greise, die Frauen, die Wittwen und die **Unver=**
heiratheten. Was hindert ferner den Klerus und den Episkopat, in dieser
Richtung eine Anregung zu geben? Die Kirche lebt ja noch, sie, die **einst**
die Kraft hatte, selbst Kinder und Söhne des hohen Adels in die strengen
Orden der geistlichen Ritterschaft einzukleiden und zur Heldenkraft in tiefer
Demuth zu erziehen? Wenn sie solches einst vermochte, warum sollte sie
nicht den mittleren und niederen Ständen als Helferin, als sociale
Führerin und Rathgeberin entgegenkommen können?

Die Erfahrung, welche jeder aufmerksame Beobachter der gegenwär=
tigen Armenpflege macht, lehrt und berechtigt unzweifelhaft, der katholischen
Geistlichkeit in den Städten weitaus das Lob der Opferwilligkeit und
vielseitiger charitativer Bemühungen wenigstens für Schöpfungen **im**
Kleinen zu spenden. Die sociale Frage lastet am wenigsten auf den
Dörfern, zumal noch bei uns in Süddeutschland. Wir haben noch viele
Dorfschaften, die nicht einen einzigen eigentlichen **Armen** haben. Doch
dieselben Beobachtungen zeigen, daß der in der Regel reichere Landklerus
seinen Mitbürgern in dem Städteklerus keine entsprechende Mithülfe in
der schweren socialen Aufgabe gewährt. Nun aber werden, solange die
Geistlichkeit in **dieser** Weise sich gar zu ungleich in die Lasten theilt, eben
an jenen Orten, wo die Hülfe am nöthigsten ist, die nachhaltigen Mittel
nimmer zu Gebote stehen. Was die Laienwelt betrifft, so sind es in der=
selben nicht gerade **die Reichen,** sondern viel eher die **Mittleren und**
Aermeren, welche dem Geistlichen, **wenn er sich** für sociale Schöpfungen
bemüht, ihre Hand. und ihre Gaben bieten.

Einer ganz besonderen Erwägung wären für diesen Bereich die Te=
stamente der Geistlichen würdig. Von der Pfründe erworbenes Vermögen
heißt seit ältester **Zeit** mit Vorzug: Patrimonium pauperum. Wir
sehen aber, trotz der furchtbar drohenden Haltung des Socialismus und
Pauperismus, nicht selten großartige Hinterlassenschaften von Klerikern
durch Testamente und ab intestato an selbst reiche Verwandte zurück=
fallen, ohne daß — einige Meß= und Jahrtagsstiftungen vielleicht ausge=
nommen — der „Armen Christi" irgendwie darin gedacht wäre. Der
Gott Lob! großartigen Beispiele anderen Sinnes und **letzten Willens**
wollen wir um so dankbarer uns erfreuen! De n Grundsatz aber dürfen
wir getrost aussprechen: Wenn das Christenthum die sociale Frage lösen

soll, dann muß gerade der Klerus wieder mit gutem Beispiele vorangehen, und soll der Einzelne nicht blos schöne Abhandlungen darüber lesen, sondern sich auch fragen: Was kann ich an meiner Stelle und mit meinen Mitteln thun?

Erwecken wir diesen Geist der Brüderlichkeit zuerst unter dem Klerus und dadurch unter den Laien, benützen wir die von Gott schon seit längerer Zeit angebahnten, durch gute Menschen gestifteten Societäten, die alten Bruderschaften und die jüngeren St. Vincenz= und St. Elisabethen= Vereine, auch die Meisterbünde und die Gesellenvereine; erweitern wir deren Thätigkeit angemessen: wir werden dann selbst erwägen können, ob das Wort: „die sociale Frage kann nur durch das Christenthum gelöst werden," noch ein leerer Schall ist oder nicht.

Die zweite Aufgabe des socialen Wirkens muß sich an die richten, denen geholfen werden soll, an die Arbeiter, Besitzlosen und Armen. Sie sind unglücklich im Vergleiche zu den Glücklichen, aber sie sind es nicht immer ausschließlich durch den Nothstand ihrer Lage, sondern vielfach durch ihre eigene Schuld. Nur allzu Viele tragen wenigstens bei, daß ihr Elend nicht gemindert werden kann, sondern stets vergrößert wird. Hier ist das zweite Arbeitsgebiet für die social=thätigen Männer, Kleriker und Laien. Ihre erste Sorge wird jedenfalls darauf zielen müssen, daß die Arbeiter und Arbeiterinnen wieder praktische Christen werden. Tausende derselben sind oft längst keine Sonntagschristen mehr. Sie sehen seit Jahren keine Kirche von Innen. Freilich, es ist auch nicht immer unwahr, daß gar Manche kein anständiges Gewand mehr haben, um am Sonntage in die Kirche gehen zu können. Das mag man auf dem Lande nicht gerne glauben, in großen Städten weiß man es nur allzu genau. Selbst in minder großen Städten kann man die Entdeckung machen, daß Kinder, alte Leute und Kranke nackt oder kaum bedeckt auf zerknittertem Strohlager sich wälzen, daß Hausmütter nicht mehr im Stande sind, sich anständig vor den Leuten sehen zu lassen, und höchstens der Vater noch in schmutzigen Arbeits=Kleidern nur in die Werkstatt gehen kann.

Solche Grade des Elendes und der Entblößung unter den Armen finden sich selbst in Ortschaften und Städten, in welchen dem Anscheine nach überaus viel christlicher Sinn und häufige Kirchenandacht herrscht. Lehren wir diese Menschen allerdings vor Allem zu Gott sich bekehren. Jedoch versuchen wir dieses nicht auf dem Wege der bloßen Doctrin, sondern wandeln wir hiebei auf jenem Wege, auf welchem auch unser Herr um die Seelen geworben und sie gewonnen hat, nämlich auf dem Wege der werkthätigen Liebe. Suchen wir die Stiefkinder der Erde als Kinder Gottes im Namen dessen auf, von welchem geschrieben steht »Pertransiit benefaciendo.« Treten wir als Christen den Armen entgegen, dann werden sie, wenigstens manche, von uns auch die Absicht annehmen, daß wir sie lehren, wieder christlich zu glauben und christlich zu leben.

Bei alldem muß man freilich den Armen und Mühbeladenen Ergebung und Geduld predigen. Doch unerläßlich bleibt die Aufgabe, zuerst den dringendsten Nöthen nach Möglichkeit abzuhelfen und dann Umschau zu halten, wodurch denn die Lage dieser Arbeiterfamilien eine so peinliche geworden ist? Dabei kommen wir häufig zu sehr unliebsamen Entdeckungen.

Der Mann verdient freilich wenig; aber er vertrinkt um so mehr. Was er für seine Familie von seinem Arbeitslohne pflichtgemäß nach Hause bringen sollte und könnte, verschlemmt er für sich allein. Bemühen wir uns — aber es ist ein schweres Stück Arbeit! — diesen Verwüster seiner Familie seine Christenpflicht als Hausvater kennen zu lehren! Die Erfahrung wird es sagen, daß in dieser Richtung wahrhaft himmelschreiende Sünden begangen werden, Verbrechen an Weib und Kind von Trunkenbolden und Haustyrannen. Viele derselben wissen in ihrer Rohheit und mit ihrem abgestumpften Gewissen sich gleichwohl nicht selten kaum einer anderen Sünde anzuklagen, als daß sie hie und da geflucht hätten und an Sonntagen nicht in der Kirche gewesen seien. Es ist ein schweres, in den wahren Ursachen wohl zu prüfendes Uebel, daß gerade die gemeinen Christenpflichten bei so Vielen aus dem Bewußtsein entschwunden, wenn je recht in dasselbe gebracht worden sind. Ein Punkt wirkt hiebei entscheidend mit, nämlich die Heiligung der Sonn- und Feiertage. An den Werktagen hat der Arbeiter meistens nicht soviel Zeit, um zu verschwenden. Nun kommt aber ein Sonn- oder Feiertag; da wird verpraßt, was unter der Woche verdient worden ist. Als im Jahre 1849 Lord Ashley in England die Preisfrage über die Bedeutung der Sonntagsruhe für die sociale Frage aufstellte, gingen 1005 Abhandlungen ein. Aber es waren nicht die Abhandlungen, sondern die hiedurch hervorgerufene Bewegung der Geister, welche weithin eine Macht wurde, die für Abstellung der gröbsten Mißbräuche an Sonn- und Feiertagen zu wirken beschloß und in der That mit Erfolg gewirkt hat.

Aber was soll der Arbeitsmann am Sonntage anfangen? Seine Wohnung ist schmutzig und trostlos. Der Gottesdienst ist oft kurz oder er fesselt ihn gar nicht; Gelegenheit zu Schwelgerei öffnet sich dagegen in Stadt und Land fast in jeder Ecke.

Angesichts dessen gilt es, sich zu fragen, auf welche Weise es erdenkbar wäre, auch den Mann der Arbeit für den Sonntag in eine des Christen würdige Stimmung zu bringen und darin zu erhalten? Man kann nicht den ganzen Tag beten, und in soferne ist der Ruhetag Gottes allerdings auch ein Tag der Erholung für den Menschen.

Man hat in Frankreich zum Zwecke der Sonntags-Unterhaltung Wirthschaftspatronate nach Art von katholischen Casinos gegründet. In diesen sind Lesezimmer eingerichtet, es ist zeitweise für Musik gesorgt, Vorträge werden gehalten, und im Ganzen geht es gut. Allein gegenüber der Neigung des Menschen, wenn er zu trinken und zu schwelgen Gelegenheit hat, vermögen sich die Patronate mit der Masse der Arbeiter nur im härtesten Kampfe zu erhalten und leisten nach diesem Verhältnisse viel zu wenig.

Die Rettung liegt ganz einfach in der Herstellung der Anhänglichkeit an das Familienleben und in der damit verknüpften Einwirkung sowohl der Geistlichen als auch anderer Personen auf anständige Unterhaltung und Pflege des Arbeiters im Schooße seiner eigenen Familie. Verbessern wir die Arbeiterwohnungen und schaffen wir zuerst innerhalb dieser die Möglichkeit der Freude einer guten Lectüre. Ausnahmsweise mögen dann wohl auch die Arbeiter, besonders die unverheiratheten Leute, in den Abendstunden zu irgend einer kleinen Gesellschaft vereinigt werden, und so wird ein schweres sociales Uebel, das die Familien verheerende Wirthshaus- und Kneipenleben, wenn nicht überwunden, doch erheblich gemindert sein.

Wir wollen noch auf etwas Hochbedeutsames aufmerksam machen. In Norddeutschland, England, Schottland, Belgien, Frankreich und Nord-Amerika sind besonders in den großen Industriebezirken und Arbeiterquartieren Abendpredigten und Abendgottesdienste eingerichtet und zwar zu später Stunde (8 Uhr), in den katholischen Kirchen und Capellen gewöhnlich mit sacramentalem Segen, wohl auch kleinen Anreden und Katechesen. Diese Abend-Andachten dauern etwa eine halbe oder auch dreiviertel Stunden.

Sie beginnen genau um die Zeit, wo der Arbeiter gewöhnlich in's Wirthshaus geht. Wird er allzeit an dem offenen, mit Lichtglanz erfülltem Heiligthume gleichgültig vorübereilen? Der bessere Mann, die gewissenhaftere Arbeiterin stößt die Einladung, zu welcher gern ein innerer Gnadenzug oder eine liebe Erinnerung aus der Kindheit sich gesellt, nicht so leicht und auf die Dauer zurück. Allein nicht blos der Fromme, sondern auch hie und da ein Müßiger wird vielleicht in die Kirche eintreten, wenn er sie offen findet. Mit tiefem Schmerze wird der Freund der Kirche und des Volkes an nur zu vielen Orten bemerken, daß in den Abendstunden, zumal in den Städten, alle Wirthshäuser offen stehen, aber keine einzige Kirche mehr. Ist das recht? Die Nachmittagsgottesdienste sind überdies in vielen Städten, an Werktagen wie an Sonntagen, zu einer Zeit, in welcher nur die ganz wohlhabenden Leute, welche nur zu beten und nichts zu arbeiten haben, sie besuchen können. Zu der Zeit aber, wo der Arbeiter und die Arbeiterin aus der Fabrik kommen, und sich erst, um ausgehen zu können, gewaschen und gereinigt haben müssen, gibt es selbst an Fest-Vigilien selten mehr einen Abendgottesdienst.

Ein dritter Punkt der christlichen Einwirkung gilt der persönlichen Führung der Arbeiter und Arbeiterinnen. Das Christenthum lehrt Entsagung und hat auch in den Schooße unserer Kirche die Mittel niedergelegt, um selbst im bewegtesten und arbeitsvollsten Leben diese Entsagung von Unnothwendigem möglichst lieb und gnadenreich zu machen.

Zu den Grundübeln der Gegenwart in der Arbeiterbevölkerung gehört, wie früher erwähnt worden, das Streben der jungen Leute nach frühzeitigster Selbständigkeit. Wenn auch bei recht geringem Lohne, wollen sie doch schon ihre eigene Wohnung haben und bald auch heirathen. Hier hat nun die Macht der christlichen Selbstverläugnung ihren Einfluß auszuüben. Freilich genügt es auch hier nicht immer nur zu sagen: „Verläugne dich selbst!", sondern es muß schöpferisch und rettend eingegriffen werden; die Charitas muß Ashle schaffen, wo Arbeiter und Arbeiterinnen ein sittliches Unterkommen und eine Zuversicht auf Versorgung im Alter finden können. Denn namentlich Tausende von unseren Mägden sind in Sorge, was sie anfangen werden, wenn sie schwach und alt geworden. Wer will eine hochbetagte Magd, oder eine zur Greisin gewordene Arbeiterin noch annehmen? Deßhalb, wenn sie am eigenen Heerd auch nur Noth voraussieht und „Kampf um's Dasein" des täglichen Brodes, denkt sie sich dieses dennoch als gewisse Versorgung im im Vergleiche zu jener völligen Ungewißheit des Looses der Vereinsamten. Diese Furcht räth, ja nöthigt zum Heirathen und führt so zur Vermehrung proletarischer Haushalte. Dagegen, wenn die alternde Magd, wenn der kranke oder dem Greisenthume sich nähernde Arbeiter wüßte, daß er eine Zuflucht in einem Hospiz fände und nicht zu sorgen brauchte, wenn seine Hände zittern und seine Augen dunkel werden, dann würde die Zumuthung: „heirathe nicht, du wirst noch elender", an manche besonnene und christliche Arbeits- und Dienstleute ernsthafter und erfolgreicher gestellt werden können. In dieser Hinsicht geschieht viel zu wenig. Wir haben fast noch gar keine Pfründehäuser für alte Mägde, Arbeiterinnen und Arbeiter, und wenige Reiche, richtiger fast Niemand denkt daran, zu solchem Zwecke zu sammeln, oder testamentarische Stiftungen zu machen. Es ist recht wohlthätig, Rettungshäuser für verwahrloste Kinder zu stiften; aber diese Kinder werden alt und älter und sie möchten, meist in ihrem Leben dem dienenden oder dem Arbeiterstande überwiesen, auch für ihre greisen Tage einen Platz wissen, wo sie ihr Haupt hinlegen könnten.

Erwägungen und Entwürfe dieser Art sollten gepflogen und der wohlhabenden Gesellschaft verständlich gemacht und mit ihrer socialen Wichtigkeit tief eingeprägt werden. Die Erfahrung lehrt aber, daß man noch nicht gerne von solchen „Prospecten" hören will.

Mögen diese kurzen Andeutungen genügen, um eine Ahnung zu geben von dem tiefen Sinne des Wortes: „Nur das Christenthum löst die sociale Frage." Wir brauchen Christen unter den Reichen, müssen die Armen zu Christen machen und Gott bitten, daß er uns Männer sende, die im Stande sind, einer großen Masse von Menschen Liebe zu predigen im Interesse der Armen, Männer, welche die Sendung haben, das unter dem Boden der Gesellschaft glimmende Feuer des socialen Aufruhrs durch den Thau der katholischen Charitas auszulöschen.

Ein und zwanzigste Vorlesung.

Hülfen und Bildungsmittel für das kleine Handwerk. — Die Frauenfrage.

Wenn wir der religiösen Bildung im Kreise aller Stände und daher auch der arbeitenden Classen den ersten Rang im Erfolge zuweisen,
so sind wir weit entfernt, den übrigen Arten und Bestrebungen des
Unterrichts ihre Bedeutung und sociale Heilsamkeit abzusprechen. Es kann
sich nur fragen, welche Zwecke die Verbreitung von Unterricht und Bildung unter den arbeitenden Classen im Auge zu behalten habe? Hier ist
nun aufmerksam zu machen auf den so wesentlichen Unterschied, der sich
zwischen den noch bestehenden kleinen Handwerken und zwischen den eigentlichen Massen der Fabrikarbeiter ergibt.

Das kleine Handwerk ist in Deutschland, auch in Frankreich, weniger in England, in Tausenden von Werkstätten und Verbänden der
Meister und Gesellen neben dem Großbetriebe immer noch in Thätigkeit.
Allerdings sind, wie wir gezeigt haben, die Gewalten, welche das kleine
Handwerk bedrohen, stark. Der Drang zur Umwandlung in Gesammt-
und Großbetrieb ist aller Orten im Wachsen. Darum gilt es, die
Selbständigkeit des kleinen Handwerkes noch thunlichst zu vertheidigen und
auf dem Wege der Bildung für den theilweise schon verlorenen Boden
in der bisherigen Arbeits-Form des kleinen Meisters und Gesellen aus-
reichend Ersatz zu geben.

Die Mittel, welche die Bildung darbietet, sollten daher vor Allem
darauf berechnet sein, den fähigeren jüngeren Leuten Kenntnisse zu verschaffen, auf Grund deren sie den niedrigen Stand bloßer Lohnarbeiter

von vorneherein zu vermeiden oder wenigstens bald zu überwinden im
Stande sind. Daher sind nicht blos einzelne Kenntnisse, wie Geschichte,
Geographie, besser noch Rechnen und französische Sprache, zu lehren, sondern
es müssen Fachschulen eröffnet werden, in welchen jüngere Meister und
Gesellen für ihre bezügliche Gewerbsthätigkeit eine entsprechende höhere
Geschicklichkeit erlernen. Die jetzt schon zahlreichen Schulen, wie Handels-
schulen, Webschulen, Zeichen- und Kunstschulen, sind daher von sehr er-
heblichem Werthe für den Fortbestand der Hausindustrie und des kleinen
Handwerkes.

Merkwürdigerweise hat sich auch in denjenigen Gewerkschaften, die
vorzüglich durch Maschinenindustrie betrieben werden, dennoch daneben die
Handarbeit zu behaupten gewußt. Außer den gewaltigen Dampfspin-
nereien gibt es z. B. in Frankreich und Belgien, in Nord- und Mittel-
deutschland, wie im Süden, in Baden, Bayern, Würtemberg, in der
Schweiz 2c., noch Tausende von Hauswebstühlen, auf welchen Hauslein-
wand-, Tuch-, Seiden- und Bandweberei noch mit einigem Erfolg betrieben wird.

Am besten erhalten sich in dieser Hausindustrie diejenigen Familien,
welche nebenher noch einen kleinen Grundbesitz betreiben können. Diese
Hausindustrie zu verbessern, ihr durch Vertheilung von guten Mustern
und durch Mittheilung allenfallsiger, der Großindustrie abgelernter Kunst-
griffe aufzuhelfen, ist eine recht dankenswerthe Aufgabe.

Die französischen Gesellschaften befleißen sich angelegentlich, die Hausindustrie in Schutz zu nehmen. Man hat namentlich dort auch befürwortet, große Fabriken geradezu zu zertheilen und der Hausarbeit wenigstens die Vorarbeiten zurückzugeben.

Der Einfluß dagegen des Unterrichtes auf die Masse der eigentlichen
Lohnarbeiter zeigt sich viel geringer und ist auch viel schwieriger zu erreichen. Nur einzelnen Glücklichen aus dieser Classe wird es möglich sein,
durch Erwerb von ausgezeichneten Kenntnissen sich in die höheren Stellen
von Geschäftsführern, Werkmeistern und, wie wir allerdings auch Beispiele
kennen, zu eigenem Fabrikbesitze zu erschwingen.

Die Wirkung des Unterrichtes in diesen Classen ist zunächst als eine
sittlich verbessernde und nebenher erheiternde zu berechnen, letzteres, um
die wenigen müßigen Stunden des Arbeiters in einer Weise auszufüllen,
daß er auch außer seinem mechanischen Tagewerke sich noch als Mensch
und Christ in Mitte christlicher Mitbrüder, auch solcher aus anderen und
höheren Ständen, beachtet und geachtet erkennen und fühlen lerne.

Man hat daher in Norddeutschland, vorzüglich aber auch in Frankreich und England für die Arbeiterclassen Unterhaltungs- und Belehrungs-

Vereine geschaffen. In diesen Vereinshäusern wird zunächst für unterrichtende, dann aber auch für würdig erheiternde Lectüre der Arbeiter fürgeforgt. Er soll dadurch der roh machenden Kneipe entzogen, sein geistiger Gesichtskreis erweitert und gebildet und dadurch gestärkt und gehoben werden.

Nach Berichten aus England sind durch solche Unterrichts- und Belehrungsvereine derartige Fortschritte erreicht worden, daß gewöhnliche Fabrikarbeiter sich zu Sinn und Verständniß für Lectüre selbst höherer Gattung, sogar für die Würdigung von Kunstwerken befähigt haben. Einzelne dieser Gesellschaften, die über ganz England verzweigt sind, zählen Hunderttausende von Mitgliedern, und werden die einzelnen Körperschaften durch ganz Großbritannien nach ziemlich gleichlautenden Statuten geleitet.

Die berühmteste derselben ist die sogenannte „Freundschaftsgesellschaft" (Friendly Society). Sie ist zunächst Genossenschaft, indem sie durch Sammlung und Bewirthschaftung von Ersparnissen ihrer Zugehörigen sich allenthalben bemüht, Capitalien zu selbständigem Geschäftsbetriebe den Arbeitern zu gewähren; dann aber wirkt sie auch als bildende Gesellschaft, da sie Vereinshäuser (Clubs und Säle) unterhält, in denen ihre Mitglieder in Bücher- und Kunst-Sammlungen, Journal- und Lesezimmern entsprechende geistige Nahrung finden. Die „Friendly Society" zählt in dem vereinigten Königreiche gegen 2 Millionen Mitglieder und hat eine Jahres-Einnahme von durchschnittlich 5 Mill. Pf. St. Mit ihrer und anderer Hülfe sind in den Industrie-Städten Kunstschulen und Gewerbemuseen eröffnet worden, auch Sing- und Musik-Capellen für die dem Arbeiterstande angehörigen Personen und Familien. Eine derartige veredelnde Betheiligung an den geistigen Errungenschaften und Schätzen, welche sonst nur den höheren Classen der Gesellschaft zugänglich sind, würde auch einer der verderblichsten Folgen der Fabrik-Arbeit entgegenwirken, jener Abstumpfung des Gefühles nämlich, wie sie durch fortgesetzte rein mechanische Beschäftigung hervorgerufen und fast unvermeidlich wird.

Einen sehr wichtigen und seit etlichen Jahren durch eine merkwürdig reiche Literatur besprochenen Gegenstand bildet auf dem socialen Gebiete gegenwärtig die sogenannte „Frauen-Frage".*) Es ist damit nicht

---

*) Zu den neuesten und wichtigsten Schriften (meist Flugschriften) gehören: Weiß, der Nothstand unter den Frauen und die Abhülfe desselben. Beitrag zur Frauenfrage. Berlin 1870. — Daul, Frauen-Arbeit. Altona 1869. — Holtzendorff, über die Verbesserung in der gesellschaftlichen und wirthschaftlichen Stellung der Frauen. Berlin 1870. — König R., zur Charakteristik der Frauenfrage. Lpz.

eine andere und in ihrer Weise gleichfalls sehr erwägenswerthe Frage bezüglich der „Frauenarbeit" zu verwechseln, die Frage nämlich über die Verwendung der Frauen, der Hausfrauen zumal und der Mütter, außer ihrem
Hause zu dem Großbetriebe der Industrie in den Räumen der Fabriken.

Die „Frauenfrage" als solche besagt vielmehr das Anliegen so vieler
Tausende, ja vieler Hunderttausende von Personen des weiblichen Geschlechtes, welche unvermählt oder verwittwet, keine andere Nahrungsquelle
haben, als die Arbeit ihrer Hände.

Wie bei fast allen Materien des socialen Bereiches, wird die
Sachlage am besten durch Zahlen, also durch statistische Nachweise, ver-
anschaulicht. So steht u. A. für Großbritannien die durchschnittliche Zahl
von zwei Millionen Frauen fest, welche alle mit ihrem Unterhalte ganz
ausschließlich auf Erwerb durch ihre eigene Arbeit angewiesen sind,
mithin als Näherinnen, Putz-Arbeiterinnen, Fabrik- und Taglohn-Ar-
beiterinnen und bis zu den gewöhnlichsten Diensten herunter, dem der
Lumpensammlerinnen, Straßenkehrerinnen. Die Angst, im Alter unversorgt
zu bleiben und selbst keinen Dienst mehr zu finden, führt, abgesehen von
anderen, minder zu rechtfertigenden Anläßen, Tausende von armen Mädchen zur Schließung von Ehen, bei deren Hochzeitfeier schon die Armuth
hereingrinst, und wovon das s. g. Proletariat seinen schrecklichsten Zuwachs
erhält. Und am Ende ist dieses Uebel noch das geringere. Jeder Rei-
sende weiß von der Menge, aber auch von der Noth, den aus ihr her-
vorgehenden Versuchungen und der wirklich schauderhaften Entwürdigung
der unversorgten Mädchen und Frauen in den Großstädten der alten und
leider! auch der neuen Welt zu berichten. In Berlin kommen ja auf
hundert Wittwen achtzig Almosen-Empfängerinnen!

Diese Schaaren sich selbst überlassener Frauenspersonen erhalten fortwährend neuen Zuzug aus Angehörigen fast aller Bevölkerungsclassen,
kaum die bevorzugtesten ausgenommen. Das Unglück und die Sünde, die
Entwerthung des Geldes und der Luxus, vorzüglich aber die Verkehrtheiten
in der Erziehung der weiblichen Jugend wirken vereint und zwar vorzüglich in den Groß- und Mittel-Städten für die nahezu erschreckende Vermehrung dieser „Unversorgten" in der Frauenwelt. Noch viel schlimmer,
als die Töchter der niederen Stände, sind namentlich die Hinterlassenen
der s. g. Staatsdiener und kleinen Beamten daran. Der Gehalt bei Leb-

— Goldschmitt Henriette, die Frauenfrage, eine Culturfrage. Leipzig 1870.
— Büchner Louise, prakt. Versuche zur Lösung der Frauenfrage. Berlin 1870. —
Abhandlungen von Jenny Hirsch im „Arbeiterfreunde" (1866) VI, 188; und in
Eras, Jahrb. für Volkswirthschaft. I, 69.

zeiten des Vaters ermöglicht gewöhnlich selbst bei sparsamem Haushalte keine Erübrigungen, und die etwaige Pension der Wittwe und der Kinder ist, wie der Volksmund sagt, gemeinhin „zu wenig, um zu leben, und zuviel, um zu sterben."

Doch nicht blos die Anzahl der Erblosen und Unversorgten, welche schon so groß ist und noch immer zunimmt, steigert den Ernst der Frauenfrage; fast mehr noch Sorge und Furcht erregen in dem Freunde des Volkes und der Armen die Umgestaltungen in der Art und die hiedurch hervorgebrachte Beschränkung auf dem bisherigen Gebiete der Frauenarbeit.

Die Frau ist von ältester Zeit her wesentlich die „Spinnerin", die „Weberin" und „Näherin". Der Hausfrau künftigen Beruf bezeichnen neben der Wiege vorzüglich die Kunkel, die Spindel oder auch das Spinn-Rad auf dem Braut- oder Kammerwagen.

Wohl den Frauen und Mädchen, welche, stattlich versorgt mit dem Nothwendigen des Lebens, im Schooße einer glücklichen Familie nur die Nebenstunden durch jene weibliche Emsigkeit ausfüllen, die da

> . . . regt ohn' Ende
> Die fleißigen Hände,
> Und mehrt den Gewinn
> Mit ordnendem Sinn',
> Und füllet mit Schätzen die duftenden Laden,
> Und dreht um die schnurrende Spindel den Faden,
> Und sammelt in reinlich geglättetem Schrein
> Die schimmernde Wolle, den schneeigten Lein.*)

Aber wie ganz anders ist es bestellt mit jenen Frauen und Jungfrauen, welchen Nadel, Spinnrad oder Stickrahmen ihr einziges Capital und ihre ausschließliche Nährquelle sein sollen!

Das Loos der englischen Putz- und Nadel-Arbeiterinnen ist, durch den berühmten »Song of the shirt« zur Volks-Elegie geworden, mustergültig für ein Dasein, das in äußerster Anstrengung und in äußerster Entbehrung jammervoll und frühzeitig verzehrt wird. Die französische Kleidermacherin und Weißzeugnäherin vermag, im günstigen Falle, bei mindestens 13stündiger Arbeit anderthalb bis zwei Franken täglich zu erwerben; gewöhnliche Stick- und Stepp-Arbeit verdient einer geschickten Hand nicht mehr, als höchstens 75 Centimes (21 Kr. rhein.) Und dies sind noch gute Preise, wenn nämlich die Ar-

---

*) Die Lösung eines Theiles der „Frauenfrage" durch den klösterlichen Ruf und Beruf in der kath. Kirche, „Nonnen und barmherzige Schwestern", hat auch in protest. Lebenskreisen gerechte Würdigung und Nachfolge in den Versuchen der „Diakonissen-Schulen" hervorgerufen.

beit reichlich vorhanden und die Arbeiterinnen gesucht sind. Für Deutschland erreicht der Erwerb einer Lohn-Näherin nach Stück- oder nach Tag-
Arbeit, falls sie nicht außerordentlich geschickt und kunstreich ist, kaum die
Hälfte des Lohnes der französischen Nadel-Arbeiterin. Mit der Haus-
spinnerei und Weberei kann, gegenüber dem Maschinengroßbetriebe, nur
ausnahmsweise noch das nothdürftigste Brod erworben werden. Die Hand-
stuhlweberei und die Baumwoll- oder Garn-Stickerei wird selbst von
Armenbeschäftigungs-Anstalten und Wohlthätigkeitsvereinen nur mit sechs
bis acht Kreuzern für den Tag vergütet.

Nun ist aber zu all dem Ueberflusse an arbeitenden Frauenhänden
noch die Nähmaschine gekommen. Die schwächste derselben leistet wenigstens die Arbeit von 5—6 Näherinnen. Auch gibt es nahezu keine Art
von Näherei, von der gröbsten bis zur feinsten, für welche nicht die Nähmaschine eingerichtet werden könnte. Auch die Strickmaschinen halten schon
ihren Einzug in Stadt und Land, in die Manufacturen und in die Familien. Wir verkennen nicht, daß auch in diesen Maschinen eine Erleichterung der Arbeit ist; aber auch für wie Viele verringern sie das
Arbeits-Angebot und den Arbeitslohn!

Wird so die Lage der weiblichen Handarbeit, d. h. der bisher gewöhnlichen, immer schlimmer, so gestaltet sich auf einem anderen Gebiete
die Erwerbsfähigkeit der Frauenwelt gleichfalls fortschreitend ungünstiger.

Familien des höheren Beamten- und Gelehrtenstandes, welche vor-
aussahen, daß sie ihren Töchtern weder Mitgift noch zureichende Pensions-
Ansprüche zu sichern vermöchten, ließen seit Langem dieselben für das
Lehr- und Erziehungsfach, wie man zu sagen pflegt, „ausbilden." Die
Zahl solcher, bezüglich anderweitig standesgemäßer Versorgung ihrer Kinder
hoffnungsarmen oder schlechthin aussichtslosen Familien ist aus Allen offen
liegenden Ursachen in stetem Anwachsen begriffen.

Doch, um das Uebel recht zu steigern, werden nun auch aus den
bäuerlichen Familien immer mehr Mädchen „ausgebildet", d. h. zu Pri-
vatlehrerinnen und Gouvernanten erzogen. Ehrgeiz, Sucht nach vermeintlich
glänzender socialer Stellung, etwa auch das gutgemeinte, aber wenig vor-
sichtige Zuthun und Zureden von Instituts-Vorstandschaften verleiten so
manche „Töchter des Landes" zur Wahl eines Berufes, welcher die Mehrzahl von ihnen in den besten Jahren des Lebens zu einer schwach mit
trügerischem Schimmer überfirnißten Dienstbarkeit und Unstetheit verurtheilt, für das Alter jedoch um so verlassener und vielfach geradezu zu
halben oder völligen Bettlerinnen macht. In katholischen Ländern nehmen
Klöster und Klosterschulen einen erheblichen Theil dieser „ausgebildeten
Fräulein" wieder in ihren Schooß; dagegen sind Norddeutschland und

England mit „Lehrerinnen", Erzieherinnen, **Tutoresses** und Governesses überfüllt.*) Doch auch damit ist die Reihe der feindlichen **Gewalten wider** die Frauenarbeit noch nicht abgeschlossen.

Denn jene vielen **und im** Grunde bedauernswerthen Mädchen und Wittwen, welche einzig mittels ihrer Hände Arbeit ihren Unterhalt ver- dienen **müssen, haben** in dieser harten Aufgabe mit einer vielge- staltigen und mächtigen Nebenbuhlerschaft zu ringen. Ja — um die Aermsten vollends zu entmuthigen — gebricht es ihnen in diesem „Kampfe um's Dasein" sogar durchweg an Gleichheit der Waffen und an jeder Bedingniß zu erfolgreicher Ausdauer. Nicht allein viel günstiger gestellte Privatpersonen, auch ganze Körperschaften, Anstalten des Staates und selbst der Kirche wirken wetteifernd zur Verringerung der Nähr-Quelle der einzelnen, in der Welt lebenden Frauenspersonen, nämlich des Ertrages der durch die Noth gebotenen weiblichen Handarbeit.

Da ist vor Allem die Industrie der Gefängnisse und der Zwangs- Arbeitshäuser **und** Straf-Anstalten des Staates in Betracht zu **ziehen.** Die Gefängnisse **concurriren bekanntlich schon mit** vielen freiern Hand- werkern auf das nachtheiligste. Sie **betreiben mit tausend zum** Theile in den bezüglichen Handwerken regelrecht ausgelernten Zwänglingen die Tuch- und Teppichweberei, die Schreinerei, das Schneider- und Schuhmacher- gewerbe ꝛc. im Großen auf Vorrath oder auf Bestellung. Da der Staatssäckel der Hauptsache nach die Verköstigung der Gefangenen bestreitet, so kann ein solche Anstalt, den Ertrag der Sträflingsarbeit mehr neben- sächlich behandelnd, massenhafte Gewerbs-Erzeugnisse um einen Preis liefern, mit welchem der einzelne, freie Handwerksmeister kaum die Ausgaben für das Material zu bestreiten vermöchte. Ganz das Gleiche geschieht **von** Seite der Strafhäuser für Frauenspersonen bezüglich der Wahl der Be- schäftigung für dieselben **und der Preise der hiedurch** auf den Markt ge- brachten Waare. Statt, wie im Interesse der freien Arbeiterinnen so sehr zu wünschen, **die** weiblichen Gefangenen mit solchen Zweigen der Industrie zu beschäftigen, welche nur fabrikmäßig betrieben werden können, wählen die Directionen fast durchweg die gewöhnlichen weiblichen Handarbeiten, den Nährboden der freien Arbeiterinnen.

Es wird in den Straf-Anstalten für Weiber durch Hunderte **von** Händen gesponnen, gewoben, gestrickt, gestickt, genäht, gewaschen und fein

---

*) Man rechnet in Berlin auf 306 Frauenspersonen schon **Eine** Lehrerin (in Sprachen, Musik), während erst auf 8010 Frauenzimmer 1 Handschuhmacherin, auf 5500 **Eine** Papp-Arbeiterin kömmt. Die Commissionsbureaux in Wien und Dresden behandeln Gouvernanten gleich „Ausfuhr-Artikeln."

gebügelt; man häuft derlei Waaren-Vorräthe an und übernimmt Liefer-
ungen und Bestellungen im Großen von Kaufleuten und Fabrikanten. Selbstverständlich ermöglichen auch hier die Zuschüße aus der Staatscaſſe für
die eigentlichen Verpflegungskoſten den Preis der Sträflings-Arbeiten so
niedrig anzuſetzen, daß dieſer für die freie Arbeiterin bei gleicher Leiſtung
nicht einmal den „Hungerlohn" ergeben würde.

So ziemlich daſſelbe Verhältniß ſtellt ſich bezüglich der klöſterli-
chen Frauenarbeit heraus. Es iſt hier nicht die Rede von jener den Nonnen ſo ruhmreich eigenthümlichen Kunſtfertigkeit, deren Erzeugniſſe ſeit
Jahrhunderten der Stolz der Paramenten-Kammern und die Kimelien der
Muſeen ſind. Wir freuen uns vielmehr, daß die Nadel-Malerei und die
prachtvollen Leiſtungen der Gold-, Silber- und Seidenſtickerei wieder in
den Klöſtern neue Heimath und Blüthe erlangt haben. Was wir meinen
und weniger loben können, iſt die Uebernahme von ganz gewöhnlichen
weiblichen Haus- und Hand-Arbeiten durch das oft ſo zahlreiche Perſonal
klöſterlicher Gemeinden und Penſionate.

Hier concurriren ſie um das tägliche Brod mit der einzelnen armen
Näherin, Stickerin, Wäſcherin und Büglerin. Bei ohnehin ſparſamer
Lebensweiſe und verſorgt durch Einkünfte aus eingebrachten Capitalien,
häufig auch aus Grundbeſitz und Landwirthſchaft, im Bezug ferner von
Pfleggeldern für Zöglinge und unterſtützt durch die Vortheile eines großen
Haushaltes, vermögen Kloſtergemeinden ihre gewöhnlichen Handarbeiten
um die denkbar niedrigſten Preiſe wegzugeben und ſuchen ſie ihren Gewinn
mehr aus dem Heranziehen recht vieler Arbeit, denn aus dem höheren
Werthe eines einzelnen Erzeugniſſes.

So beeinträchtigen ſie ſogar, freilich ohne es eigentlich zu beabſich-
tigen, in doppelter Weiſe den Nahrungsſtand der weltlichen Arbeiterinnen.

Selbſt zu Feld-Arbeiten iſt das Perſonal großer Straf-Anſtalten
ſchon vermiethet worden. Für Leute, deren Koſt der Staat bezahlt, reicht
allerdings ein Taglohn von wenigen Kreuzern aus.

Doch nicht genug. Auch die Frauen und Töchter der höheren und
mit Glücksgütern ſattſam ausgeſtatteten Familie ſteigen — freilich oft nur
verſchämt und insgeheim — zu dem Arbeitsgebiete der gemeinen Hand-
Arbeiterin nebenbuhleriſch herab. Doch warum? Man hat für die Haus-
Arbeit Mägde und Zofen; daher viele freie Stunden. Die Toilette, die
Vergnügungen, das Theater, die Leih-Bibliotheken erfordern viele Ausgaben, zu deren Beſtreitung das regelmäßige Nadel- und Taſchengeld und
die gute Laune des Eheherrn oder Vaters nicht ausreichen. Alſo wird
auch hier gearbeitet — um Lohn, um Geld! Eine vertraute Mittels-
perſon oder ein verſchwiegener Bazar verwerthet die Hand-Arbeit der

„Hochgebornen" lieber à tout prix, als gar nicht. Das Gesagte genügt, um zu beweisen, von wie vielen Seiten auch der fleißigsten armen
Arbeiterin der Erwerb beschränkt, der ohnehin karge Lohn ihrer Anstrengungen auf das äußerste verkürzt wird!

Dieser Nothstand hat die „Frauenfrage" hervorgerufen, jene
wichtige, sociale Frage, welche sich in dem Bestreben zusammenfaßt, möglichst vielartige Beschäftigungen und Erwerbsquellen für Frauen, Wittwen
und Mädchen aufzufinden und hienach auch deren Vor- und Ausbildung
einzurichten und zu ermöglichen.

Die Auswahl von Beschäftigungen — deren Kreis bisher nur sehr
enge bemessen war — ist immer durch die Rücksichten beschränkt, welche
Natur und Sitte dem Frauengeschlechte unbedingt auferlegen. Die Arbeit
muß der physischen Kraft des Weibes angemessen sein; sie darf der Gesundheit und den anderweitigen, sittlichen Schranken desselben nicht entgegenwirken. Am entsprechendsten sind Beschäftigungen, zu welchen die
feinere Hand der Frau schon von Natur geschaffen scheint, wohl auch
solche, zu deren Ausführung ein gewisser Schönheitssinn, obgleich nicht
eigentliches Kunsttalent, erwünscht oder erforderlich ist.

Mit großem, gesegnetem Erfolge wirken daher bereits in den meisten
europäischen Haupt-Ländern und -Städten Kunstschulen für Frauen, in denen
sie Vorbildung erhalten für Galanterie-, Bijouterie-, Posamentir-Arbeit,
weiterhin für mehr künstlerische Thätigkeit im Musterzeichnen, Coloriren,
Vergolden, Emailliren, selbst in Lithographie und Holzschneide-Kunst.

In Handelsschulen werden Mädchen in der Buchhaltung, Cassaführ-
ung, in der Waaren- und Münzkunde unterrichtet. Nicht wenige Etablissements haben in der That schon Buchhalterinnen mit ziemlich hohem Ge-
halte angestellt.

Ein weites Arbeitsgebiet schien die Buchdruckerei den weiblichen
Händen zu versprechen. Zu den Nebenarbeiten sind allerdings längst
Mädchen und Frauen in allen größeren Druckereien bedienstet. Indeß
dem einträglichsten Theile, der eigentlichen Typographie, der Arbeit nämlich am Setz-Kasten, blieben die Frauen gemeinhin ferne. Auch heute noch
stellen sich der Annahme von Setzerinnen Schwierigkeiten entgegen.

Wohl mag die erforderliche Kunstfertigkeit auch von Frauen gut erlernt werden. Allein erstens widerstreben die Setzer meist dem Versuche,
ihren Lohn durch die Nebenbuhlerschaft der Frauen-Arbeit herabdrücken zu
lassen. Zweitens scheint denn doch diese Arbeit, welche durch vielstündiges
Stehen ermüdet, die Seh-Kraft anstrengt und den Lungen die Ausdünstungen des Bleies, des Oeles und auch der Farben unablässig zuführt, bei

e..nigermaſſen ungünſtigen Localverhältniſſen für den ſchwächeren Organis=
mus des Weibes erſchöpfend und leicht verderblich.

Großbritannien hat durch den vielthätigen „Verein zur Förderung
der Erwerbsfähigkeit der Frauen" (ſeit 1865) in einer raſchen Folge
Frauenſchulen für Handelskunde und Buchhaltung, für Erlernung des Ro=
ten= und des Stahl= und Kupferſtechens, der Holzſchneidekunſt, der Porcel=
lain=, Fächer= und Tapeten=Malerei und der Arbeiten des Polirens und
Gravirens in's Leben gerufen. Das Organ des Vereines iſt das illuſtrirte
„Victoria=Magazin." An dem königlichen Inſtitute in Dublin (Queen Jn=
ſtitution) werden Mädchen für Uebersetzungs=Arbeiten, für Notariats= und
Gerichtsſchreiberei ausgebildet; auch wird Xylo= und Lithographie gelehrt.*)

Nicht eigentlich hieher zu rechnen, jedoch denkwürdig für den Ent=
wicklungsgang der Civiliſation und in ihrem eigentlichen Werthe erſt durch
die Zukunft bemeßbar, ſind die mediciniſchen Specialſchulen für Frauen,
wie neueſtens Miß Garret's Abendſchule für Phyſiologie, und die »Female
medical Society« der Doctoren Edmunds und Murphy. Miß Faithful er=
richtete in London eine Druckerei, welche ausſchließlich nur weibliches Per=
ſonal beſchäftigt.

In Belgien wurden (1866) „Gewerkſchulen für Frauen" (Ecoles
professionnelles de Femmes) durch Actien=Geſellſchaften in Gang ge=
bracht. Frankreich hat bekanntlich die Elementar=Schulbildung des Frauen=
geſchlechtes in vergleichsweiſer Verkümmerung bis zur neueſten Zeit be=
laſſen. Im Jahre 1864 waren dort noch 5,587 Gemeinden ohne jede
Mädchenſchule. Die Vertheidigung, welche Biſchof Dupanloup gegen den
Cultminiſter Duruy den katholiſchen Kloſter=Schulen und Penſionaten
widmete, hat zu Gunſten dieſer auf die ſonſtigen Gebrechen des weltlichen
Elementar=Unterrichtes im weiland franzöſiſchen Kaiſer=Reiche ein grelles
Licht geworfen. Gegenwärtig gibt es namentlich in Paris auch „Gewerk=
ſchulen" für Frauen. Eine der einflußreichſten iſt die Näh= und Kleider=
machungs=Schule (Ecole de couture et de confection) der Mme
Lemonnier.

Man hat auch Abendſchulen eröffnet mit allgemeinen und mit
ſpeciellen Unterrichtscurſen für Mädchen verſchiedenen Alters.

---

*) Sehr wohlthätig wirken auch Stiftungen der königlichen Familie, wie die
»Governess Benevolent Institution« der Herzogin von Cambridge, für die vielen
zumal in der Metropole ein= und auswandernden „Erzieherinnen", und die vielbe=
ſchäftigte „Geſellſchaft für Frauen=Auswanderung" (Female middle classes emigra-
tion Society). Sie befördert Schiffsladungen von Mädchen nach allen Hauptcolonien
des Oſtens und Weſtens, als Bräute für Ausgewanderte, als Dienſt= und Arbeits=
bewerberinnen ꝛc.

Die berühmte Malerin Rosa Bonheur trat an die Spitze einer Zeichnungs- und Muster-Schule, Dupont schuf einen Lehrcurs für Schriftsetzerinnen und Telegraphistinnen. Außerdem ist in Paris (1869) die „Bienengesellschaft" (Corporation des abeilles) ganz eigens gestiftet worden, um in Bazar's die weiblichen Hand-Arbeiten möglichst gut zu verwerthen.

Im Zusammenhang mit längst blühenden Industriezweigen bestehen in der deutschen und französischen Schweiz Schulen für feinere Handstuhl-Weberei zur Leinen- und Seidenfabrikation und Industrieschulen, in welchen Mädchen in den Vor- und Neben-Arbeiten der Uhrmacherei, der Goldschmiedekunst und der Bijouterie unterwiesen werden.

Welt-Ruf genießen die Weiß- und Goldstickereien von Appenzell und St. Gallen und die bezüglichen Hausschulen.

Für Schweden und den skandinavischen Norden, welcher Frauenspersonen in dem öffentlichen Dienste der Telegraphen-, Eisenbahn- und Post-Aemter verwendet, wirkt für deren hiezu nothwendige wissenschaftliche und technische Ausbildung ein „Frauenseminar", dessen erste Gründerin und Patronin die bekannte Schriftstellerin Friderike Bremer war.*)

Aehnliche Zwecke, wie die Pariser „Bienen-Gesellschaft" hat sich in Wien (1866) der „Frauen-Erwerbs-Verein" gesetzt. Er unterhält eine Industrie- und Handelsschule und einen stetigen Bazar für weibliche Handarbeiten.

Auch die k. k. Staatsdruckerei beschäftigt dort nicht wenige Frauenspersonen in angemessener und gut bezahlter Arbeit, namentlich auch in der Couvert-Fabrikation.

Bayern und Würtemberg sind mit Handels-, Industrie- und Kunstschulen für Mädchen dem Beispiele der großen europäischen Nationen rühmlich, wenn auch spät, nachgefolgt. Würtemberg bedienstet Frauen bei Post- und Telegraphen-Aemtern. Stuttgart und München haben neuestens Kunstschulen und ebenso Handelsschulen für Mädchen eröffnet.

Am ausgedehntesten ist das Arbeitsgebiet für die Frauen-Welt in Nord-Amerika. Mädchen und Frauen sind in den meisten Freistaaten der Union in den Archiv-, Kanzlei- und Bibliothekdienst aufgenommen; sie werden in den Bank-Anstalten mit Sortiren, Behändigung der auszugebenden Gelder und Noten und beziehungsweiser Zerstörung der eingezogenen Schatzscheine beschäftigt.

Jenseits des Oceans haben die Frauen sich sogar eine erste Hochschule geschaffen und gesichert, die Frauenhochschule (Vassar-College) zu

---

*) Vgl. auch Frid. Bremer's Roman „Hertha."

Poughkeepsie im Staate New-York, gestiftet von Mr. Matthew Vassar, nach den jüngsten Berichten von 400 Schülerinnen besucht, denen nur weibliche Professoren Vorträge halten. Aus solchen Schulen gehen dann Doctoressen hervor, zumal der Medicin und Chirurgie. So leiten seit 1853 die Doctoressen Elisabeth Blackwell, Mary Walker und Maria Zakrezewska selbständig und ausschließlich ein Hospital für Frauen und Kinder, in welcher von 1853—1865 mit bestem Erfolge 3700 Patientinnen verpflegt wurden.

Doch sehen wir ab von solchen enormen, wenn nicht schon auch abnormen Gestaltungen weiblichen Strebens und Wirkens! Vieles und das Beste ist schon geschehen, wenn es überhaupt gelingt, das Arbeits= und Erwerbsgebiet der Frauen=Welt vielseitiger und ergiebiger zu machen.

Ein nicht geringer Theil von gänzlicher oder von Halbarmuth wird dadurch im vorhinein abgewehrt, jedenfalls die Zahl und Noth der Almosen Heischenden nachhaltig und bedeutend vermindert. Und noch mehr. Von irgenwie noch sittlich gearteten Mädchen bleibt die schrecklichste aller Versuchungen, welche Dürftigkeit und Verlassenheit sonst ihnen nahe legen, — das Ausgehen auf Erwerb durch Sündenlohn (»descendre dans la rue!«) erspart und ferne, wenn die Möglichkeit reichlicher geboten ist, mittels Fleiß und Redlichkeit und mit reinem Gewissen das tägliche Brod zu gewinnen und mit Ehren, wenn auch mit Mühen, eine, obgleich meist unfreiwillige, Selbständigkeit im Leben zu behaupten.